东兰县脱贫攻坚案例研究

北京师范大学中国扶贫研究院 组织编写
张琦 主编

中国文联出版社

图书在版编目（CIP）数据

东兰县脱贫攻坚案例研究 / 张琦主编. -- 北京：中国文联出版社，2022.8
ISBN 978-7-5190—4912-6

Ⅰ. ①东… Ⅱ. ①张… Ⅲ. ①扶贫－案例－东兰县 Ⅳ. ①F127.67

中国版本图书馆CIP数据核字(2022)第120163号

主　　编　张　琦
责任编辑　胡　笋
责任校对　张　苗
封面设计　贾闪闪

出版发行　中国文联出版社有限公司
社　　址　北京市朝阳区农展馆南里10号　　邮编　100125
电　　话　010-85923025（发行部）　010-85923076（编辑部）
经　　销　全国新华书店等
印　　刷　北京虎彩文化传播有限公司

开　　本　710毫米×1000毫米　1/16
印　　张　18.5
字　　数　230千字
版　　次　2022年8月第1版第1次印刷
定　　价　65.00元

课题组成员

组长：

张　琦　北京师范大学中国扶贫研究院院长、教授

成员：

张艳荣　甘肃农业大学财经学院教授

凌经球　广西壮族自治区区委党校教授

刘东燕　广西社会科学院农业农村研究所所长、教授

陆　鹏　广西壮族自治区区委党校宣传处处长、副研究员

于树　中国社科院大学教授

农辉锋　广西壮族自治区区委党校教授

卢　露　广西大学公共管理学院副教授

覃志敏　广西大学公共管理学院副教授

王造兰　广西社科院农业农村研究所副研究员

陈　涛　清华大学博士后、讲师

黄　潇　中国社会科学院大学博士研究生

杨远旭　中国社会科学院大学博士研究生

郭　琳　甘肃农业大学财经学院硕士研究生

白　瑞　甘肃农业大学财经学院硕士研究生

张小梅　甘肃农业大学财经学院硕士研究生

孟　娜　甘肃农业大学财经学院硕士研究生

李　蓉　甘肃农业大学财经学院硕士研究生
何正燕　甘肃农业大学财经学院硕士研究生
刘巧彦　甘肃农业大学财经学院硕士研究生
韦东阳　广西大学公共管理学院硕士研究生
谢咏欢　广西大学公共管理学院硕士研究生
陈仲文　广西大学公共管理学院硕士研究生
梁刚诚　广西大学公共管理学院硕士研究生

目 录

绪　论

东兰县脱贫攻坚案例研究总报告

习近平总书记指出："中国共产党人的初心和使命，就是为中国人民谋幸福，为中华民族谋复兴。"到2020年现行标准下的农村贫困人口全部脱贫，是党中央向全国人民作出的郑重承诺，必须如期实现。决战决胜脱贫攻坚，是实现全面建成小康社会的必须完成的硬任务，是为中国人民谋幸福、为中华民族谋复兴的必由之路。十八大以来，以习近平为核心的党中央始终坚持以人民为中心的发展思想，深入推进扶贫开发工作，坚持统筹发展、精准施策，取得了脱贫攻坚的决定性进展。东兰县属于典型"老、少、边、山、穷、库"地区，在国家扶贫开发重点县、深度贫困县、革命老区县、滇桂黔石漠化片区、少数民族地区等多重背景下，立足整体整合特色资源，依据"生态立县、旅游旺县、科教兴县、产业富县"发展战略，创新产业布局，凝聚合力深化社会帮扶模式，推动区域协调发展，巩固脱贫攻坚成果，探索防返贫机制，加快与乡村振兴的有效衔接，助推县域经济社会高质量发展，为全国县级脱贫攻坚提供了可参考借鉴的"东兰方案"。

一、新时代脱贫攻坚理论指引

消除贫困、改善民生、实现共同富裕，是社会主义的本质要求。党的十八大以来，习近平总书记高度重视扶贫工作，把脱贫攻坚作为实现全面建成小康社会的重要举措，始终坚持人民至上、不忘贫困群众，多次深入贫困地区调研，亲自部署并指导扶贫工作，形成了习近平总书记关于扶贫工作的重要论述这一指导脱贫攻坚实践的新理念、新思想、新战略。习近平总书记指出“扶贫开发推进到今天这样的程度，贵在精准，重在精准，成败之举在于精准。”[①]践行习近平扶贫论述，要贯彻实事求是的思想路线，变扶贫“大水漫灌”为“精确滴灌”，让贫困群众真正得到实惠，进而实现全面脱贫、全面小康、全面发展。习近平扶贫论述全面把握了中国特色扶贫开发道路主要特点，深刻揭示了扶贫开发的科学规律，科学回答了“扶持谁”“谁来扶”“怎么扶”“如何退”等重大问题，充分体现了人民性、科学性、创新性和国际性等鲜明特征，是习近平新时代中国特色社会主义思想的重要组成部分。习近平扶贫论述既为我国打赢脱贫攻坚战和全面建成小康社会提供了行动指南，也为国际减贫事业发展贡献了中国智慧。

（一）新时代脱贫攻坚理论的价值引领

习近平扶贫论述是马克思主义中国化的最新成果，是中国特色社会主义理论体系的创新发展。在长期的实践探索和经验总结中形成的以习近平扶论述凝聚了全党全国全社会共识，是打赢这场脱贫攻坚战的基础和前提。2015 年 10 月，习近平总书记在“2015 减贫与发展高

① 中共中央党史和文献研究院编:《习近平扶贫论述摘编》，中央文献出版社 2018 年版，第 58 页。

层论坛”上提道：“40 多年来，我先后在中国县、市、省、中央工作，扶贫始终是我工作的一个重要内容，我花的精力最多。[①]”习近平扶贫论述经历了萌芽、探索以及形成的三个阶段，这既是多年实践经验的积淀，更是对社会主义贫困演变规律长期深入思考的成果。十八大以来，习近平总书记经过对全国各个贫困地区的考察研究，作出了一系列重要论述。2013 年，总书记在湖南湘西十八洞村首次提出精准扶贫重要思想。2015 年 12 月，总书记在中央扶贫开发工作会议上系统阐述了精准扶贫精准脱贫的基本方略，指明精准扶贫的主要内容就是要做到“六个精准”、实施“五个一批”、解决“四个问题”。科学扶贫、内源扶贫、社会扶贫、绿色减贫等相关扶贫论述为我国贫苦治理奠定坚实的理论基础，不仅推动了脱贫攻坚的伟大实践，也为实施乡村振兴发展战略、全面建成小康社会提供了良好的过渡基础。

（二）新时代脱贫攻坚理论内涵

习近平扶贫论述在长期的实践下，逐渐形成了包括共同富裕、民本至上、精准精细、重中之重、扶智扶志、社会合力、综合施策、机制创新等在内的理论体系。其中，综合力量构建大扶贫格局、激发内生动力、绿色减贫推动可持续发展、服务均等化实现全面小康等思想是新时代脱贫攻坚理论在东兰县的实践。

综合力量构建大扶贫格局。习近平总书记指出“扶贫开发是全党全社会的共同责任，要动员和凝聚全社会力量广泛参与。”[②]党的十八大以来，习总书记在每一次重要的扶贫工作会议上都反复强调多主体

---

① 中共中央党史和文献研究院编:《习近平扶贫论述摘编》，中央文献出版社 2018 年版，第 8 页。

② 中共中央党史和文献研究院编:《习近平扶贫论述摘编》，中央文献出版社 2018 年版，第 99 页。

参与的“合力”扶贫。2015年6月，习近平总书记在贵阳召开的集中连片特困地区扶贫攻坚座谈会上指出，“扶贫开发是全党全社会的共同责任，要动员和凝聚全社会力量广泛参与。要坚持专项扶贫、行业扶贫、社会扶贫等多方力量、多种措施有机结合和互为支撑的‘三位一体’大扶贫格局，强化举措，扩大成果。”[①] 2015年11月，习近平总书记在中央扶贫开发工作会议上强调，“调动各方力量，加快形成全社会参与的大扶贫格局”[②]。党的十九大报告强调，“坚持大扶贫格局”。践行习近平扶贫思想，就是要更加广泛、更加有效地动员和凝聚各方面力量，不断完善大扶贫格局，更加聚焦精准，形成脱贫攻坚的强大合力。

以人民为中心，激发内生动力。习近平总书记指出“脱贫致富贵在立志，只要有志气、有信心，就没有迈不过去的坎。”[③] 精准扶贫、精准脱贫是习近平扶贫论述的核心，激发内生动力则是实现精准扶贫、精准脱贫的关键。在长期反贫困的探索与实践中，总书记深刻洞见到贫困地区、贫困村、贫困群众是否建立内生发展动力，是实现精准脱贫的根本性标志，是精准扶贫的着力点。在2015年减贫与发展高层论坛上，习近平总书记指出：“坚持开发式扶贫方针，把发展作为解决贫困的根本途径，既扶贫又扶志，调动扶贫对象的积极性，提高其发展能力，发挥其主体作用。”[④] 因此要通过党员带动、扶志扶智、改进帮扶方式等方面综合施策，激发脱贫内生动力，坚定脱贫攻坚信

---

① 中共中央党史和文献研究院编:《习近平扶贫论述摘编》，中央文献出版社2018年版，第99页。

② 中共中央党史和文献研究院编:《习近平扶贫论述摘编》，中央文献出版社2018年版，第100页。

③ 中共中央党史和文献研究院编:《习近平扶贫论述摘编》，中央文献出版社2018年版，第132页。

④ 习近平:《携手消除贫困 促进共同发展——在2015减贫与发展高层论坛的主旨演讲》，2015年10月16日。

心，提升贫困地区和贫困群众的自我发展能力。

绿色减贫推动可持续发展。绿色减贫是可持续脱贫的必然路径。2005 年 8 月，习近平同志在浙江安吉余村考察时首次提出“绿水青山就是金山银山”的理念。在长期的扶贫实践中习近平总书记深刻的体会到将生态与贫困、生态与文明、生态与永续发展等问题紧密联系起来才能实现农村扶贫脱贫的可持续发展。《中共中央 国务院关于打赢脱贫攻坚战的决定》中指出“牢固树立绿水青山就是金山银山的理念，把生态保护放在优先位置，扶贫开发不能以牺牲生态为代价，探索生态脱贫新路子，让贫困人口从生态建设与修复中得到更多实惠”①。

服务均等化实现全面小康。习近平总书记指出：“农业强不强、农村美不美、农民富不富，决定着全面小康社会的成色和社会主义现代化的质量。”② 推动区域协调发展，加大公共服务均等化力度，提高医疗、教育、社会保障等服务均衡化水平，使全体人民共享发展红利。

二、新时代脱贫攻坚理论在东兰县的实践模式

新时代脱贫攻坚理论为新时代打赢脱贫攻坚战、决胜全面建成小康社会提供理论依据和行动纲领，加快推进了乡村振兴和全面建成小康社会，为中国特色社会主义进入新时代作出了贡献。东兰县在新时代脱贫攻坚理论引领下，加强党建带动、创新产业布局，充分发挥社会力量促进区域资源整合利用，推动基础设施同质化、公共服务均等

① 《中共中央国务院关于打赢脱贫攻坚战的决定》，2015 年 11 月 29 日。

② 《习近平在山东代表团参加审议时强调 实施乡村振兴战略是一篇大文章 要统筹谋划 科学推进》，2018 年 3 月 9 日，光明网。

化发展，为全县经济社会高质量发展奠定了坚实基础。

（一）加强党建引领，传承红色基因

习近平总书记从统筹扶贫工作与基层治理的高度反复强调，“党对农村的坚强领导，是使贫困的乡村走向富裕道路的最重要的保证”[①]，“抓好党建促扶贫，是贫困地区脱贫致富的重要经验”[②]。东兰县作为全国著名的革命老区，红色基因源远流长，也是新阶段国家扶贫开发工作的重点县。党的十八大以来，东兰县委根据习近平总书记关于实施精准扶贫系列重要讲话精神，把抓党建促脱贫攻坚作为贯彻落实“四个全面”战略布局的具体体现，充分发挥革命老区的红色资源优势，推进党建与脱贫攻坚融合发展。引导广大党员干部提升“四个意识”，提高打赢脱贫攻坚战的行动自觉。

一是强化基层党组织建设。高标准打造东兰县向阳社区党群服务中心、东兰县红水河商贸城安置小区党群服务中心、东兰县长寿生态食品加工园安置小区党群服务中心等三个示范点。在27个易地扶贫搬迁安置点成立党组织的20个，成立党群理事会的7个，促进党的组织工作全覆盖。

二是发挥党员示范带动作用。发挥干部在脱贫攻坚工作中的先锋模范作用，特别是管好用好村党组织第一书记，激励驻村干部担当作为。

三是传承红色基因。东兰县党员干部用红色基因铸魂，立下“老区的精神不能丢，贫困的帽子必须摘”的誓言，充分发挥基层党组织战斗堡垒作用和党员先锋模范作用，扎实推进抓党建促脱贫，在打赢

---

① 习近平：《摆脱贫困》，福建人民出版社1992年版，第59页。

② 中共中央党史和文献研究院编：《习近平扶贫论述摘编》，中央文献出版社2018年版，第32页。

脱贫攻坚战中取得突出成效。东兰县充分发挥红色资源优势，组织开展“访圣地、守初心、担使命、促脱贫”“十名老党员讲故事、百名书记话初心、千名干部抓落实、万众一心促发展”等活动。

（二）创新产业布局，推动融合发展

发展特色产业是稳定脱贫的保证。习近平总书记明确指出，“一个地方的发展，关键在于找准路子、突出特色。欠发达地区抓发展，更要立足资源禀赋和产业基础，做好特色文章，实现差异竞争、错位发展”[①]。东兰县产业扶贫脱贫，特别强调特色产业选择的精准。重点支持贫困村发展种养业，宜农则农、宜菜则菜、宜果则果、宜牧则牧、宜林则林。东兰县农业特色资源丰富。东兰县委县政府依托优势资源大力发展板栗、桑蚕、核桃、山茶油等“十大百万”扶贫产业，东兰乌鸡、东兰黑山猪、东兰板栗、东兰墨米、东兰墨米酒已经获得国家地理标志产品保护认证。东兰县着力优化农业农村产业经济结构，实现农林牧渔统筹、种养加一体、一二三产业融合发展，形成农民稳定脱贫、增收致富的长效机制。

一是大力实施产业以奖代补。出台了《东兰县实施以奖代补推进特色产业扶贫工作方案》等文件，引导激励贫困户自主发展扶贫产业，实现全县特色产业覆盖贫困户比例达 100%。

二是推行村集体经济联动模式。采取部门联动、多种联营、抱团联合、跨村联建、结对联帮等“五联”模式，鼓励各村发展乌鸡（蛋鸡）养殖、肉牛养殖、桑蚕种养、花椒种植、食用菌栽培等产业，打造“一村一品”，大力发展壮大村级集体经济，形成多管齐下、齐头并进格局。

---

① 《习近平：汇聚起全面深化改革的强大正能量》，2013 年 11 月 29 日，人民网。

三是培育壮大新型经营主体。出台《东兰县优化营商环境若干政策》，努力营造让投资者安心、舒心、放心的投资环境。对入驻东兰企业出台“一减免二补助三奖励”政策、提供“一站受理、全程代办、热情周到”服务，积极探索“公司＋农户＋基地”的运作模式，依靠资金入股、托管托养、反包倒租等方式带动建档立卡贫困户发展特色种养产业。

（三）立足社会帮扶，深化区域合作

2016年7月，习近平总书记在银川主持召开东西部扶贫协作座谈会强调要强化东西部扶贫协作和对口支援，立足国家区域发展总体战略，注意由“输血式”向“造血式”转变。他指出“东西部扶贫协作和对口支援，是推动区域协调发展、协同发展、共同发展的大战略，是加强区域合作、优化产业布局、拓展对内对外开放新空间的大布局，是实现先富帮后富、最终实现共同富裕目标的大举措”[①]。东兰县积极与深圳市龙华区对接，构建起“对口合作、优势互补、互利共赢”良好格局。

一是增进互访交流，拓宽扶贫协作领域。加强两地帮扶交流，深化干部人才、劳务合作、教育卫生、旅游文化等方面合作协作。

二是加强人才支援，提升服务水平。深圳市龙华区结合自身人才建设和高效管理、技术指导的优势，多次多名派出干部、教育、医疗人才对东兰县进行支援帮扶。

三是优化营商环境，加快帮扶项目落地。出台了《东兰县优化营商环境若干政策》，努力营造让投资者安心、舒心、放心的投资环境，有效加快了对口帮扶项目的落地建设。

① 中共中央党史和文献研究院编:《习近平扶贫论述摘编》，中央文献出版社2018年版，第102页。

四是强化劳务协作，助推群众就业脱贫。开展“春风行动”“就业援助月”“金秋招聘月”等专项行动，协调龙华区组织“深圳—东兰劳务协作专场招聘会”，与龙华区人力资源局共同建设龙华对口支援东兰培训就业中心。

（四）完善基础设施，补足发展短板

我国少数民族受历史、自然、社会等因素的制约，地区经济发展较为缓慢、社会发展较为滞后，在教育、健康和生活水平等多个维度出现贫困，在生态环境建设、基础设施建设等方面也亟待强化。加快少数民族地区发展，关键是通过发展甩掉贫困帽子，要重点解决制约发展的突出问题，着力改善少数民族地区交通、安全饮水、安全住房、生态环境等方面的情况，努力推动少数民族地区经济社会加快发展。做好基础设施建设是快速脱贫的前提。自然条件恶劣、基础设施落后是制约东兰革命老区经济社会发展的最大瓶颈。为切断贫困代际传递、夯实脱贫基石，东兰按照“实事求是，因地制宜，分类指导，精准扶贫”工作方针，以决战决胜之势攻坚克难，采取先建后补和引进社会资金参与建设等办法，集中力量、集中资金，先后掀起“村屯道路建设大会战”“饮水安全建设大会战”等攻坚战，切实解决群众行路难、饮水难、住房难等突出问题。东兰县通过改造升级农村公路，提升了公路通达能力，有效解决了运输难的问题。大力推进各项水利工程建设，全面实现屯屯自来水，户户水到家。同时，还通过对电网改造升级，提高了村屯通信网络覆盖水平，实现了户户通宽带，为扶贫产业信息化发展提供了有力支持。东兰县按照“整合资金、重点推进、共建共享、便民服务”的思路，以贫困村为重点，全力统筹推进村级公共服务中心建设，有效打通公共文化服务“最后一公里”，切实提升了农村居民的幸福感。

（五）巩固易地扶贫搬迁，实现安居乐业

2020年3月6日，习近平总书记在决战决胜脱贫攻坚座谈会上的讲话中指出："现在搬得出的问题基本解决了，下一步的重点是稳得住、有就业、逐步能致富。"[①] 东兰发挥易地扶贫搬迁安置点人力资源优势，巧借深圳龙华技术资金支持，构建起"对口合作、优势互补、互利共赢"良好格局，一举解决"一方山水养不活一方人"和搬迁群众家门口就业"顾家赚钱"的难题。建成了以向阳新城、红水河商贸城安置小区、板逢扶贫移民家园为代表的27个集中安置点，确保全县"十三五"期间搬迁建档立卡贫困对象2428户9828人全部搬迁入住。

一是完善公共服务配套设施。进一步加强搬迁安置点后续扶持，帮助搬迁群众融入新社区、适应新生活、快步奔小康，进一步增强了搬迁群众的归属感、获得感，提高群众满意度。龙华区援建东兰深圳小学解决移民搬迁安置点适龄儿童求学燃眉之急。

二是构建长效帮扶机制。总书记强调，易地扶贫搬迁脱贫后续帮扶最关键的是就业。东兰县创新粤桂扶贫协作机制，打造"东兰扶贫子母车间"，建设东兰龙华高科技产业园，承接东部产业转移的劳动密集型企业，增加本地就业岗位，保障了移民群众就业增收。引进东兰汉科电子科技有限公司、东兰县校园文化用品有限公司、高新玩具制品（深圳）有限公司进驻，吸纳当地群众就业，实现了贫困群众"搬得出、稳得住、能发展、可致富"的目标。

（六）优化公共服务，促进资源共享

医疗救助面广惠多。截至2020年3月31日，全县城乡居民应参

---

① 习近平:《在决战决胜脱贫攻坚座谈会上的重要讲话》，2020年3月6日，新华网。

保人口 290535 人，已参加基本医疗保险（含大病保险或同类型保险）286260 人，参保率 98.53%；建档立卡贫困人口参保率 100%。建档立卡贫困患病人口 100% 能享受医疗保障政策，“先诊疗、后付费”“一站式”结算服务。

教育扶智持续巩固。开展专项帮扶行动，组织干部结对帮扶联系贫困学生；实行“双线四包”工作机制，落实控辍保学主体责任，确保建档立卡户适龄儿童少年全部接受义务教育；加强基础薄弱学校建设，2018 年顺利通过国家义务教育均衡发展督导评估；各类学生资助奖金按时拨付，义务教育阶段扶贫政策得到有效落实。

社会保障兜底提质。全县农村低保保障标准为每人每年 4300 元，超国家、自治区当年扶贫标准。2019 年 12 月底，将符合农村低保条件的贫困人口 5616 户 18229 人全部纳入低保范围。应参加城乡居民养老保险的贫困人口 64641 人，实际参保 64641 人，参保率达 100%；42977 名 60 周岁以上（含）符合领取养老待遇条件的人员 100% 享受养老保险待遇，其中建档立卡贫困老年人共 15127 人，全部享受养老保险待遇。

三、东兰县脱贫攻坚的成效

东兰县在习近平总书记关于扶贫工作的重要论述的指导下，突出本地特色，不断探索创新脱贫致富有效路径，将内源扶贫和外源扶贫相结合，激发内生动力，实现了贫困人口、贫困发生率双降低，区域经济稳定发展的高质量脱贫。以产业带动就业，不断提升贫困群众的收入、消费水平；完善了县域贫困治理体系，为巩固脱贫成效、推进乡村振兴奠定基础，增强了农民的幸福感、获得感。

（一）直接成效

1. 贫困人口减少、贫困发生率降低

习总书记说，让贫困人口和贫困地区同全国一道进入全面小康社会是我们党的庄严承诺。东兰县举全力打赢脱贫攻坚战，深入实施十大扶贫工程，以高质量的脱贫行动实现贫困村、贫困人口脱贫摘帽清理任务。贫困发生率由2014年的27.82%，降至2019年年底的1.66%。贫困人口由2014年的贫困人口79444人减少为2019年的1678户贫困户4748名贫困人口。2020年5月，东兰成功退出贫困县序列。

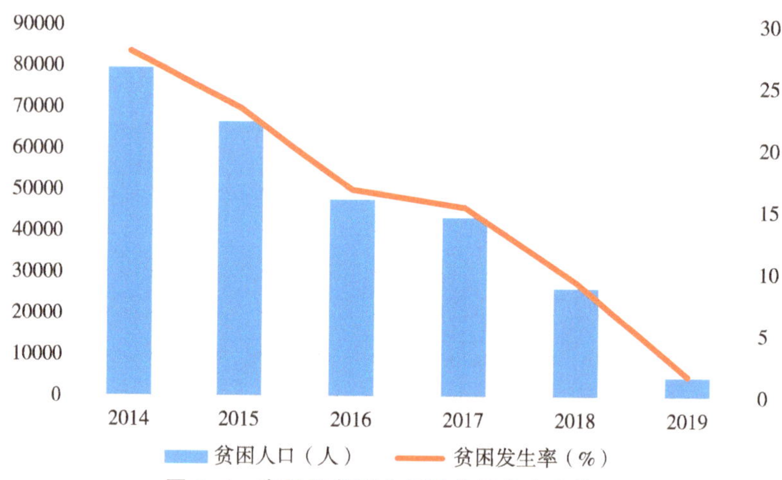

图 0–1　东兰县贫困人口及贫困发生率情况

资料来源：东兰县扶贫开发办公室。

2. 可支配收入增加、消费结构优化

经济的稳步发展有效提升了东兰县农村居民的收入、消费水平，以农村居民人均可支配收入衡量东兰县农村居民增收状况，可以看出农村居民可支配收入持续增长较快，收入水平和生活质量稳步提高。东兰县农村农民可支配收入由2012年的4412元增加至2019年

的 8859 元，农村居民可支配收入增长率从 2015 年之后开始稳步提高，2018 年已经处于 10% 以上的高位水平，表明精准扶贫以来，东兰县农村居民生活水平得到了切实提高，生活质量得到了有效改善。通过对标“两不愁三保障”要求，出台各项强农惠农富农政策，多轮驱动、综合施策，东兰县农村居民的幸福感、获得感不断提升，为脱贫攻坚和巩固提升脱贫成效提供了坚实的物质基础。

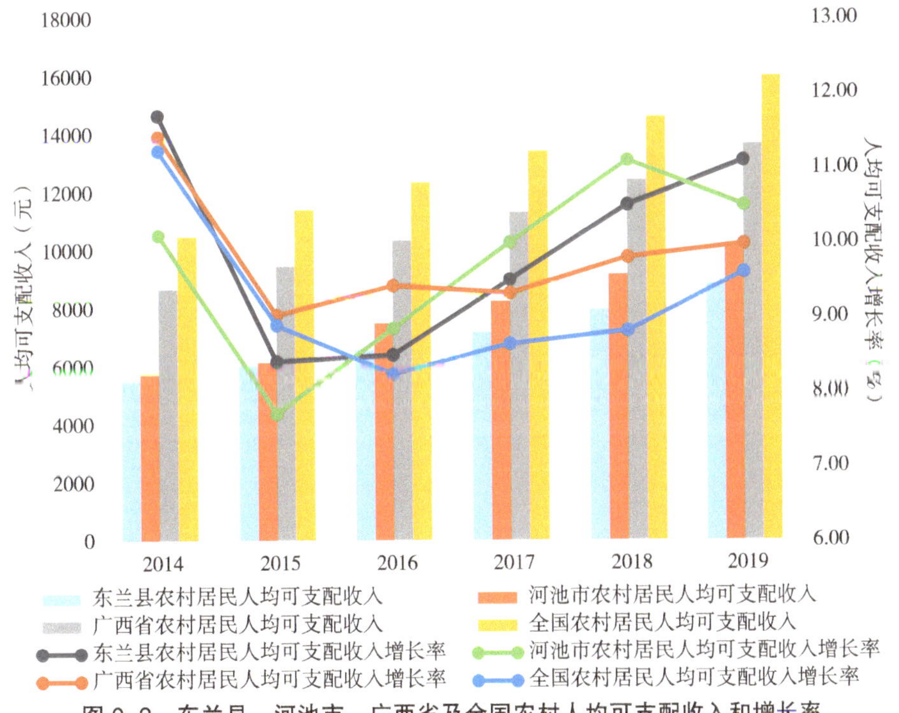

图 0–2　东兰县、河池市、广西省及全国农村人均可支配收入和增长率

资料来源：东兰县扶贫开发办公室、河池市统计年鉴（2014—2019）、广西省统计年鉴（2014—2019）、中国统计年鉴（2014—2019）。

东兰县农村居民家庭恩格尔系数从 2016 年的 32.8% 下降至 2019 年的 31.9%，连续四年均低于与河池市及周边南丹县、巴马瑶族自治县，表明东兰县的各项扶贫措施有效改善了全县农民的生活质量，优化了农村居民消费结构。

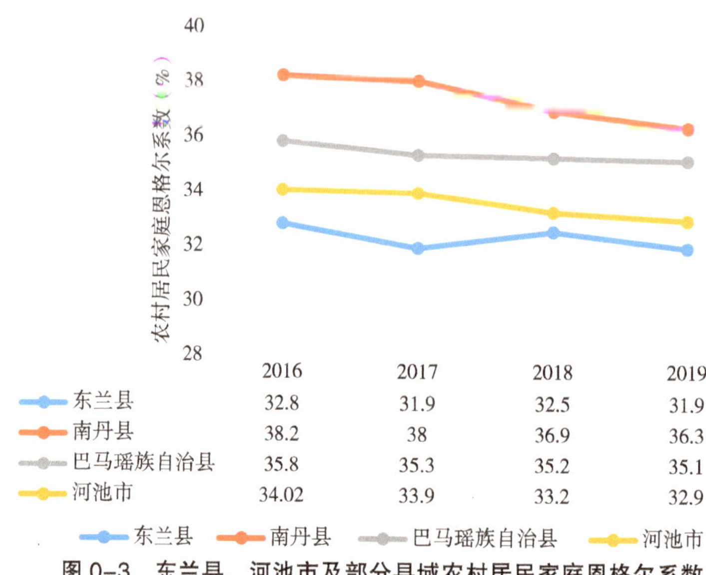

	2016	2017	2018	2019
东兰县	32.8	31.9	32.5	31.9
南丹县	38.2	38	36.9	36.3
巴马瑶族自治县	35.8	35.3	35.2	35.1
河池市	34.02	33.9	33.2	32.9

图 0-3　东兰县、河池市及部分县域农村居民家庭恩格尔系数

资料来源：东兰县国民经济和社会发展统计公报（2016—2019）、南丹县国民经济和社会发展统计公报（2016—2019）、巴马瑶族自治县国民经济和社会发展统计公报（2016—2019）、河池市国民经济和社会发展统计公报（2016—2019）。

（二）间接成效

1. 区域经济发展规模持续

十八大以来，东兰县举全县之力攻坚拔寨，综合施策，严格落实习近平总书记“坚持精准方略、提高脱贫实效”的要求，不仅实现了东兰县脱贫摘帽，也推动了县域经济快速增长。东兰县地区生产总值从 2013 年的 20.8 亿元增长到 2018 年的 38.1 亿元，五年间增长了近一倍。经济增长率从 2015 年开始稳步上升，在 2015—2018 年，东兰县经济增长率高于广西省及全国同期经济增长水平，表明东兰县经济发展具有长期稳定性。东兰经济的发展，得益于东兰县委县政府始终将经济增长带动扶贫开发作为主攻方向，扎实推进以高质量经济发展促脱贫，稳增长、调结构。经济总量的大规模增加为东兰县开展扶贫开发提供了强大的资金支持，为保民生、促发展、推动区域减贫做出较大贡献。同时脱贫攻坚的有益成果又推动了区域经济发展水平的显著提高，实现了经济繁荣、社会稳定、民生改善的目标。

表 0-1 2013—2018 年东兰县、河池市、广西自治区和全国 GDP 总量及增长率

年份	东兰县		河池市		广西省		全国	
	GDP 总量（亿元）	GDP 增长率（%）	GDP 总量（亿元）	GDP 增长率（%）	GDP 总量（亿元）	GDP 增长率（%）	GDP 总量（亿元）	GDP 增长率（%）
2013	20.8	8.8	528.6	5.9	14450	10.2	568845	7.8
2014	22.8	8.1	601.2	4.9	15673.0	8.5	636463	7.4
2015	23.8	6.7	618.0	4.5	16803.1	8.1	676708	6.9
2016	26.0	7.6	657.2	4.9	18293.7	7.3	744127	6.7
2017	28.4	8.3	734.6	10.2	18523.3	7.3	827122	6.9
2018	38.1	9.3	788.3	6.4	20352.5	6.8	900309	6.6

资料来源：东兰县扶贫开发办公室、河池市统计年鉴（2014—2018）、广西省统计年鉴（2014—2018）、中国统计年鉴（2014—2018）。

2. 形成系统化的贫困治理体系

扶贫脱贫是一项长期性、系统性的工程，消除贫困是脱贫攻坚的最终目的。东兰县为保证脱贫户的可持续发展，实现真脱贫，在这片革命老区和发展热土上，创新运用产业引领、兜底保障等，建立了颇有成效的可持续脱贫机制，助力老区群众脱贫奔小康。一是深化组织保障机制。东兰县以保障和改善农村民生为优先方向，通过“四个注重”（政治、经济、人文、精神关怀）强化脱贫攻坚一线干部队伍建设，构建更加科学有效的激励机制，通过不断提升基层治理能力，推动贫困地区社会发展，切实提升其贫困治理能力。二是搭建农民可持续增收机制。东兰县始终将产业扶贫、就业扶贫等领域作为扶持重点，大力推进以产业带动贫困人口就业创业，以红色旅游产业、生态旅游产业实现贫困人口创收增收；加强农民的职业化培训，培养一支掌握一定科学技术的农业生产队伍，实现农业发展向现代化、产业化、专业化方向迈进；稳步推进乡村文明建设，积极营造勤劳致富的发展氛围，为实现持久脱贫奠定思想基础。三是构建防返贫保障机制。持续发挥教育扶贫、健康扶贫、社会保障等领域的政策红利，用扶贫政策筑牢脱贫农户持续发展的根基，确保脱贫农户不发生因学返贫、因病返贫、因灾返贫等事件。积极为农业发展基础薄弱地区贫困农民的生产生活提供基本的物质保障，促进生计可持续发展各资本要素均衡发展，避免结构性失衡。

（三）溢出效益

1. 治理能力现代化建设保障民族团结

消除贫困，实现共同富裕，是社会主义的本质要求，是中国共产党的神圣使命，是人民政府的基本职责。贫困问题的有效治理，不仅是给贫困群众的满意答复，体现党和政府的高效治理能力，更能增加全社会的认同感、促进民族团结。一是加强组织建设。东兰县充分发挥党和政府对扶贫开发工作的领导作用，以高质量党建引领乡村治理，推动乡村治理体系和治理能力现代化水平不断提升，切实把党的领导的政治优势转化为打赢脱贫攻坚、加快农业农村发展的实际成效，为实现各民族的共同繁荣发展做出贡献。二是夯实经济实力。东兰县以党组织为领导核心，充分结合当地优势和本土资源，因地制宜探索乡村经济发展形式。坚持党建引领、产业带动，实行村企联合，助力消费扶贫，促进产业转型升级。三是培育文化动力。东兰县积极挖掘红色资源，开展红色教育，把红色教育打造成干部成长的“风向标”，着力激活老区党员干部的“红色基因”，振奋精神决战决胜脱贫攻坚。东兰县委县政府按照习近平总书记关于“全面建成小康社会，一个不能少；共同富裕路上，一个不能掉队[①]”的重要指示要求，坚持

① 中共中央党史和文献研究院编：《习近平扶贫论述摘编》，中央文献出版社2018年版，第23页。

精准扶贫精准脱贫基本方略，把少数民族特色村镇保护发展工作与乡村振兴战略相融合、与打赢脱贫攻坚战相契合、与生态文明建设相结合，有效带动贫困人口脱贫增收，助力民族地区同全国一道实现全面小康目标。

2. 生态效益

东兰县地处广西省石漠化相对集中的片区，面对岩溶地区有限的土地资源，全县坚实“生态立县”发展战略，实行山、水、林、田统筹规划，综合治理，积极发展林业生态产业，取得明显成效。东兰县委县政府深刻认识到治穷的根本在生态，生态的根本在造林，将石漠化治理与退耕还林、水土保持结合，培育板栗、油茶、核桃等见效快的经济林果品种，既有效改善了当地的生态环境，更为贫困群众探索出了脱贫致富的新路径。全县充分利用国家生态功能区等落户东兰的契机，加强县域生态环境治理，使得森林覆盖率不断上升，远高于河池市。2019 年达 84.25%，成为河池市覆盖率最高的县，超过邻近的凤山县及巴马瑶族自治县。

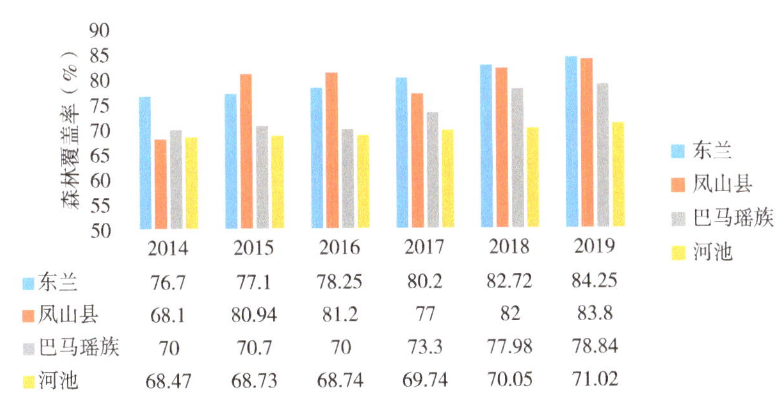

	2014	2015	2016	2017	2018	2019
东兰	76.7	77.1	78.25	80.2	82.72	84.25
凤山县	68.1	80.94	81.2	77	82	83.8
巴马瑶族	70	70.7	70	73.3	77.98	78.84
河池	68.47	68.73	68.74	69.74	70.05	71.02

图 0–4　东兰县、河池市及周边县域森林覆盖率情况对比

资料来源：网页资料整理。

四、东兰县脱贫攻坚的经验启示与乡村振兴的衔接

区域整体推进是东兰县始终坚持的发展导向，在践行习近平扶贫论述的征程中，东兰县从整体视角谋划未来、为社会力量搭建平台、党建正能量带动、绿色循环农业、公共服务均等化等方面展现自身优势。作为深度贫困地区的脱贫代表，东兰县始终坚持着眼当下，眼望未来的高姿态，合力实现脱贫攻坚成果的同时，积极规划乡村振兴蓝图，实现一套班子，一套体系构筑发展蓝图。

（一）东兰县脱贫攻坚经验总结及启示

整体视角绘发展蓝图。战略指引和政策驱动一直是县域经济发展不可或缺的影响因素，东兰县在长远发展的思路中，从长远考虑谋划县域经济的持续增长发展极，构筑“红色老区”“绿色生态”“金色铜鼓”“银色长寿”“黑色物产”五色品牌。构筑社会扶贫大格局。以粤桂协作为杠杆，在东兰县以“1+13+1”模式搭建扶贫子母车间、引进高科技产业、加大资金帮扶力度。利用南方电网资源，选驻精兵强将帮扶贫困村，深入基层挖掘贫困的最根本原因，积极帮助贫困群众降低贫困脆弱性，增强其未来可持续发展能力。党建正能量改善精神面貌。作为 11 个民族的聚居地，打造双拥“老区样板”，为东兰贴上军政军民团结、社会和谐稳定的亮丽名片。在党建正能量的渲染中，少数民族群众以及贫困群众把党的初心、党的主张、党的恩情转化为对党的高度认同，并增强脱贫攻坚行动自觉和思想自觉。搭建绿色循环农业体系。县委县政府为破解资源的有限性，因地制宜打造“再利用、减量化、资源化”的“3R”循环农业模式，构建循环农业体系。搭建“种桑养蚕—桑枝培育食用菌—废弃菌渣化作肥料还桑田”循环模式，建立起立体化式的现代农业，提升农业可持续发展能力。公共

服务均等化。在医疗、教育、基础设施建设方面，全面提升整体水平，架构基础公共服务网络。

（二）东兰县脱贫攻坚与乡村振兴有机衔接

一是推动政策有效衔接，惠及次贫困群体。统筹协调专项财政资金、完善动态防返贫监管体系、推进社会基本医疗保险制度关口前移。二是优化村社治理的结构，形成长效服务机制。以驻村第一书记为着力点，继续健全驻村第一书记选人机制和驻村制度，选派干部的长效正负激励制度，完善乡村基层组织负责人的梯度退出机制，强化驻村第一书记队伍建设。三是统筹人力资源开发，实现乡村人才振兴。加快构建高素质农民教育培训体系、全面落实县域人才政策，推动高素质人才下乡。四是构建现代化农业体系，稳固脱贫成果。推进第一二三产业融合发展、坚持适度规模化经营，挖掘新型经营主体带动作用。五是对标全面建成小康社会，推动基础设施建设有机衔接。全面提升全县公路质量水平，巩固农村饮水安全工程岗，对焦南方电网，实施新一轮农网升级改造工程，优化区域电网结构。

第一章

扶贫基底：多重背景下的东兰奋斗史

东兰县位于广西西北部，云贵高原南缘，红水河中游，总面积2437平方公里。下辖14个乡镇，居住着壮、汉、瑶、苗、侗、毛南、仫佬、布依等11个民族，总人口30.79万人。东兰县属于典型“老、少、边、山、穷、库”地区，是滇桂黔石漠化片区、国家扶贫开发重点县、深度贫困县、革命老区县。面对革命老区、边远山区、大石山区、国定贫困县和深度贫困县这一特殊县情，东兰县作为后发展、后开发、欠发达县份，在脱贫攻坚的历史机遇下，结合“生态立县、旅游旺县、科教兴县、产业富县”发展战略，稳步推进易地搬迁、产业发展、就业培训、基础设施、健康教育、兜底保障等扶贫工作落地开花，如期且高标准完成脱贫摘帽工作。2018年11月28日，途经东兰的河百高速全线通车，成为东兰县甚至河池市的西南出海大通道的重要线路之一，革命老区有了连接大湾区、东南亚的新途径，让东兰经济社会发展插上了腾飞的翅膀。东兰县的减贫经验也引起了社会各界的关注，东兰县作为全国深度贫困地区抓党建促脱贫攻坚工作经验交流座谈会的现场观摩考察点；东兰县代表广西壮族自治区在全国携手奔小康东巴凤现场培训班上做东西部扶贫协作经验交流发言；2020 年 9 月 8 日至 11 日东兰成功举办 2020 年中央单位定点扶贫和广东省扶贫协作挂职干部培训班暨工作现场会；2020 年 10 月 14 日，在北京举办的 2020 年扶贫日全国易地扶贫搬迁论坛评选活动中，东兰向阳新城安置小区荣获“十三五”期间全国易地扶贫搬迁典型案例“美丽搬迁安置区”称号。

一、发展底蕴——自然资源与人文经济

东兰县是一个历史悠久、资源丰富、风景秀丽的山水小城，得天独厚的自然生态环境为东兰县域经济发展提供了优良的外部环境与资源储备，扎根于骨肉中的红色基因激励着东兰儿女以“逢山开路、遇水架桥”的勇气，誓让老区换新颜，实现老区繁荣昌盛、人民安居乐业。以铜鼓文化为主形成的民族风情与独一无二的长寿环境，为东兰县的可持续发展提供了源源不断的能量。丰沃的自然资源与人文环境塑造了东兰县再创辉煌的发展环境，也为东兰打上一个又一个知名的烙印，如东兰烈士陵园被评为“全国文明优抚事业单位”，被国家发改委、环保部等 11 个部委列为“生态保护与建设示范区”，荣获全国、全区平安渔业示范县，“2015 年度中国十佳最美乡村旅游目的地”，连续四年被评为广西“双拥模范县”，连续五年被评为建设平安广西活动先进县。

（一）自然资源

东兰县作为国家重点生态功能区、全国生态保护与建设示范区、中国最佳绿色生态县，有着得天独厚的自然生态环境，为县域发展提供了良好的外部环境。东兰县地处亚热带季风气候，土地、森林、生物、矿产等自然资源十分丰富。东兰境内属于典型的喀斯特地貌地

区，广西母亲河——红水河穿越县境 115 公里，峡谷幽深、峰丛高耸，造就了坡豪湖、巴社山、苏仙岩、第一湾、大峡谷和垂钓天堂等系列奇特自然风光，为其旅游发展提供了良好的自然资源。2019 年全县森林覆盖率 84.25%，是全国平均水平的 3 倍多，是“人间难得的一块净土”。2010 年春节，时任国务院总理温家宝莅临东兰视察并赠言“山青水秀生态美，人杰地灵气象新”，这是温总理对东兰的高度概括和评价。

东兰县独特的地理环境培植出丰富的特色物产，如低碳绿色养生食品和低脂肪高蛋白肉类食品，尤其是以黑糯米、墨米酒、东兰乌鸡、板栗、黑山猪等为代表的黑色物产，以国家地理标志和养生而颇具盛名，同时也为东兰县的产业发展蓄能。

（二）人文环境

革命老区：东兰县红色文化基底深厚，是全国革命老区之一，是广西农民运动的发祥地、右江革命根据地的腹心地，更是我国早期三大农民运动领袖之一韦拔群烈士的故乡。在革命战争年代，东兰县有 9000 多名革命同志参加革命武装斗争，其中有 1600 多人参加了重重险关的二万五千里长征，同时培养了韦国清、韦杰、覃健、韦祖珍、覃士冕 5 位共和国开国将军；东兰县儿女为中华民族的解放事业做出了重要贡献，其中 6300 多人在为其奋斗过程中而献出宝贵生命，解放后仅登记在册的东兰革命烈士就达 2266 人，居广西壮族自治区之首，是全国各县革命烈士平均数的 4 倍多。同时留下系列珍贵的红色印记，被称为“没有围墙的革命博物馆”；在众多的革命遗址和纪念设施中，东兰烈士陵园、韦拔群纪念馆、广西农民运动讲习所旧址列宁岩、红七军前敌委员会旧址魁星楼、韦拔群故居等 5 处红色旅游景点列入全国红色旅游经典景区第一批名录并整合提升成为国家 4A 级景区，成为东兰县旅游发展的又一引擎。

铜鼓文化：东兰县是铜鼓文化的主要集散地，铜鼓是东兰民族文化中的奇珍异宝，是壮族、瑶族珍贵乐器，“世界铜鼓在中国，中国铜鼓在广西，广西铜鼓在东兰”这句话就显示了东兰铜鼓的国际地位。据资料统计，截至2020年9月底全世界馆藏传世铜鼓2400多面，其中我国馆藏量1400面，广西馆藏量900多面，而东兰县就有612面，约占世界铜鼓收藏量的四分之一、中国藏量近二分之一，堪称中国乃至世界的“铜鼓之乡”。2011年东兰传世铜鼓成功申报世界基尼斯纪录。铜鼓是绵延千古、不可复制的民族文化“活化石”，由其衍生出的“蚂拐歌圩”“春榔棍舞”“铜鼓舞”“猴鼓舞”等民俗文化精品享誉国内外，东兰县也因此先后被命名为“中国民间铜鼓文化艺术之乡”、“中国铜鼓民俗文化旅游示范区”。同时东兰蚂拐艺术节被列入国家级非物质文化遗产名录，《壮族铜鼓舞》被列入第四批自治区级非物质文化遗产代表性项目名录。

银色长寿：东兰县是东巴凤世界长寿金三角的核心区，经测定，东兰地区常年的空气负氧离子含量普遍在2万个以上，而坡豪湖泊、月亮河畔等地方则高达5万至6万个，是大城市的1000倍以上。独特的地理结构形成了闻名国内外的长寿带，截至2020年9月，东兰县健在百岁老人达91人，每10万人口中拥有百岁寿星30人，远高于世界长寿之乡的评定标准，且百岁寿星数量呈不断增长趋势。是名副其实的“中国长寿之乡”和“全国异地养老基地”[①]。

（三）经济社会发展

东兰县立足于当地资源禀赋条件，确定了“生态立县、旅游旺

① 东兰县扶贫开发办公室：《东兰县县情概况》，2020年10月21日。

县、科教兴县、产业富县”发展战略，呈现出经济发展、社会和谐、民生改善、文化繁荣、群众安居乐业的良好局面，县域经济社会发展稳中有进。2019 年，东兰县实现地区生产总值①（当年价）41.51 亿元，比上年增长 5.8%（按 2015 年不变价格计算）。其中第一产业增加值 9.78 亿元，增长 10.6%；第二产业增加值 3.96 亿元，增长 9.7%，其中工业增长 12.5%；第三产业增加值 27.77 亿元，增长 3.6%。第一、二、三产业增加值占地区生产总值的比重分别为 23.6%、9.5% 和 66.9%，对经济增长贡献率分别为 43.5 %、15.5 % 和 41.0 %。按常住人口计算，人均 GDP 为 18376 元，比上年增长 5.1%②。

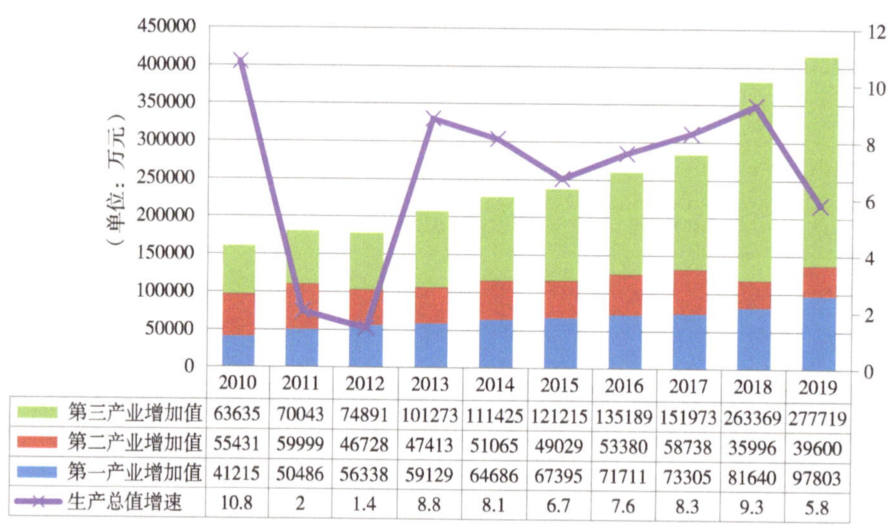

	2010	2011	2012	2013	2014	2015	2016	2017	2018	2019
第三产业增加值	63635	70043	74891	101273	111425	121215	135189	151973	263369	277719
第二产业增加值	55431	59999	46728	47413	51065	49029	53380	58738	35996	39600
第一产业增加值	41215	50486	56338	59129	64686	67395	71711	73305	81640	97803
生产总值增速	10.8	2	1.4	8.8	8.1	6.7	7.6	8.3	9.3	5.8

图 1-1　2010—2019 年东兰县生产总值、产业增加值及其增速情况

农业是东兰县经济发展的基础产业，东兰县在脱贫攻坚中，以农业增效为基础、以农民增收为核心，农业生产实现稳定增长，农业产业化步伐不断加快，为农业现代化发展奠定了坚实基础，也为地方经

① 生产总值 = 第一产业增加值 + 第二产业增加值 + 第三产业增加值。

② 广西河池东兰县人民政府门户网站：《2019 年东兰县国民经济和社会发展统计公报》，2020 年 7 月 20 日。

济持续健康发展和社会大局稳定发挥了压舱石作用。2019 年实现农林牧渔业总产值 164740 万元，比上年增长 10.5%。其中农业产值 76192 万元，比上年增长 8.3%；林业产值 18056 万元，比上年增长 11.0%；牧业产值 57847 万元，比上年增长 14.8%；渔业产值 6069 万元，比上年增长 5.7%；农林牧渔服务业产值 6576 万元，比上年增长 3.0%。农林牧渔业增加值 100348 万元，比上年增长 10.4%。

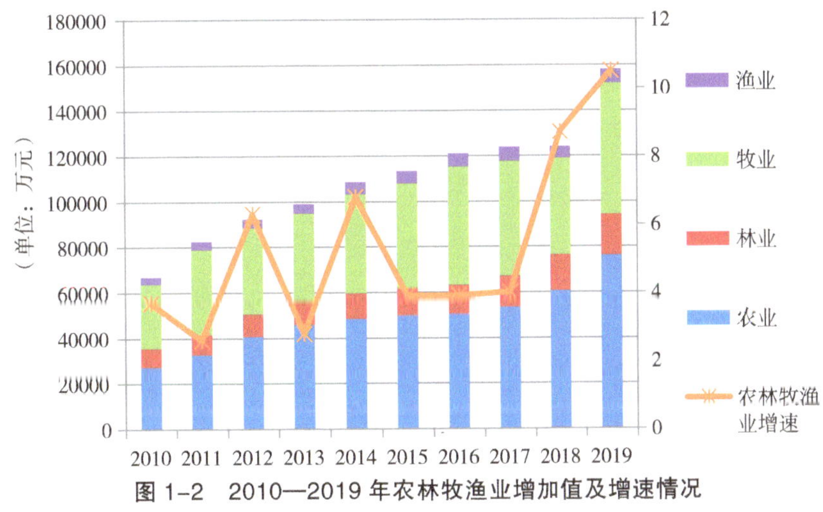

图 1-2　2010—2019 年农林牧渔业增加值及增速情况

二、东兰县艰苦拼搏的扶贫开发历程

扶贫历来是中国共产党和政府解决贫困问题、促进社会稳定与协调的一项重大政策。我国根据经济社会发展状况适时调整贫困政策，走出一条适合国情的中国特色社会主义扶贫道路。东兰县在国家总体扶贫方针的指引下，从经济发展实际与自身资源禀赋出发，在每个扶贫阶段从不同方面解决贫困问题，最终于 2020 年 5 月脱贫摘帽。

（一）1991—1995年：解决“两缺、两难”的“八五”扶贫开发阶段

东兰县在“八五”期间的扶贫开发坚持以经济开发为主，集中力量打温饱攻坚战，重点解决“两缺、两难”，即缺粮、缺钱，饮水难、行路难问题。在落实扶贫工作中，东兰县委、县政府重点发展周期短、见效快的种养和相关的加工业以及资源开发型等其他产业，开发具有竞争力的名、特、优、稀产品；针对各乡镇土质、气候的不同情况和生产条件，把土坡地区划分为“四个经济开发带”进行综合开发，即25万亩板栗带、2.5万亩酸梅带、1万亩桑蚕带、红水河两岸百里竹林长廊带。实施科技扶贫“123工程”，即从1991年起，用五年时间在全县农村劳动者中培训1000名高中毕业生、2000名初中毕业生和3000名小学毕业生，使他们成为农村科技扶贫的骨干。同时注重从精神层面引导干部群众转变思想观念，摆脱传统扶贫观念束缚并树立大扶贫观念，实现扶贫从单纯救济、分户扶持、分散经营到综合性、立体化、规模化开发的根本性转变。经过东兰县全体人民的共同奋斗，扶贫开发有了突破性进展：一是农民人均纯收入明显增长，贫困人口大幅度下降。1995年，农民人均纯收入712元，比1991年的299元增长138倍。5年间解决温饱7.44万人，农村贫困人口下降至12.2万人，占农村总人口的49%，比1991年下降了29%。二是农村基础设施不断改善。东兰县在5年时间里先后修建四级公路3条28.5公里，改建四级公路8条251.1公里，修筑机耕路14条126公里，马驮路46条209公里，架设高、低压线5条22公里，建成人畜饮水水池400处6.27万立方米，引水渠道94条1179公里，解决4.6万人、4.8万头牲畜的饮水难问题。三是建立了一批支柱产业和种养基地。东兰县利用5年光阴新办林果基地12.5万亩，发展养羊6.35

万只，扶持了压力锅厂、毛巾厂、果品厂、人造板厂等一批县办工业及乡镇企业，使之成为县域经济发展的支柱[①]。

（二）1996—2005年："八七"扶贫攻坚与"十五"扶贫阶段

东兰县紧跟国家步伐，根据《国家八七扶贫攻坚计划》，制定了1994年至2000年扶贫攻坚计划，提出在2000年基本解决贫困温饱问题的目标，继而实施一系列扶贫开发工程：一是实施"三三扶贫"战略。将石山地区不具备生存条件的地方三分之一左右的人口，通过移民方式，搬迁到山下有条件的地方安置脱贫；动员三分之一左右的人下山进城，发展非农产业，搞劳务输出，实现易地脱贫；留下三分之一左右的人口，开发当地资源，实现就地脱贫。截至2002年年底，先后征地5.17万亩，创办了13个开发场，进场群众1669户579人，完成主导产业和经济作物种植13868亩。2003年9月15日顺利移交环江县接管。二是实施西南世行扶贫贷款项目工程。1995年，东兰县成为中国西南扶贫世界银行贷款项目受益县，随后相应成立世行扶贫贷款项目办公室，专门负责项目的组织实施。该项目建设内容包括农业综合开发、社会服务、农村基础设施、劳务输出、第二、三产业、项目与贫困监测共6个大项目近20个子项目，计划总投资9038.76万元，10个乡53个特困村80834人受益。从整体来看，项目受益区群众的生产生活条件有了质的飞跃；解决了项目区5088个贫困户的温饱问题；项目所收益区的教育教学条件得到明显改善；初级医疗卫生保健水平进一步提高，群众看病难的问题得到缓解；农村基础设施状况有较大改观，实现了农民和财政的"双增收"。三是实施"八个一工程"。1996年9月，县委、县人民政府抽调1200多名干部组成扶

① 东兰县扶贫开发领导小组办公室:《东兰县"八五"扶贫开发概况》，2020年10月21日。

贫调查团，对147个村开展扶贫调查帮助贫困农户做好建档立卡。12月召开全县扶贫攻坚三级干部动员大会，对扶贫攻坚工作做出部署并出台《关于进一步加快扶贫攻坚力度的决定》，坚持“两个为主”、主攻“两大战区”、解决“两缺、两难”、抓好“三个落实”、实现“八有目标”、实施“八个一工程”①。到1998年年底，东兰县累计解决温饱20多万人，贫困人口由1985年的20.4万人下降到1.02万人，贫困人口比例由1985年的85%下降到4%。1999年5月，经广西壮族自治区验收，实现全县基本解决温饱目标。四是实施“地头水柜集雨灌溉工程”。1999年7月在长乐镇和三农乡试点，兴建313个地头水柜，种植了180亩水稻，发现能有效增加粮食产量，值得推广。随后召开动员大会，在全县迅速掀起大建低头水柜的热潮。层层建立目标管理责任制，并将任务完成情况列入干部年终考核的内容之一。全县295个机关单位2450名干部职工参加水柜建设，1999年共建成地头水柜5423个，解决了山区5637亩旱地灌溉问题。从1999年到2002年的四年中，共兴建地头水柜11348个，从根本上改善了山区农业灌溉条件。2000年6月14日，时任中共中央政治局委员、中共广东省委书记李长春到东兰视察地头水柜建设，并给予很高评价。五是实施“绿色生态工程”和“退耕还林”。东兰县委、县政府把生态农业建设作为绿色工程一项重要内容，通过召开再动员大会，要求强化领导责任，建立目标管理责任制，采取干部职工“人盯池”的途径，将

① “两个为主”即以就地开发为主，以开发式扶贫为主。“两大战区”即大石山区和水库淹没区。“两缺、两难”即缺粮、缺钱，行路难、饮水难。“三个落实”即包扶任务落实到单位，责任落实到干部，效益落实到农户。“八有目标”即通过包扶使贫困户有饭吃，有水喝，有钱用，有衣穿，有房住，有路走，有电用，有学上。“八个一工程”即一人五分基本农田，一人一只商品羊或猪，一户一个林果园户输出一个劳务，一户掌握一门致富技术，一户或一个自然屯一个小水柜或水池，一个村委通一条路，一个干部包扶三户以上贫困户。

沼气池任务落实到每个干部职工身上。经过全县上下共同努力，截至2002年年底，共建沼气池1135个，改善了农村生态环境。2001年4月，东兰县被列为全国退耕还林试点县，东兰县积极把握历史机遇，成立退耕还林指挥部与退耕还林办公室，根据退耕还林的生态效益目标和各乡镇地势地质情况，把2001年3万亩退耕还林任务落实到红水河沿岸的11个乡镇，并按照“五统一”[①]要求，选择板栗、八角、喜树、竹子等树种为退耕还林树种，精心组织实施。退耕还林涉及14个乡镇110个村，荒山造林涉及7630个农户，项目覆盖总农户32715户占全县总农户的54.8%。累计发放到农户粮食补助1310.06万公斤，现金补助174.61万元。退耕还林工程项目的实施，改善并维持了东兰的生态环境，优化了产业结构并培育了新的经济增长点，增加了农民的可支配收入。六是实施农网改造与无电村通电工程。东兰县根据国家发展计划委员会《关于加快农村电网建设（改造）工作有关问题的通知》和广西壮族自治区相关文件精神，把农村电网建设（改造）和解决无电村通电工程列为20世纪末扶贫攻坚的重点项目。1999年成立“农村电网建设与改造领导小组”，并抽调37名经验丰富的经济师、工程师完成规划及实施方案的编制，用两年时间完成13613万元投资，建设和改造农村电网。2002年年底完成农网改造与建设工程，新建和改造台区579个，完成10千伏线路973.04公里，改造低压线路1401.66公里，并全部实行“一户一表”，给农民带来了实实在在的好处，减轻农民用电负担200多万元，加快了基础设施和小城镇的建设，进一步带动农村种植业、养殖业及家庭加工业的发展等[②]。

---

① “五统一”即统一规划设计、统一技术指导、统一苗木供应、统一质量管理、统一资金使用。

② 东兰县扶贫开发领导小组办公室：《东兰县“八七”扶贫攻坚概况》，2020年10月21日。

（三）2006—2010 年：开展“整村推进”的“十一五”扶贫阶段

该阶段，东兰县以 93 个贫困村为主战场，以“整村推进”贫困村为重点，全面实施以基础设施建设、产业化扶贫和科技扶贫培训为重点的“一体两翼”战略，扎实开展“整村推进”贫困村扶贫开发工作。在基础设施方面，多渠道整合资金投入，加大对基础设施建设的投入力度，共投入 3369.2 万元，使农村生活生产、生态环境、社会事业等基础条件得到全面改善，加快了贫困村的经济发展步伐。在科技扶贫培训方面，根据贫困村实际情况，因地制宜地制订科技扶贫培训计划，聘请专家到村、项目点集中讲课、示范培训，并组织项目农户到扶贫示范户、示范基地以现场会的方式进行现场参观培训。在产业扶贫方面，以花神丝绸公司等龙头企业为推动，整合产业开发、信贷扶贫资金 750 万元，大力扶持农户调整，形成了“三种三养三加工”农村经济发展模式[①]。2005 年 8 月和 2006 年 9 月，广西壮族自治区将东兰县列为扶贫到户贷款贴息方式改革试点县和贷款贴息到户奖补试点县，每年用于扶持贫困农户实施种植、养殖、商贸加工等项目的贴息贷款达 1200 万元，解决了贫困农户在生产开发中的资金难问题，有力地带动了贫困农户增收。通过大力实施农业产业开发，积极培育农村支柱产业，使农业产业结构得到有序调整，极大地推进了贫困村农业产业化经营步伐，为促进农民增收打下了坚实基础。2010 年年底，东兰县农民人均纯收入预计从 2005 年年底的 1584 元增加到 2840 元，增加了 1256 元，年均增长 15.8%；农村贫困人口预计从 2005 年年底的 12.26 万人减少到 9.11 万人（含返贫人口），贫困人口占农业人口的比例从 46.3% 下降到 34.4%，贫困人口下降 11.9

① “三种三养三加工”农村经济发展模式，即：种桑、种板栗、种中药材，养蚕、养鱼、养乌鸡，中药材加工、板栗加工、桑蚕加工。

个百分点[①]。

（四）2011—2015年：综合布局下的“十二五”扶贫阶段

该阶段，东兰县深入推进“五大工程”建设和新一轮开发扶贫攻坚战，全面实施“生态立县、旅游旺县、科教兴县、产业富县”发展战略，突出抓好“六大建设”、努力实现“六个提升”[②]，扶贫开发工作取得良好的成效。贫困人口由2010年年底的15.15万人减少到2015年年底的6.6441万人，累计减少贫困人口近8.51万人，贫困人口脱贫速度加快。147个行政村实现村村通硬化路，自然屯通电率100%，修建人畜饮水工程802处、家庭水柜2182座，新建沼气池1388座，系列基础设施建设工程的开展使贫困地区的生产生活条件得到显著改善。初步打造“短期能增收、长期能致富”的核桃、板栗、山茶油、桑蚕、富硒米、东兰乌鸡、黑山猪等10大主导产业，建立贫困村互助资金合作社26个。不断通过改善医疗卫生条件、均衡教育资源、规范社会保障流程、加强东西扶贫协作力度等途径为扶贫开发工作增添底色。东兰县在工作中形成的“六动”工作机制（即党政发动、干部推动、农户主动、能人带动、项目拉动、片区联动），有效调动干部与群众双方的积极性，加深了干部与群众间的联系，使扶贫开发工作有序深入发展，东兰被列为全国社会扶贫创新试点县，东兰“党建带扶贫、扶贫促党建”成功典型在广西卫视栏目播出。2015年完成地区生产总值24亿元，固定资产投资25亿元，消费品零售总额12.99

① 东兰县扶贫开发领导小组办公室：《东兰县“十一五”扶贫工作总结》，2020年10月21日。

② “六大建设、六个提升”即抓好革命老区建设、提升东兰对外形象，抓好重大项目建设、提升基础设施水平，抓好城乡规划建设、提升城镇化水平，抓好特色产业建设、提升产业发展水平，抓好生态环境建设、提升生态文明水平，抓好社会事业建设、提升人民生活水平。

亿元，城镇居民人均可支配收入 18626 元，农民人均纯收入由 2010 年年底的 2943 元增加到 5192 元，财政收入首次突破 2 亿元大关，达 2.08 亿元[①]。

表 1-1 2015 年东兰县经济发展增长情况一览表

经济指标	增长比率（%）	增速在河池市排名
地区生产总值（亿元）	6.7	4
固定资产投资（亿元）	40	1
消费品零售总额（亿元）	9.1	2
城镇居民人均可支配收入（元）	7.3	1
农民人均纯收入（元）	8.4	1
财政收入（亿元）	27	2

资料来源：根据东兰县资料整理。

（五）2016—2020 年：脱贫攻坚阶段

自脱贫攻坚战拉开帷幕以来，东兰县结合县情科学制定《东兰县坚决打赢“十三五”脱贫攻坚战实施方案》《东兰县脱贫攻坚“十三五”规划》《东兰县关于打赢脱贫攻坚战三年行动的实施意见》等指导性文件，明确其脱贫攻坚时间表、路线图，通过健全主要领导联系包干体系、脱贫攻坚指挥调度体系、工作队员脱产驻村体系、挂牌作战深度贫困村体系、成效考核督查问责体系等途径，建好扶贫队伍，层层压实工作责任；在贫困人口识别与退出程序中，严格执行精准识别标准程序、退出标准程序、并加强系统信息和档案管理；坚持开发式扶贫与保障性扶贫并重，用足用活政策、创新举措精准施策，不断发展壮大产业（实施“菜单式”产业建设、龙头企业带动、电商扶贫等）、加强技能培训、完善基础设施、提高公共服务水平，改善

① 东兰县扶贫开发领导小组办公室:《东兰县“十二五”扶贫工作总结》，2020 年 10 月 21 日。

了群众生产生活条件，强力推动贫困群众脱贫致富；在决胜的关键期，积极应对新冠疫情防控，通过就业扶贫车间、开发乡村公益性岗位、鼓励外出务工等形式确保稳定就业。经过东兰儿女齐心协力的不懈努力，2016—2019 年共有 71 个贫困村摘帽，累计实现 16690 户 66888 人脱贫，贫困发生率由 2015 年的 23.27% 降低至 2019 年的 1.66%[①]。完成了高速公路东兰互通口联网二级公路、绕县城二级公路、县际联网二级公路、乡际联网二级公路、村屯联网公路等路网的规划工作，建设总里程达 2000 公里以上，形成以县道为局域骨干、乡村公路为基础的干支相连、布局合理、具有较高服务水平的农村公路网，有效解决农村发展“最后一公里”问题，为打赢脱贫攻坚战奠定坚实基础[②]。2020 年 4 月顺利通过自治区 2019 年贫困县退出第三方专项评估，2020 年 5 月广西壮族自治区人民政府批准东兰县退出贫困县行列。东兰县按时且高质量完成了对东兰县人民作出的庄严承诺，实现了“村村有产业、屯屯通好路、户户住楼房、人人奔小康”的脱贫目标。在该时期内，东兰先后代表广西接受国家第三方评估、国务院省际交叉考核、国务院脱贫攻坚问题整改回头看督查巡查、中央第二巡视组脱贫攻坚专项巡视等检查，为广西取得优异成绩做出应有贡献。2020 年后半年力争完成余下 19 个贫困村、4748 名贫困人口脱贫摘帽清零任务。

三、东兰县打响脱贫攻坚战的贫困原色

东兰县属于滇桂黔石漠化片区，是国家扶贫开发重点县、深度

---

① 东兰县扶贫开发领导小组办公室：《东兰县脱贫攻坚工作情况汇报》，2020 年 10 月 21 日。

② 中新网广西：《广西东兰：聚力基础设施夯实脱贫后劲》，2019 年 12 月 1 日。

贫困县，是少数民族地区、边远山区、大石山区，可以用自然环境恶劣、交通闭塞、基础设施滞后、产业发展基础弱等描述曾经的东兰贫困状况。贫困人口的贫困脆弱性高可以从自然因素、基础设施滞后、历史人文环境影响、贫困农户内生动力不足进行分析，为后续稳步推进扶贫开发工作做好准备。

（一）脱贫攻坚战开启时的贫困面貌

东兰县是国家扶贫开发重点县、深度贫困县、革命老区县，受区位、交通、自然环境等众多因素的制约，贫困农村自然条件、生产生活环境恶劣、贫困代际传递现象突出，基础设施薄弱，村级公共服务能力低，行路难、看病难等系列问题依旧严重，扶贫产业带动能力弱、自我发展能力低。2015 年其贫困状况可总结为贫困面大、基础设施建设薄弱、“行路难”、产业可持续发展能力低[①]，具体如表 1–2 所示。

表 1–2　2015 年东兰县贫困地区状况

贫困状况	具体表现
贫困面大	东兰县贫困人口 77856 人，贫困发生率为 23.27%，贫困村 90 个，其中 50 个深度贫困村（含 8 个极度贫困村）
基础设施建设薄弱	农村还有 3.4 万人尚未解决饮水难问题，还有 3897 户农村贫困户危旧房需要改造
“行路难”	全县还有 57870 人行路难，还需新建村屯道路 1782.6 公里。其中，20 户以上未通公路自然屯 174 个，未通路里程 412.5 公里，占 12.15%；未硬化道路自然屯 895 个，占 62.5%
产业可持续发展能力低	缺乏产业扶贫示范基地，产业化扶贫市场竞争力弱，带动群众致富作用不明显；随着青壮劳动力的外出务工，致使产业发展缺乏劳动力，使产业出现空白或弱化现象恶性循环

资料来源：根据广西县域经济网资料整理。

① 广西县域经济网:《东兰精准扶贫的对策与建议》，2015 年 12 月 25 日。

东兰县自2014年实施精准扶贫战略，严格将精准落到实处，2015年年底全县精准识别建档立卡贫困人口19467户77856人。建档立卡贫困户划分为一般贫困户、低保贫困户、五保贫困户“三种类型”，其中，一般贫困户19467户77856人，低保贫困户4618户16898人，五保贫困户30户47人（表1–3）。

表1–3 2014年东兰县建档立卡贫困户分类情况

类型	户数（户）	人数（人）
一般贫困户	19467	77856
低保贫困户	4618	16898
五保贫困户	30	47

资料来源：东兰县扶贫开发办公室。

（二）致贫因素分析

东兰县的具体致贫原因复杂多样，主要分为8种类型，即因病致贫、因残致贫、因学致贫、因定致贫、缺劳动力致贫、缺资金致贫、缺技术致贫、其他。从2014年建档立卡贫困户致贫原因来看，贫困人口的首要致贫原因是缺资金，占贫困人口的25.5%；次要原因是因学、其他、因病，占比分别为19%、14.7%、14.6%。因此，东兰县在脱贫攻坚战中从加大资金投入、提高教育水平及加强控辍保学、提升农村医疗水平等方面施策，是加快贫困人口脱贫步伐的良方。

通过对东兰县贫困类型及贫困构成的分析，发现其贫困的历史因素主要是以下几方面。一是自然因素。东兰县地处云贵高原的南部边缘，属于典型的喀斯特地貌地区，境内侵蚀低山、溶蚀谷、溶蚀洼地相间，构成了东北部侵蚀低山、中山地区，中南部溶蚀谷地区，西南峰丛洼地区。自然灾害频繁、石漠化严重、水土流失严重，复杂的地形地貌与脆弱的生态环境限制了东兰县经济的发展。东兰县素有“九

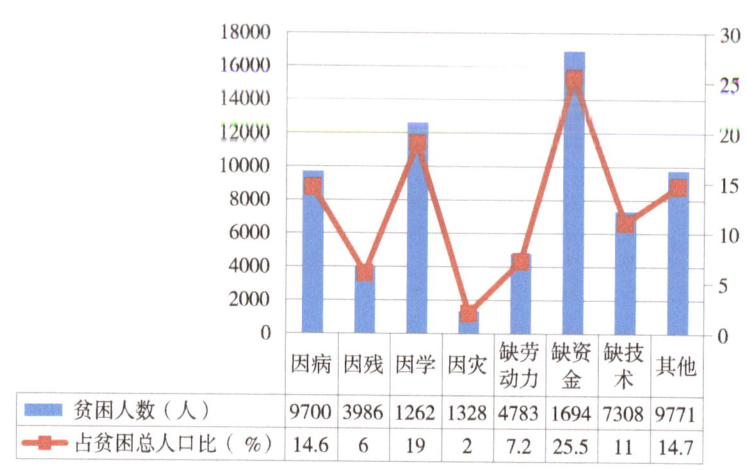

图 1-3　东兰县 2014 年建档立卡贫困户致贫原因分析

资料来源：东兰县扶贫开发办公室。

山半水半田”之称，农村人均耕地面积仅 0.7 亩，且耕地分布较为分散，不适合大规模发展农业。二是基础设施落后。基础设施的建设水平影响地区经济的发展能力，东兰县水电路等基础设施普遍滞后，是制约东兰经济快速发展与脱贫致富的重要瓶颈。县境内无一条高速公路经过，村庄泥土路遍布，农田水利设施落后；部分群众饮水困难，靠收集雨水解决平时吃水；大部分群众就医难、子女上学难还未得到根本解决。三是历史人文环境影响。少数民族地区是我国脱贫攻坚的“硬骨头”，是全面建设小康社会亟需补足的一块“短板”。东兰县是壮、汉、瑶、苗、侗、毛南、仫佬、布依等 11 个民族的聚居地，各民族存在语言、文化、风俗习惯、宗教信仰等方面的差异，且生存环境交通不便、生产方式单一等因素在不同程度影响着脱贫攻坚的推进工作。四是贫困农户内生动力不足。东兰县由于交通条件差而形成的闭塞外部环境，大部分贫困群众受教育年限少、对新理念的接受能力低、缺少改变现有生活条件的激情以及对未来生活改变的迷茫等因素的影响，习惯按照以往的生产生活方式，不愿打破现有局面，内生动力不足。

第二章

东兰县脱贫攻坚总体部署和措施体系

党的十八大以来，以习近平同志为核心的党中央把扶贫开发工作纳入“五位一体”总体布局和“四个全面”战略布局，作为实现第一个百年奋斗目标的重点任务，作出一系列重大部署和安排，全面打响脱贫攻坚战。习近平总书记发表一系列重要讲话，做出一系列重要指示，在理论上形成了习近平关于扶贫工作的重要论述，在实践上推动我国脱贫攻坚取得一系列决定性进展。习近平总书记关于扶贫工作的重要论述，深刻回答了新时代扶贫脱贫一系列重大理论和实践问题，为我们走好中国特色扶贫开发道路提供了根本遵循和科学指南，为诸如东兰县集革命老区、民族地区、石漠化片区于一身的深度贫困地区打赢打好脱贫攻坚战提供了思想力量和行动指南，为精准识贫、科学治贫、全力减贫、有效防贫等奠定坚实的理论指引和思想基础。并在此指引下，东兰县高质量脱贫后，认真践行“产业兴旺、生态宜居、乡风文明、治理有效、生活富裕”的乡村振兴总要求，开创东兰农村产业“强”、乡村环境“美”、乡风文明“淳”、乡村治理“安”、农民生活“富”的新局面，打造革命老区、大石山区、边远地区乡村振兴和高质量发展的精神家园、就业乐园、肥美田园、蓝天碧园、颐养甸园。

一、完善顶层设计聚力战贫

打响脱贫攻坚战以来，东兰县以习近平新时代中国特色社会主义思想为根本指引，深入贯彻落实习近平总书记关于扶贫工作的重要论述和精准扶贫精准脱贫的基本方略，从深厚的革命传统文化中汲取战贫奋进的丰富滋养，以脱贫攻坚统揽贫困县经济社会发展，系统性、整体性、协同性地推动东兰县在强化政治能力建设、壮大县域经济总量、繁荣民族文化事业、促进社会全面进步、推动生态文明建设，完善贫困县域治理体系等，以坚强彻底的理论武装为打赢脱贫攻坚战提供坚强思想保证、深化文化滋养和不竭精神动力。

（一）科学理论指引，举旗定向破穷局

以创新理论作为打赢脱贫攻坚战的锐利思想武器。“工欲善其事，必先利其器”。党的十八大以来，东兰县各级党员干部深入学习贯彻习近平总书记关于扶贫工作重要论述，用习近平总书记关于扶贫工作重要论述中蕴含的鲜明人民立场，激励党员干部把贫困群众对美好生活向往作为奋斗目标。东兰县按照中央精神，创建了183个“新时代讲习所”，在广西农民运动讲习所旧址（列宁岩）成立全国首家“新时代山歌讲习所”；对全体党员干部，尤其是扶贫干部进行集中轮训，重点在思想上“补钙”，切实增强脱贫攻坚以人民为中心的的思想自觉和行动自觉，把让老百姓过上好日子作为一切工作的出发点和落脚点，把脱贫攻坚作为最大的发展机遇、最大的政治任务和最大的民生工程来抓，确实在脱贫攻坚中体现党为人民服务的宗旨。用习近平总书记关于扶贫工作重要论述中蕴含的强烈历史担当，鼓舞党员干部决战决胜的顽强意志；提高政治站位，强化政治担当，每月召开1次以上县委常委会、县政府常务会议专题研究部署脱贫攻坚工作，举旗定向，谋

篇布局，早研究早部署早落实，结合县情科学制定《东兰县坚决打赢“十三五”脱贫攻坚战实施方案》等指导文件，明确全县脱贫攻坚时间表、路线图，挂图作战、逐年销号，全面推动中央、自治区脱贫攻坚决策部署在东兰落地生根、开花结果。用习近平总书记关于扶贫工作重要论述中蕴含的科学方法路径，聚焦脱贫攻坚的重点工作和主攻方向。习近平总书记关于扶贫工作的重要论述，既是思想源，更是方法论，既部署“过河”的任务，又解决“桥和船”的问题。东兰县在“四个问题”“五个一批”“六个精准”的科学指引下，充分汲取养分，坚持因地制宜、分类施策，把制定脱贫规划落实到每个乡每个村，落实精准识别的基本方略，制定可持续发展的产业发展规划，逐步提升可持续致富的能力。用习近平总书记关于脱贫攻坚重要论述中蕴含的党建工作要求，全面夯实东兰高质量脱贫的基层基础。东兰县切实加强组织领导，建立完善县乡村落实书记抓脱贫的体制机制和责任体系，根据致贫原因和产业禀赋，选最能干的人啃最难啃的骨头，进一步充实一线扶贫队伍，全面推进抓党建促脱贫、促乡村振兴，全面夯实党在基层的执政基础，切实做到责任到位、人员到位、工作到位、效果到位。

（二）传承红色基因，凝心聚力守初心

习近平总书记强调：“一切向前走，都不能忘记过去走过的路，走得再远，走到再辉煌的未来，也不能忘记走过的过去，不能忘记为什么出发。”[1] 东兰是邓小平等无产阶级革命家领导的百色起义的策源地，是坚持革命斗争二十多年直至新中国成立的右江革命根据地核心区，更是一片洒满英雄鲜血的红土地。韦拔群同志“为农民谋利益”

① 中共中央党史和文献研究院、中央“不忘初心、牢记使命”主题教育领导小组办公室编：《习近平关于“不忘初心、牢记使命”重要论述选编》，党建读物出版社、中央文献出版社2019年版，第228页。

的革命理想，与党的初心使命是高度契合的。新时代党领导下的东兰脱贫攻坚战，从本质上说就是继承韦拔群等革命先烈的遗志，完成他们未竟的事业，让老区人民同全国人民一道同步迈入全面小康社会。东兰县每年组织干部群众到韦拔群纪念碑前宣誓，尤其是 2020 年 6 月 30 日，组织全县 484 个党支部、11702 名党员在拔群干部学院举办“弘扬拔群精神 决胜脱贫攻坚 加快振兴发展”主题党日活动，全县党员干部学习领会习近平总书记关于扶贫工作的重要论述和指示精神，用红色基因铸魂，以“快乐事业 莫如攻坚”激情豪情，立下“老区的精神不能丢，贫困的帽子必须摘”的誓言，激发了全县人民挪“穷窝”、拔“穷根”、换“穷业”的坚定信心决心。

（三）脱贫攻坚统领，落一子而满盘活

东兰县始终坚持以习近平总书记关于扶贫工作重要论述统揽全县脱贫攻坚工作，以改善县域交通、水利、通讯等基础设施建设统领贫困乡村通水通路通电等，以促进县域经济发展发展，培育县域经济新的经济增长点带动全县扶贫产业总体谋划；以推动一二三产业融合发展促动种养殖农业规模化、特色化，促进工业高质量化发展，促成服务业提质增效；以推动基本公共服务均等化和科技化推动贫困地区住房、医疗、教育、饮水安全“三保障”；以推动产业互补、观念互通、技术互学、作风互鉴等推动粤桂扶贫协助创新发展；以打基础利长远工作全面夯实基层党组织战斗堡垒推动抓党建促脱贫工作；以整体提高全县党员干部干事创业的积极性和担当实干的主动性来激发全体干部群众同甘共苦战贫的坚定意志和奋斗决心。经过近五年的努力，实现了高质量脱贫与高质量发展的良性互动，县域治理与贫困治理的双丰收，人民群众物质文明与精神文明的互促共进。在“十二五”期间减贫 85100 人的基础上，2016 年至 2019 年，全县累计实现 16690 户

66888 人脱贫、71 个贫困村村摘帽，贫困发生率从 2010 年底的 53.7% 下降到当前的 1.66%。2020 年 5 月，自治区人民政府批准东兰退出贫困县系列，千百年来戴在老区头上的“贫困帽”终于摘下，东兰实现了“村村有产业、屯屯通好路、户户住楼房、人人奔小康”的脱贫目标。一系列的脱贫成效和脱贫经验逐步显现，彰显了东兰县脱贫奔小康，开启现代化新征程的崭新风貌，展现了老区人民旧貌换新颜的喜悦心情，体现了共产党人“为农民谋幸福”的永恒初心。

二、实施八大举措精准脱贫

脱贫攻坚战打响以来，东兰县紧扣中央和自治区精神，紧贴东兰和各族群众的发展诉求，创造性推动习近平总书记关于扶贫工作重要论述落实落地，推动精准扶贫精准脱贫基本方略在革命老区、深度贫困山区开花结果。东兰县以补齐基础设施建设短板作为破解发展瓶颈制约的“先手棋”，以实现输血式扶贫向培育造血“干细胞”的理念增强产业发展内力，以建强贫困村好支部作为“头雁工程”，以多措并举壮大村级集体经济作为增强村级活力的“活水源头”，以兜牢教育、医疗、住房、饮水安全等基本民生作为底线要求，以做好搬迁安置点后续扶持体系建设的后半篇文章实现“稳得住、可融入”，以推动构建社会大扶贫格局作为“组合拳”，以锻造政治过硬和本领高强的脱贫攻坚干部队伍为根本保障，形成党建引领、基础牢固、措施得力、多方联动、坚强有力的脱贫攻坚良好态势，为创造具有东兰县特色的脱贫经验体系勇于探索、敢于创新。

（一）下好基础设施补短板这个“先手棋”

自然条件恶劣、基础设施落后是制约东兰革命老区经济社会发展的最大瓶颈。为切断贫困代际传递、夯实脱贫基石，东兰按照“实事求是，因地制宜，分类指导，精准扶贫”工作方针，以决战决胜之势攻坚克难，采取先建后补和引进社会资金参与建设等办法，集中力量、集中资金，先后掀起“村屯道路建设大会战”“饮水安全建设大会战”“住房建设大会战”等攻坚战，切实解决群众行路难、饮水难、住房难等突出问题。自然屯实现道路全覆盖。先后投入 79884.07 万元，完成村屯道路建设 1811 条 2619.7 公里（含产业路），于 2015 年年底率先在广西实现村村通水泥硬化（柏油）路目标。目前，全县 1481 个 20 户以上自然屯全部通达硬化公路，2232 个 20 户以下自然屯已全部实现屯屯通公路的目标，硬化率达到 95%，较好解决近 20 万人出行难问题。饮水安全实现全面保障。东兰县大力推进重点水源、农村水利、防洪减灾、农村饮水安全巩固提升工程等水利工程建设，2016 年至 2019 年，全县共投入资金 24234.3 万元，实施脱贫攻坚农村饮水安全战役工程和大石山区农村饮水安全巩固提升大会战工程，共建成农村集中供水工程 796 处、家庭水柜 3114 座，受益人口 14.94 万人，其中贫困人口 4.69 万人。全面实现屯屯自来水，户户水到家。住房安全全面保障。全县投入 230.55 万元通过统建、代建等兜底建房，解决 53 户特殊困难户的住房问题。全县住房保障率达 99.83%。投资 4.24 亿元建设人饮工程，实施农村集中供水工程 2050 处、家庭水柜 8849 座，解决了 34159 贫困人口的饮水难问题。全县自然屯通电率达 100%，100% 行政村通上宽带网。

（二）注入产业扶贫增内力这一造血“干细胞”

东兰县紧紧围绕“一户一项目、一村一品、一乡一特色、一县一品牌”的要求，按照县委、县政府提出“核桃抓管护、油茶抓扩种、板栗抓低改、水果抓示范、养殖抓基地”的工作思路，以“到 2020

年实现‘人均一亩油茶、一亩核桃、一亩板栗、一头黑山猪、百只东兰乌鸡和户均一头牛”的奋斗目标，全力培育支撑可持续增收、高质量脱贫的产业。以奖代补催生自然禀赋产业初创。出台了《东兰县实施以奖代补推进特色产业扶贫工作方案》等文件，引导激励贫困户自主发展扶贫产业，全县油茶种植 26.4 万亩，核桃 28.9 万亩，板栗 32.5 万亩，桑园种植 4.61 万亩，优质稻 7.9 万亩，“三特”水果种植 2.3 万亩。特别是乌鸡（肉鸡）、食用菌产业等特色产业走进千家万户，实现全县特色产业覆盖贫困户比例达 100%。2019 年东兰县积极落实特色产业扶贫以奖代补政策，落实产业以奖代补 3501.7 万元，贫困户户均增收 1787 元，实现贫困户产业全覆盖。2020 年第一季度，克服新冠肺炎疫情的影响，实地核验 13274 户农户的扶贫产业，落实奖补资金 2870.5691 万元。以筑巢引凤培育孵化产业龙头。出台《东兰县优化营商环境若干政策》，努力营造让投资者安心、舒心、放心的投资环境。对入驻东兰企业，除了出台“一減免二补助三奖励”政策外，还提供“一站受理、全程代办、热情周到”的保姆式服务，让企业拎包即住、安心入驻，加快了扶贫项目落地建设。重点引进广西立腾农牧发展有限公司、广西东兰贵隆生态农业科技有限公司、广西渝桂农业开发有限公司，积极探索“公司 + 农户 + 基地”的运作模式，依靠资金入股、托管托养、反包倒租等方式带动建档立卡贫困户发展肉鸡、食用菌、花椒等特色种养产业。2019 年，全县肉鸡养殖达 280 万羽，年产值 1.12 亿元；2020 年肉鸡养殖 49.26 万羽，产值 4000 万元，栽培食用菌 1000 万棒产量 500 万公斤（鲜品）产值达 300 万元，2019 年至 2020 年全县新增花椒种植面积达 15300 亩；成立农民专业合作社 497 个，带动辖区内建档立卡贫困户 8630 多户发展，实现增收 1500 多万元，户均增收 1738 多元。以组织创新推动形成产业规模。东兰县根据各村产业发展情况培育了 419 名贫困户产业发展指导员；全县 90 个贫困村中每个村都培育了 3 名以上创业致富带头人，而且每名致富带头人带动 3—5 户贫困户。全县 90 个贫困村都创建了新型经营主体或是产业基地（园），利用经营主体或是产业基地发展带动贫困户发展特色产业，带动贫困户比率都达 20% 以上。共创建示范区共有 20 个，其中，5 个自治区级核心示范区，4 个县级核心示范区，11 个乡级核心示范区。通过产业组织创新，较好地推动了新型经营主体、新型职业农民培育体系建设，推动形成支撑产业可持续发展的产业发展新格局。

（三）建强农村基层党组织这个致富“领头雁”

加强村党组织书记队伍建设。大力实施“头雁”工程，不断创新村党组织带头人队伍选拔培养、教育培训、监督管理和激励保障机制。利用党校、远程教育、一线党课等培训资源，组织培训“两委”干部 1100 人次，实现全员轮训，不断提升村“两委”干部引富、带富、帮富能力。加强村级公共服务中心建设。按照每村 100 万元左右投资规模，建成集村民议事、教育培训、文化娱乐等为一体的标准化村级公共服务中心 70 个，在建 26 个，力争 2020 年年底前实现贫困村全覆盖。开展基层党支部星级评定。加强农村基层党组织“星级化”建设，全县有“五星级”党组织 13 个、“四星级”党组织 18 个、“三星级”党组织 28 个。对排查出来的 15 个软弱涣散村级党组织逐一列出“问题清单”，实化细化整顿转化方案，集中力量抓好整顿。

（四）壮大村级集体经济这个发展“新动能”

东兰县从脱贫攻坚与乡村振兴有机衔接，更长远考虑按照“产业兴旺、生态宜居、乡风文明、治理有效、生活富裕”的乡村振兴总要求，精心遴选、超前谋划、系统安排、贴心服务、创新推进，将发展壮大贫困村村集体经济作为托举脱贫攻坚，巩固拓展脱贫成果、衔接乡村振兴的长远之计、探索出一条具有东兰特色的乡村产业内生发展之路。精准服务项目策划引进。通过现场调研、问卷调查等方式，开展村级集体经济发展诉求调研。精准确定项目，组织财政、发改、扶贫、农业、林业等部门现场联合办公，先后到 36 个村集体经济薄弱村实地会诊挖掘符合村情实际、可行性强、有稳定效益、风险可控的项目进行立项。精准引进项目，组织召开全县村级集体经济项目洽谈会，吸引 60 家企业报名，22 家企业参加洽谈，11 家企业现场推介，5 家企业现场成功签约，意向合作金额 3000 多万元，项目涉及特色种植、畜牧养殖、休闲旅游等。精心服务项目启动实施。东兰县财政投入 8630 万元作为全县 2020 年发展壮大村级集体经济产业专项资金，以每个村 10 万—200 万元不等注入 149 个村（社区），启动发展乌鸡、肉牛、山羊养殖以及种桑养蚕、花椒种植等产业。开通审批“绿色通道”，对村集体经济项目优先立项、优先审批、优先拨付资金。进入 2020 年以来，共启动实施村集体经济项目 150 多

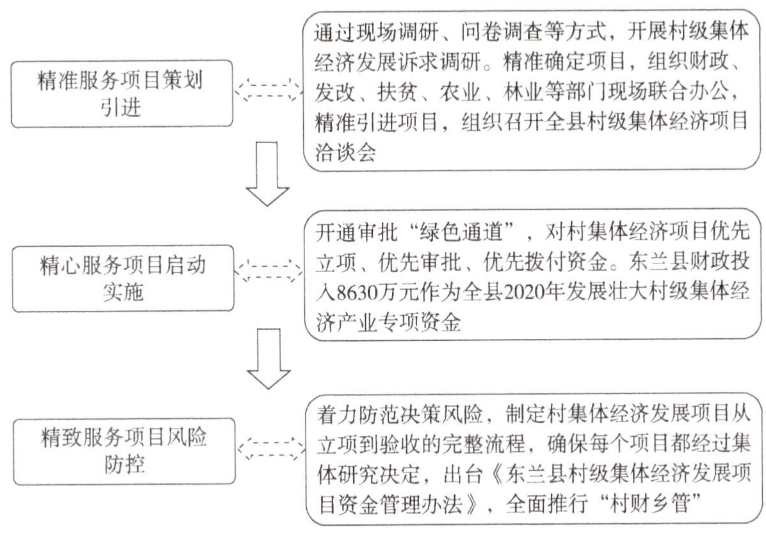

图 2-1　东兰县村集体经济精准服务流程

个。精致服务项目风险防控。着力防范决策风险，制定村集体经济发展项目从立项到验收的完整流程，确保每个项目都经过集体研究决定。出台《东兰县村级集体经济发展项目资金管理办法》，全面推行“村财乡管”，严格落实村级账务定期审计和村干部离任审计等财务制度，确保“三资”管理规范，着力通过探索多元化发展方式防范和分散经营风险。

（五）兜牢教育医疗就业这一民生“保障线”

持续巩固教育扶智成果。开展专项帮扶行动，组织干部结对帮扶联系贫困学生22878人（义务教育阶段15070人），全面落实教育扶贫政策，确保贫困学生能够正常入学和深造，切实解决贫困代际传递的难题。压实“双线四包”责任，建立健全控辍保学机制，确保建档立卡户适龄儿童少年全部接受义务教育。针对63名重度残障儿童实施“送教上门”，实现残障儿童少年接受义务教育全面普及。持续提升医疗救助保障水平。东兰县2019年农村居民参加城乡居民基本医疗保险参保率为98.29%，建档立卡贫困户医疗保障率达到100%。扩大患病就医政府兜底保障，进一步减轻就医负担。健全完善全县村级卫生室，对常住建档立卡贫困人口实行家庭医生签约服务，签约率100%。2019年5月起，东兰县农村居民最低生活保障标准提高至4300元/人·年，超过当年国家扶贫标准3700元/人·年，实现农村低保线达到或超过贫困线。深入实施“一十百千”工程。东兰县实施“一十百千”就业工程。培植1个扶贫母车间，打造10个乡镇扶贫子车间，培养100个创业致富带头人，提供1000个就业岗位，促进贫困户在家门口就业。

（六）用好搬迁后续扶持这一政策“稳定器”

东兰县举全县之力，完成“十三五”2541户10349人的搬迁任务，并全力做好搬迁安置点后续帮扶工作体系和政策创新工作，为确保搬迁群众搬得出、稳得住、能发展、可致富，能融入打下坚实基础。东兰县结合搬迁群众实际情况，及时出台《东兰县易地扶贫搬迁后续扶持实施方案》和《东兰县易地扶贫搬迁就业扶持工作实施方案》，按照“一户一策”“一户一帮”“一户一档”等要求，与搬迁贫困户签订产业就业扶持协议、就业培训协议，帮助搬迁户科学制定后续产业扶持和促进就业创业计划。重点通过“六个一批”模式解决搬迁户就业难题。一是引导外出务工转移一批。大量收集区内外各类用工单位招聘信息，充分利用县、乡、村公共就业服务平台和办事大厅、网站、手机客户端、微信公众号及时发布招聘岗位信息、招聘会信息和就业政策，确保搬迁劳动力及时获得招聘信息、及时实现转移就业。深入推进粤桂劳务协作，加大搬迁劳动力往广东省转移就业的扶持力度，加强对口帮扶城市在搬迁劳动力方面的数据共享。依托“就业援助月”“春风行动”“民营企业招聘周”“金秋招聘月”等专项活动，在县城中心广场、乡镇政府所在地举办现场招聘会，为用人单位和搬迁劳动力搭建供需平台，对与用工企业达成就业协议的人员，免费将其输送到就业地上岗。二是扶贫车间解决一批。主动与对口帮扶单位深圳龙华区企业对接，由东兰县无偿提供地皮，县财政出资建设好厂房，引进龙华企业到东兰县投产运营电子产品生产。其中，投资2000万元建设东兰俊宏精密电子厂和东兰县易地扶贫搬迁后龙山就业基地，2018年6月投产，解决搬迁群众等200多人就业问题；投资近5000万元建设东兰长寿生态食品加工园区一期工程，为搬迁群众提供1000个就业岗位；投资6800万元在三石镇建设东兰龙华高科技产业园（扶贫大车间），打造电子加工产业园区，为搬迁群众提供2000个就业岗位。同时在14个乡镇建设扶贫了车间，着力促使有劳动能力的搬迁家庭实现1人以上稳定就业。三是特色种养业就业一批。大力发展特色种养业，打造专属品牌。重点发展肉鸡（三乌鸡）、肉牛、红河鱼养殖。大力发展板栗、油茶、核桃、食用菌、“三特”水果、蔬菜等特色主导产业。结合当地种植习惯和农民意愿，因地制宜实施以“品种、品质、品牌”为核心的现代特色农业产业。四是公益岗位兜底一批。结合实际，在全县易地扶贫搬迁安置点设置100个安保、保洁等公益性岗位，解决100户“零就业户”的稳定就业问题。五是商业个体经营吸纳一批。利用向阳新城安置小区、红水河商贸城安置小区的一楼铺面进行招商，优先安排建档立卡贫困户租赁铺面，出台相关优惠政策给予保障，确保建档立卡贫困户正常经营、发家致富。六是创业园区安置一批。筹建向阳新城移民创业园，规划用地600亩，目前已完成第一期征地416亩，完成可研、初设前期工作，正在抓紧加快项目建设进度，着力解决搬迁群众在家门口就业问题。

表 2-1 东兰县易地搬迁后续扶持“六个一批”政策

六个一批	内容
引导外出务工转移一批	充分利用多种就业服务平台发布招聘岗位信息、招聘会信息和就业政策，深入推进粤桂劳务协作，在县城中心广场、乡镇政府所在地举办现场招聘会
扶贫车间解决一批	主动与对口帮扶单位深圳龙华区企业对接，由东兰县无偿提供地皮，县财政出资建设好厂房，引进龙华企业到东兰县投产运营电子产品生产
特色种养业就业一批	大力发展特色种养业，打造专属品牌
公益岗位兜底一批	在全县易地扶贫搬迁安置点设置100个安保、保洁等公益性岗位

续表

六个一批	内容
商业个体经营吸纳一批	利用向阳新城安置小区、红水河商贸城安置小区的一楼铺面进行招商，优先安排建档立卡贫困户租赁铺面
创业园区安置一批	筹建向阳新城移民创业园

资料来源：根据东兰县资料整理。

（七）握好深化社会帮扶这一扶贫“组合拳”

认真做好粤桂扶贫协作。东兰县全面落实粤桂两地扶贫协作框架协议，与广东省深圳市龙华区开展了全方位、深层次合作。在组织领导、人才交流、劳务协作、产业合作等方面取得显著成效，在东兰县三石镇建设 1 个扶贫大车间，辅建广西职业技术学院（东巴凤分院），实现技术培训和就业一站式服务。在 13 个乡镇各建设 1 个扶贫小车间。开展“春风行动”“就业援助月”“金秋招聘月”“深圳—东兰劳务协作专场招聘会”等专项行动，累计为贫困户提供就业服务岗位 5.6 万个。截至目前，落实东西部扶贫协作财政帮扶资金 18179 万元，广东动员社会各界捐赠帮扶资金 3139.67 万元。积极对接南方电网。一是电力扶贫，2013 年以来累计完成东兰电网投资 10.48 亿元，截至 2019 年年底，东兰电网供电可靠率、综合电压合格率、户均配变容量分别为 99.81%、99.17% 和 2.2 千伏安，提前达到国家新一轮农网改造升级目标。初步建成行业扶贫示范县，东兰配电自动化覆盖率达到 84%，停电范围缩小 30%。二是定点扶贫，2013 年以来，累计完成定点扶贫捐赠资金 6620 万元。其中，产业扶贫方面，投入 2400 万元在 40 个贫困村建成发展食用菌项目，在乌鸡产业园建成 423 个养殖场，实现 147 个行政村 100% 集体产业全覆盖，有集体经济收入。教育扶贫方面，投入 1700 万元用于教育文化扶贫，援建东兰县国清中学1号楼，建设30所“南网知行书屋”，实现全县14个乡镇中心小学教育扶贫全覆盖。基础设施方面，投入1700多万元帮助解决“四难”问题，投入250多万元用于帮助贫困户修缮危旧房，解决了259户贫困户的住房安全达标问题；投入400多万元，帮助修建了3320立方“南网水柜”，解决了17个村屯群众饮水难问题，受益群众3.7万人；投入900多万元，修建了22条共29.9公里的村屯“南网同心路”，解决了43个贫困山村群众出行难问题，受益群众11.2万人；投入900多万元，帮助11个贫困村建设“南网卫生室”，切实解决群众就近“看病难”问题。三是消费扶贫。南方电网公司加大消费扶贫工作力度，2013年以来，累计在东兰采购农产品847.97万元。

表2-2　东兰县社会帮扶类型及扶贫金额

<table>
<tr><th colspan="3">扶贫类别</th><th>扶贫金额</th></tr>
<tr><td colspan="3">粤桂扶贫协作</td><td>东西部扶贫协作财政帮扶资金18179万元</td></tr>
<tr><td rowspan="5">对接南方电网</td><td colspan="2">电力扶贫</td><td>2013年以来累计投资10.48亿元</td></tr>
<tr><td rowspan="3">定点扶贫</td><td>产业扶贫</td><td>投入2400万元</td></tr>
<tr><td>教育扶贫</td><td>投入1700万元</td></tr>
<tr><td>基础设施</td><td>投入1700多万元帮助解决“四难”问题</td></tr>
<tr><td colspan="2">消费扶贫</td><td>2013年以来累计采购农产品847.97万元</td></tr>
</table>

资料来源：根据东兰县资料整理。

（八）锻造打赢脱贫攻坚战的担当“生力军”

强化政治关怀，拓宽脱贫一线干部发展平台。出台《深入推进激励干部新时代新担当新作为工作实施方案》《关于激励党员干部急难险重工作中担当作为的十条措施》等制度机制，突出加强政治关怀，坚持“事业为上、以事择人、人岗相适”的用人原则，着力在脱贫一线中发现、储备和选用干部，把那些愿作为、能作为、善作为、有贡献的干部提拔到重要岗位任职。2019年以来，全县提拔脱贫攻坚一线干部 87 人，占比 58.38%，2 名乡镇党委书记被推荐提拔到县处级领导岗位。强化经济关怀，提高脱贫一线干部补贴待遇。全面提高乡镇补贴标准，把每人每月 300 元调整为每人每月 450 元或 500 元；全面落实在职在编干部 4000 元 / 人 · 年伙食补助等保障制度；按县直单位 1.2 倍以上的标准提高乡镇绩效考评奖金；全覆盖落实第一书记、驻村工作队员差旅补助。强化人文关怀，解决脱贫一线干部后顾之忧。2019 年，组织开展慰问脱贫一线党员干部 250 人次，慰问金额 13.86 万元。着重推出走访慰问驻村干部及家属“组合套餐”，通过赠送一本画册、发放一个药箱、寄出一封书信、谱写一首歌曲、张贴一张连心卡、开展一次遍访、召开一次座谈会“七个一”活动，全覆盖慰问 410 名驻村工作队员及家属，送去了慰问金和慰问物资，力所能及地为他们解决生产生活困难问题 322 个，帮办实事 109 件，有效解除了工作队员的后顾之忧。强化精神关怀，增添脱贫一线干部工作动力。采取正向宣传、评比表彰等手段，激发一线干部脱贫攻坚精气神。积极选树典型，评比表彰先进基层党组织 25 个、优秀共产党员 100 名、优秀党务工作者 30 名。先后向自治区推荐脱贫攻坚先进集体 3 个、先进个人 7 人，向河池市推荐脱贫攻坚定点帮扶工作先进单位 6 个、优秀驻村第一书记 34 人。县委及时表彰脱贫先进集体 7 个、先进个人 14 名、优秀第一书记及工作队员 18 人、优秀定点帮扶单位 26 个、社会帮扶工作先进企业 2 个。

三、强化组织保障巩固脱贫成效

东兰县通过强化理论武装、完善打赢打好脱贫攻坚战的顶层设计理念之后，进一步从战术层面，完善脱贫攻坚指挥调度体系，建设坚强有力的指挥中枢体系；进一步明确了各级各部门责任包干体系，建设守土有责守土尽责的落实机制；进一步探索扶贫干部脱产驻村体系，确保时间到位精力到位的全力投入；进一步整合资源要素投入贫困地区，夯实了打赢打好脱贫攻坚战的物力财力基础；进一步健全了社会帮扶机制，凝聚起全社会参与支持助力脱贫攻坚的强大合力。打赢脱贫攻坚战以后，要进一步巩固拓展脱贫攻坚成果，接续推动东兰县高质量发展与乡村全面振兴。东兰县要充分运用好 5 年过渡期，做好过渡期内领导体制、工作体系、发展规划、政策举措、考核机制等有效衔接，从解决建档立卡贫困户“两不愁三保障”为重点转向实现乡村产业兴旺、生态宜居、乡风文明、治理有效、生活富裕，从集中资源支持脱贫摘帽转向巩固拓展脱贫攻坚成果和乡村全面振兴，做好治贫“五大体系”和防贫“四个不摘”有效衔接。

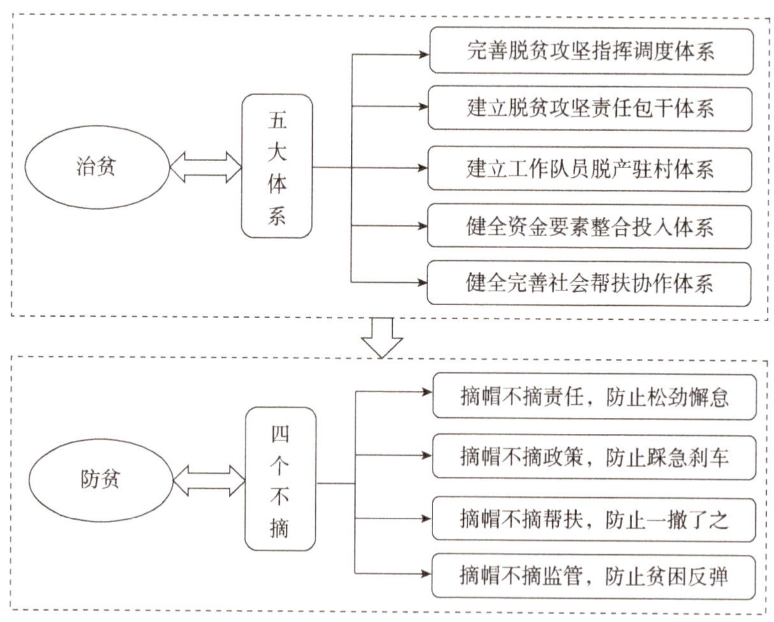

图 2-2 “五大体系”与“四个不摘”有效衔接

（一）构建“五大体系”治贫

一是完善脱贫攻坚指挥调度体系。加强县级层面脱贫攻坚工作的综合协调、统一指挥，组建东兰县脱贫攻坚指挥部，设置 14 个专责小组；成立了 14 个乡镇精准扶贫工作站、147 个行政村精准扶贫工作室，建立了县、乡、村三级抓落实的脱贫攻坚组织领导体系。二是建立脱贫攻坚责任包干体系。千斤重担万人挑，面对繁重的脱贫攻坚任务，全县各部门、各行业及所有党员干部都以决胜脱贫攻坚为已任，人人手头有指标，个个肩上有任务，构建了横向到边、纵向到底的责任体系。不断完善“县级领导 + 帮扶部门 + 乡镇 + 驻村干部 + 村‘两委’”五级联动、上下贯通的责任体系，强化党政“一把手”负总责的脱贫攻坚责任制；执行“县委常委包乡主抓、处级领导包村联系”工作机制，县处级领导 35 名，包干联系 90 个贫困村和 57 个非贫困村，实现了全县 147 个行政村县处级领导包村全覆盖，平均每人包干 4 个村以上；每个县直部门联系帮扶 1 个村以上，每个干部联系帮扶 5 户贫困户。三是建立工作队员脱产驻村体系。按照因村派人、人岗相适原则，选派了 410 名工作队员（其中分队长 14 名、第一书记 90 名、队员 306 名），确保每个贫困村都有 3 名以上、每个非贫困村都有 2 名以上工作队员驻村开展工作。2019 年 8 月 1 日至 11 月 10 日，组织脱贫摘帽“百日冲刺”攻坚行动，抽调县直各单位三分之一干部共 752 人驻村开展工作，直至年底考核验收前才收兵。做到保持原来 149 个驻村工作队和 410 队员基础上，新增 8 名突击作战队员充实到挂牌作战村，继续严格执行驻村帮扶干部坚持吃在村、住在村、干在村，驻村工作队伍不撤、帮扶关系不变、帮扶力量不减。四是健全资金要素整合投入体系。全县建立重点资源、资金向贫困村屯重点倾斜的政策导向，创新整合财政涉农资金，创新做好中央财政扶贫资金到县分配使用机制，充分撬动社会资本投入脱贫攻坚，建立健全多元化扶贫资金投入机制，全力做好财力保障工作。选优配强贫困村第一书记和工作队员，形成党建头雁矩阵效应。2016年至2018年，东兰县共投入财政扶贫资金83249.87万元，共统筹整合使用财政涉农资金109998.24万元。全县110个帮扶单位共选派410名素质良好、责任心强、热心基层工作的党员干部担任驻村工作队员。五是健全完善社会帮扶协作体系。深入开展“千企助百村”行动，动员44家民营企业与53个贫困村结对帮扶，落实产业帮扶、就业帮扶、公益帮扶等折合资金1200多万元；获得广西统一战线捐赠资金326万元用于建设163座同心水柜，有效解决163户贫困户饮水困难问题，社会帮扶成效显著。

（二）落实“四个不摘”防贫

东兰县强化“四个不摘”措施，建立防止返贫的监测和帮扶机制，多措并举提升脱贫质量、巩固脱贫成果，确保高质量脱贫，实现有序调整，平稳过渡。

1. 摘帽不摘责任，防止松劲懈怠

东兰县克服“摘帽”当成“交差”、杜绝摘帽就是“船到码头车到站”的精神懈怠，全县上下持续做好用习近平新时代中国特色社会主义思想武装头脑、指导实践、推动工作的思想自觉、政治自觉和行动自觉，进一步把握“已经摘帽的贫困县、贫困村、贫困户，要继续巩固，增强‘造血’功能，建立健全稳定脱贫长效机制”等重要论述，充分认识防止返贫和继续攻坚同样重要。脱贫摘帽以来，东兰县委召开县委常委会、县四家班子（扩大）会、县委中心组学习会等十余次，共研究讨论脱贫攻坚议题21个。东兰县持续巩固“两不愁三保障”“四大攻坚战”的成果，健全控辍保学的长效机制，探索健全农村脱贫人口住房安全动态调整机制，巩固维护农村饮水安全保障成果、保障能力和保障水平。持续做好易地扶贫搬迁后续扶持工作，重点从就业需求、产业发展和后续基本公共服务均等化、市民化等角度加大支持扶持力度，完善后续帮扶政策体系，提升安置区社会管理服务水平，切实推进稳得住、能致富、可融入。

2. 摘帽不摘政策，防止踩急刹车

保持贫困户享受的政策扶持措施基本稳定，同时东兰县开展返贫监测预警工作。落实《关于进一步做好防范建档立卡重点人群返贫致贫工作的通知》《关于建立防止返贫致贫监测和帮扶机制的实施意见》，通过对全县已经纳入监测的脱贫户和边缘户，以及人均年纯收入低于年度贫困线（2020 年为 4000 元）的脱贫户进行深入排查，及时预警、防止返贫。同时，东兰县除了做好现有政策不变工作基础上，重点探索和聚焦做好脱贫攻坚与乡村振兴有效衔接的政策体系，探索将脱贫攻坚行之有效的政策和创新举措，通过规范化、制度化提升为政策和法规，推动长效化建设。

3. 摘帽不摘帮扶，防止一撤了之

习近平总书记强调："脱贫摘帽不是终点，而是新生活、新奋斗的起点。"[①] 脱贫后，我们要开启全面建设社会主义现代化国家新征程，农村要接续推进乡村振兴，实现"产业兴旺、生态宜居、乡风文明、治理有效、生活富裕"的目标，仍然需要第一书记这样的优秀人才。5 年过渡期内，现有帮扶政策不变，帮扶力度不减。基本稳定第一书记和驻村工作队员的帮扶力量持续稳定的同时，确保帮扶力度不减反增。东兰县全县投入产业扶贫的财政专项扶贫资金比例要达到 50% 左右，并进一步完善县级脱贫攻坚项目库建设，结合建档立

① 《习近平在全国脱贫攻坚总结表彰大会上的讲话》，2021 年 2 月 25 日，新华网。

卡贫困户实际确定帮扶产业项目，提升投入产出效益，不断提高帮扶的精准度，提升巩固拓展脱贫成果的满意度。在5年过渡期内，帮扶队员要把精力放在智志双扶上，在充分发挥脱贫致富电视夜校等已有平台扶志扶智作用的基础上，建立健全正向激励、反向约束机制，对自力更生、主动脱贫的人员加强宣传并积极探索给予物质奖励和精神激励；深入开展“治懒散、治酗酒、治私彩、治浪费、治不孝、治脏乱”“六治”专项行动，不断夯实脱贫的思想基础。

4. 摘帽不摘监管，防止贫困反弹

东兰县健全完善防止返贫动态监测和帮扶机制，对脱贫不稳定户、边缘易致贫户、因病因灾支出陡增致贫户等进行定期检查、动态管理，重点监测其收入支出状况，“两不愁三保障”的巩固水平，健全完善了易返贫人员快速反应、快速调查、快速甄别、快速响应、快速帮扶机制，分层分级及时纳入帮扶政策范围，实行动态清零。重点加强对易返贫户的就业人口的稳定就业监测工作，有组织开展劳务输出，优先安排易返贫户和边缘户到扶贫车间实现稳定就业。此外，东兰县还从面上推动农村低保常态化帮扶工作。探索建立以现有社会保障制度为基础，对农村低保对象、农村特困人员、农村易返贫人口等农村低收入人口进行常态化帮扶，充分利用民政、扶贫、教育、人力、住房和城乡建设等资源和平台，健全基层发现机制，健全多部门联动预警防控机制，实现对低收入人口的收入动态监测，有针对性的分层分类开展社会救助。

第三章

党旗领航：红色基因凝聚脱贫力量

党建扶贫是近年来在反贫困治理过程中中央和地方共同推进的扶贫路径之一。脱贫进入攻坚冲刺阶段，打赢脱贫攻坚战，必须切实加强党的建设，发挥党的政治优势、组织优势和密切联系群众优势，提升基层党组织的组织力，切实把党建优势转化为扶贫优势，组织活力转化为攻坚动力，将党建与扶贫有效结合，汇聚成万众一心抓脱贫的强大动能。东兰作为广西脱贫攻坚主战场之一，全县各级党组织牢固树立围绕扶贫抓党建、抓好党建促扶贫的鲜明导向，充分发挥基层党组织战斗堡垒作用和党员先锋模范作用，在抓党建促脱贫领域积累了极为宝贵的经验，为全面打赢脱贫攻坚战凝聚起了磅礴伟力。

东兰的韦拔群同志是中国新民主主义革命时期三大农民运动领袖（毛泽东、彭湃、韦拔群）之一，毛泽东称赞他是“壮族人民的好儿子，农民的好领袖，党的好干部”。在光荣而短暂的一生中，韦拔群同志以“快乐事业，莫如革命”作为自己的座右铭。“快乐事业，莫如革命”激励鼓舞着共产党人带领人民群众战胜敌人取得革命的最后胜利。在新时代脱贫攻坚战中，东兰人民传承与发展韦拔群这种革命乐观主义精神，将“快乐事业，莫如革命”提升为“快乐事业，莫如脱贫（攻坚）”，这跨越90余载的红色传承，助推东兰党建促脱贫工作取得了骄人战绩。

一、东兰党建促扶贫的顶层设计

东兰县作为革命老区，脱贫任务重、难度大，全县人民在脱贫攻坚中始终以习近平总书记关于扶贫工作的重要论述为指引，传承红色基因，在思想引领、精准部署、组织保障等方面扎实推进抓党建促脱贫攻坚工作，不断完善与贫困地区经济社会发展实际相适应的党建工作机制，确保实现高质量脱贫。

（一）思想引领：东兰党建促脱贫的深刻领悟

党的十八大以来，习近平总书记对党建扶贫工作发表了系列重要讲话，成为各地开展抓党建促脱贫的思想引领。他多次强调抓党建促脱贫攻坚工作，打赢脱贫攻坚战，关键在党。东兰县始终坚持以习近平新时代中国特色社会主义思想体系为指引，扎实推进基层党建工作，完成高质量脱贫并逐步实现全面小康。

1. 习近平总书记关于党建扶贫价值追求的论述

习近平总书记指出：“人们对美好生活的向往，就是我们的奋斗目标”，“消除贫困、改善民生、实现共同富裕，是社会主义的本质要求”。[①]“农村要发展，农民要致富，关键靠支部。”[②] 习近平总书记从历史唯物主义的高度站位，明确指出农村脱贫对于2020年全面建成小

---

① 中共中央党史和文献研究院：《习近平扶贫论述摘编》，中央文献出版社2018年版，第3页。

② 中共中央党史和文献研究院：《习近平扶贫论述摘编》，中央文献出版社2018年版，第31页。

康社会、实现中华民族伟大复兴重要历史使命的重要意义。而党建工作是促进脱贫的有效途径，习近平总书记指出："抓好党建促脱贫攻坚，是贫困地区脱贫致富的重要经验，群众对此深有感触。'帮钱帮物，不如帮助建个好支部'。"① 东兰县在深入学习习近平总书记系列重要讲话中深刻领悟总书记讲话精神，自觉践行全心全意为人民服务宗旨，全面推进党建促脱贫。

2. 习近平总书记关于党建与扶贫工作关系的论述

习近平总书记指出："农村基层党组织是党在农村全部工作和战斗力的基础，是贯彻落实党的扶贫开发工作部署的战斗堡垒。抓好党建促脱贫，是贫困地区脱贫致富的重要经验。要把扶贫开发同基层组织建设有机结合起来，抓好以村党组织为核心的村级组织配套建设，把基层党组织建设成为带领乡亲们脱贫致富、维护农村稳定的坚强领导核心，发展经济、改善民生，建设服务型党支部，寓管理于服务之中，真正发挥战斗堡垒作用。"② 农村基层党组织是脱贫攻坚的组织保障，精准扶贫是农村基层党建的"检验尺"和"助推器"，东兰县深刻领悟这一论述精神，在党建促脱贫中不断夯实基层组织。

3. 习近平关于党建扶贫路径的论述

习近平总书记从落实责任、思想建设、强化队伍、内生动力、能力提升、作风建设等方面做好精准扶贫工作进行了论述。习近平总书记指出："切实落实领导责任。坚持党的领导，发挥社会主义制度可以集中力量办大事的优势，这是我们的最大政治优势。"③"要加强贫困

① 中共中央党史和文献研究院：《习近平扶贫论述摘编》，中央文献出版社2018年版，第42页。

② 中共中央党史和文献研究院：《习近平扶贫论述摘编》，中央文献出版社2018年版，第32—33页。

③ 中共中央党史和文献研究院：《习近平扶贫论述摘编》，中央文献出版社2018年版，第35页。

村基层组织建设，发挥基层党组织战斗堡垒作用。贫困地区各级党委和政府，对口帮扶地区各级党委和政府，贫困地区各级领导干部、驻村工作组、第一书记等，都要尽心尽责、担当责任，共同把党交给的光荣任务完成好。战斗在扶贫第一线的基层干部工作非常辛苦，有的甚至流血牺牲。要努力为他们的工作生活排忧解难，制定政策激励他们为打赢脱贫攻坚战努力工作。”[①] 东兰深刻领悟总书记这一论述精神，在党建促脱贫中注重选优配强基层党组织队伍，增强脱贫攻坚工作的责任感和使命感，加强与人民群众的密切联系。

（二）精准部署：“十大行动”全面推进党建扶贫

做好扶贫开发工作，党的领导是根本，基层建设是基础，必须坚持发挥各级党委总览全局、协调各方的作用，深入贯彻习总书记关于党建扶贫的相关论述，在东兰这片红色热土上以党建为引领，从干部队伍、人才、产业、文化等角度综合施策，真正把党建资源转化为扶贫资源、把党建优势转化为脱贫优势、把党建活力转化为攻坚动力。

1. 实施引领干部队伍建设行动

深度贫困地区脱贫攻坚，尤其要加强工作第一线的组织领导，要培育懂扶贫、会帮扶、作风硬的扶贫干部队伍，增强精准扶贫精准脱贫工作能力。树立正确的选人用人导向。在党建促脱贫工作中，东兰研究制定《东兰县在脱贫攻坚一线选拔重用优秀干部办法（试行）》，树立基层一线选拔干部的导向，坚持把日常表现突出、工作实绩明显、群众威信高作为干部提拔重用的主要依据，在脱贫攻坚主战场提拔重用一批政治过硬、作风优良、业绩突出、群众口碑好的优秀干部，引导和激励全县广大党员干部凝心聚力投身脱贫攻坚战。积极推

① 中共中央党史和文献研究院：《习近平扶贫论述摘编》，中央文献出版社2018年版，第48—49页。

进干部能上能下，对推进脱贫攻坚工作不力的，及时作出“下”的调整，推动形成能者上、庸者下、劣者汰的从政氛围。强化专业化干部队伍建设。开展干部专业化教育培训，把专业化培训纳入干部教育培训总体规划，每年定期举办脱贫攻坚一线年轻干部能力素质提升培训班，同时依托党校、行政学院等培训机构，选派领导干部参加与岗位相关或相近的专业培训，全面提升脱贫攻坚一线干部专业精神和专业能力。加大县直部门与县级领导班子之间的干部交流任职，及时交流调整一批作风正、能力强、敢担当的优秀干部充实到乡镇领导班子中，提升乡镇领导班子攻坚克难能力。加强脱贫攻坚一线干部考核调研和分析研判工作。加强干部考核调研，建立日常考核，分类考核、近距离考核的知事识人体系，定期开展组工干部走访调研活动，深入脱贫攻坚一线实地考察了解干部在基层一线发挥作用情况；县委组织部与县委督查室、县政府督查室、县脱贫攻坚指挥部等有关部门加强信息沟通，收集干部在贯彻落实上级决策部署、推动脱贫攻坚工作等方面表现情况。强化领导班子分析研判工作，有计划地开展脱贫攻坚一线领导班子运行情况和领导干部表现情况分析研判工作。坚持干部队伍严管与厚爱相结合。深化干部队伍作风建设，严格执行《河池市委组织部对领导干部进行提醒、函询和诫勉的实施细则》，对领导干部落实扶贫攻坚任务不力的，及时进行提醒、函询和诫勉；对执行中央、自治区、市委和县委部署要求不认真甚至变形走样的，对群众诉求不作为、慢作为、乱作为，对改革发展稳定问题不上心、不研究，不违纪但也不干事不担当不作为的脱贫攻坚一线领导干部从严问责。建立健全关心关爱机制，继续落实《河池市委组织部与领导干部日常谈心谈话制度》，每年与联系的片区领导干部特别是贫困村驻村工作队员（第一书记）至少开展一次谈心谈话，及时掌握脱贫攻坚一线干部的思想、工作、生活动态，对思想上有包袱，工作、生活上有困难的干部及时给予关心帮助。建立正向激励机制和容错纠错机制，研究制定东兰县关于进一步激励广大干部新时代新担当新作为的实施办法，进一步激励基层干部敢于担当、干事创业。

2. 实施强基筑垒行动

习近平总书记指出："要把扶贫开发同基层组织建设有机结合起来，真正把基层党组织建设成带领群众脱贫致富的坚强战斗堡垒。"东兰县围绕抓好党建促脱贫，充分发挥基层党组织的战斗堡垒作用，为打赢脱贫攻坚战提供有力保证。

建设过硬村党支部。深入推进"两学一做"学习教育常态化制度化和"三比两争"活动，组织农村基层党组织和广大党员群众深学活用党的创新理论，增强"四个意识"，坚定"四个自信"，坚决做到"两个维护"。健全新型农村基层党组织体系，加大在农民合作社、农村企业、农村社会化服务组织、易地搬迁安置点中建立党组织力度。深入实施基层党组织组织力提升工程，从严整顿转化软弱涣散村党组织，提升"星级化"管理水平，切实提升基层党组织组织力，全县100%农村党支部实现标准化建设。加强党建信息化建设力度，具备条件的乡（镇），可探索建设智慧党建平台，深化大数据在脱贫攻坚和乡村振兴中的应用。

激发农村党员活力。严把发展党员政治关，调优发展结构，提高农村发展党员质量。注重从无党员自然屯中发展党员，贫困村每两年发展1名青年党员。配强配准村"两委"班子特别是村党组织书记，持续开展农村基层"标杆支书""后进支书"选树排查工作，优化提升村干部队伍。探索推行村干部职业化。落实村干部"小微权力清单"、坐班值班、岗位目标责任制、民主评议、经济责任审计、任期述职、责任追究等制度，拓展"两轮两联"模式，督促村干部履职尽责、为民服务。深化农村党员"积分化"管理，设置简单务实积分内容，配套健全激励惩戒、关爱帮扶、承诺践诺等制度，加强农村党员管理。扎实开展农村党员大培训工作和党员“政治生日”活动，提高农村党员队伍党性修养和整体能力素质。强化村级后备力量培育，储备以 40 岁为主体、每村 2—3 名的村级后备力量，建立党员涉嫌违纪违法信息通报和及时处理机制，稳妥开展失联党员、不合格党员处置工作。健全村级运行机制。规范村级各类组织的章程和工作规则，将村党组织的领导地位和领导方式等嵌入村级各类组织的章程和工作规则，切实加强党对农村各类组织的领导。积极推进村党组织书记通过规定程序担任村委会主任、农村集体经济组织主要负责人，推动村党组织班子成员、党员担任村务监督委员会、集体经济组织、村级配套组织、农民合作组织负责人，提高村委会成员、村民代表、村民小组长中党员的比例。严格执行“四议两公开”工作法，落实党务村务财务公开，推广“一组两会”协商自治模式，健全村务监督委员会运行机制，构建党群共建、多元共治的基层协商格局。严厉整治惠农补贴、集体资产管理、土地征收等领域侵害农民利益的不正之风和腐败问题。提升基础保障水平。加强保障力度，促进“人财物”向基层流动、向农村倾斜。选优配强脱贫攻坚（乡村振兴）工作队，全面向贫困村、软弱涣散村和集体经济薄弱村党组织派出第一书记，落实“吃住在村、全脱产工作在村”纪律，执行“八九不离十”密切联系群众制度，及时召回撤换不合格、不胜任、不履职的驻村工作队员，打造作风过硬的驻村工作队伍。提高村级组织运转经费和党建经费投入保障水平，确保村级组织运转经费不低于每村每年 9 万元，落实村党组织书记基本报酬不低于当地农民人均可支配收入两倍标准，足额安排农村党组织活动经费、农村党员培训经费、正常离任村干部生活补贴，逐步安排村党组织服务群众专项经费。

3. 实施党建领航行动

引领乡村生态宜居。持续推进“美丽广西”乡村建设活动，引导基层党委结合实际创新工作载体，充分发挥农村基层党组织和党员在引领“清洁乡村”“生态乡村”“宜居乡村”“幸福乡村”活动中的“两个作用”。拓展“党领民办·群众自治”模式，围绕农村人居环境整治重点任务，在“一组三会”的基础上，增设“屯级环境整治协会”，引导农村基层普遍建立党组织领导下的农村人居环境整治优化机制，全县20户以上自然屯要及时成立“屯级环境整治协会”。引领乡风文明和谐。发挥农村基层党组织在加强农村思想道德建设中的作用，扎实推进农村移风易俗，持续提高乡村社会文明程度。深入开展“携手奔小康·党恩永不忘”感恩教育，做实“讲过去比现在、讲发展比贡献、讲家风比美德”宣讲活动，大力弘扬社会主义核心价值观，传承和弘扬优秀家风家训，涵养农村群众现代文明素质。进一步规范完善村（屯）规民约，以“能做”“不能做”的形式，由村党组织（屯级党群理事会）牵头修订浅显易懂、群众认可、合法合规、简便易行的村（屯）规民约。引领治理能力提升。全面实施网格化服务管理，构建党领导、信息化、便捷型的乡村现代治理体系，全县基层组织网格化管理覆盖100%村级党组织。深化农村乡村治理模式，采取“党建带动、乡贤互助、共建家乡”的方式，创建乡贤联盟，成立乡贤议事会，实现党领导下的“村事民议，村事民治”。积极打造“一门式办理”“一站式服务”的综合服务平台，逐步形成完善的乡村便民服务体系，实现农村基本公共服务全覆盖、农民群众办事不出村、最多跑一次。引领脱贫惠民富民。拓展“党建+”工作，推动基层党建深度融入脱贫攻坚。推动农村基础设施项目建设中党的组织和党的工作“两个覆盖”，组建“党员攻坚组”“党员突击队”，助推农村基础设施提档升级。深入开展“党建+教育扶贫”贫困人口就业技能培训，拓展农村贫困劳动力转移就业渠道。加强易地扶贫搬迁安置点党建“四抓四促”工作，促进搬迁群众“搬得出、稳得住、能安居、可致富”。实施村级集体经济“清零达标”“品牌示范”行动，推行资源盘活、产业带动、光伏增收、入股分红、旅游撬动、结对帮扶等强村“六法”，推动集体经济壮大、农民脱贫致富。

4. 实施引才蓄源行动

打好脱贫攻坚战，关键在人，在人的观念、能力、干劲，东兰县深入推进抓党建促脱贫工作，为人才培育和回流营造良好环境，有效解决了贫困地区人才紧缺的问题，打造出一支“不走的扶贫工作队”。加强优秀人才递进培养。实施“双培”工程，注重从各类组织负责人、专业大户、农村实用人才、青年农民、村医村教、本乡本土高校毕业生、退役军人等人员中发现优秀人才，把符合条件的优秀人才发展为党员，把优秀党员培养为村干部。鼓励符合要求的公职人员回乡任职，鼓励机关企事业单位优秀党员干部回村担任村党组织书记。实施新型职业农民培育工程。探索开展职业农民职称评定试点工作，出台奖励激励措施，对获得职称的职业农民，优先提供信息技术、资金扶持、政策补贴，优先安排学习培训。强化服务“三农”人才储备。建立城市医生、教师、科技、文化人员等定期服务脱贫攻坚与乡村振兴机制，推动城乡、区域、校地之间人才培养合作与交流。鼓励支持高校和科研院所等事业单位专业技术人员到乡村和企业挂职、兼职和离岗创新创业。挂职和兼职人员原单位待遇不变，挂职人员可以按规定由单位适当奖励或补助，兼职人员可以依法兼职取酬。加强农村专业人才队伍建设，继续实施“三支一扶”、特岗教师计划等，组织实施高校毕业生基层成长计划，扶持培养一批农业职业经理人、经纪人、乡村工匠、文化能人、非遗传承人等。加速在外农村人才回引。实施脱贫攻坚与乡村振兴“筑巢引凤·能人创业”工程，以乡（镇）

为单位，制定“归雁”计划，出台“回引”措施，创建回乡创业联盟等平台，引导外出本土人才返乡创业，对符合条件、志愿在乡村扎根创业就业的高校毕业生，享受所在乡（镇）引进人才的优惠政策待遇，每个乡（镇）都要设立返乡“创客”中心，并吸纳一批返乡人才“创业带富先锋”。

5. 实施引领产业提质增效行动

要打赢脱贫攻坚战，就要把党建打造成带领群众脱贫致富的“火车头”，进一步发挥党的政治优势、组织优势和密切联系群众优势，以党建引领，更好地推动产业扶贫，形成产业链，激发贫困群众的内生动力。深化能人带富，提升产业覆盖。结合实施“十大百万”扶贫产业工程，深化拓展“红雁引飞”党员能人带富工程，实施乡村振兴“筑巢引凤·能人创业”行动，培育返乡人才“创业带富先锋”。深入推行“党支部＋基地＋合作社＋贫困户”模式，按照县级“5+2”、村级“3+1”确定发展项目，把资金、资源、资产向优势特色产业集聚，大力发展核桃、“三特”水果、油茶、糖料蔗、桑园、板栗、肉牛肉羊、香猪、淡水生态养殖、长寿·生态·富硒农产品基地等“十大百万”扶贫产业，开发乡村旅游（农家乐）、休闲农业，确保到2020年全面完成“十大百万”扶贫产业工程目标任务，每个贫困村特色产业覆盖全村所有贫困户，推动实现农业增效、农民增收、农村增绿。示范项目引领，提升品牌效应。坚持每个乡（镇）打造一个重点示范项目、培育一批党员精准脱贫示范户和脱贫奔小康示范户，带动贫困群众发展产业，推动打造一批“十大百万”扶贫产业示范基地。创新帮扶机制，丰富致富手段。推行“红色信贷”，充分利用金融资金，组织做好扶贫产业项目规划，积极与政策性金融、开放性金融、商业险金融、合作性金融、保险等衔接，建立合作渠道，对党员发展产业带动脱贫的给予适当贴息，使每个有劳动能力的党员都有脱贫致富项目、每个贫困村都有一批农民党员致富带头人。制定完善、便于兑现的以奖代补等激励机制，带动贫困群众、农民合作社、家庭农场、龙头企业等参与扶贫产业发展。探索设立党员创业帮扶基金，专门用于帮扶有技术、缺资金的农村党员发展特色种植养殖业，扶持党员创业致富。深化拓展“党旗领航·电商扶贫”行动，每年组织开展农产品大促销、“我为家乡代言”等活动，帮助贫困地区特色物产走出乡村。

6. 实施引领移民搬迁安置行动

东兰县构建易地搬迁党组织统领、各类组织积极协调、广大群众广泛参与的基层治理体系，完善易地搬迁安置地后续帮扶及公共服务，确保群众“搬得出、稳得住、能致富”。创新管理机制。强化党组织在易地搬迁工作“事前事中事后”全程服务管理，在项目实施中同步成立临时党组织；移民入住后，同步设立管理机构和党组织、群团组织，成立党群互助组、理事会，组建老乡家园党员志愿服务队等。建立易地搬迁安置点网格化管理机制，成立网格党支部或党小组，推行网格党员设岗定责，发挥党员在安置点管理服务中的积极作用。合理设置安置点自治组织，该单独设置村（居）民委员会的设置村（居）委员会，该设立村（居）民小组并入所在地村民自治组织管理的，及时完成设立。加强阵地建设。安置点设置为村民委员会的，组织活动场所建筑面积要达到300平方米以上，安置点设置为社区居民委员会的，组织活动场所建筑面积要达到500平方米以上。其余的易地搬迁项目（安置点）同步规划建设老乡家园党群服务中心。加强后续扶持。强化后续扶贫措施，积极引进、发展壮大安置点特色产业，力争100%建立厂房式就业扶贫车间（建筑面积在100平方米以上，吸纳5名以上建档立卡贫困家庭劳动力就业）或居家式就业扶贫车间（与建档立卡贫困家庭劳动力建立承揽关系，委托5名以上贫困劳动力居家从事生产加工活动），确保每个安置点至少有1个产业覆盖。定期组织人社部门针对移民开展招工招聘活动，推行群众事务一站式服务、全程代办，帮助解决群众落户就业、发展生产、子女入学等方面存在的困难和问题。

7. 实施引领基础设施建设行动

东兰县把党的建设工作和扶贫开发工作有效结合起来，整合资源改善基础设施，有效引导各级党组织围绕中心、服务大局。开展“整合资源·下放项目”工作。建立健全上下联动、横向统筹、跨部门多领域的资金整合机制，由各乡（镇）结合实际制定项目实施规范和实施标准，将涉及农村基础设施建设且投资额度不大、技术要求不高、群众受益直接、按规定不需要招投标的小型公共服务和资金项目优先安排给村党组织落实，推动资源向基层集聚。推动党的组织和党的工作在基础设施建设项目全覆盖。在基础设施项目建设点成立临时党支部、党小组，把党组织建设覆盖到项目、延伸到工地。结合开展党员设岗定责、承诺践诺，实行县、乡、村三级党员干部联系基础设施建设项目捆绑制，明确党员联系项目的工作职责、具体任务、完成时限，让党员干部在推进基础设施建设中勇于承担最复杂、最繁重的任务，实现党的组织和党的工作100%覆盖基础设施建设。充分发挥党员在项目质量监督管理的主体作用。设立党群项目质量监督小组，对项目内容、责任人、质量技术标准、工期等进行上墙公示，接受党员、群众监督，推动项目又好又快实施。

8. 实施引领感恩文化建设行动

开展“携手奔小康·党恩永不忘”感恩教育。研究制定《东兰县开展“脱贫奔小康·党恩永不忘”感恩教育方案》，以“讲过去比现在、讲发展比贡献、讲家风比美德”的方式讲党恩、感党恩，引导群众转变思想观念，摒弃不良习气、改变行为习惯，克服“等靠要”思想，消除精神贫困，坚定永远跟党走的信心和决心，切实增强脱贫奔小康的内生动力。实施感恩文化展示项目。结合实际，推动乡镇、村屯建设“感恩楼感恩宣传长廊”“感恩文化园”等感恩文化展示项目。2018 年年底前就完成县级感恩教育示范基地、乡（镇）级感恩文化园或感恩广场、村级村史楼（室）或感恩文化长廊建设任务；2020 年年底前实现“示范基地年年更新、宣讲活动季季开展、先进典型争相涌现”的感恩教育长效推进目标。丰富感恩教育形式。突出扶贫先扶志，发挥“新时代讲习所”作用，开展“讲好扶贫故事”、感恩演讲比赛、感恩山歌会、感恩晚会、感恩征文等一系列活动，树立“幸福是奋斗出来的”观念，着力营造感恩的良好氛围。开展“扶贫政策宣讲进农家”活动，组成扶贫政策宣讲团进村入屯到户开展宣讲，把党和国家有关精准扶贫政策讲清讲透讲明白，增强贫困群众自力更生、脱贫光荣的意识。注重发现典型、树立典型，重点宣传贫困党员群众自立自强，用勤劳双手脱贫致富的典型，营造关心支持脱贫攻坚浓厚氛围，凝聚决胜脱贫攻坚强大正能量。

9. 实施引领基层社会治理行动

东兰县提升基层党组织的组织力，以党建引领基层社会治理，彰显党建工作的价值，推进社会治理体系和治理能力现代化。深化党群共治模式。健全完善由德才兼具、威望较高的党员和村民代表组成的党群理事会，拓展党群理事会功能，建立村屯内部矛盾纠纷协商、对话、调解处理机制，全面推广“一组两会”村民自治协商制度，构建基层社会矛盾纠纷处理平台，激发党领导下农村社会治理的活力。配合开展扫黑除恶行动。依纪依法严肃处理涉黑涉恶村干部、农村党员，及时调整政治素质差、领导能力弱、面对歪风邪气不讲正气、软弱无力的村党组织书记。开展党员志愿服务。由各级党组织牵头，建立党员志愿服务队，定期开展“送法下乡”“送教下乡”“服务下乡”

等活动，发挥党组织和党员在基层社会治理中的带动作用。

10. 实施引领集体经济发展行动

东兰县把发展壮大村级集体经济作为基层党组织一项重大而紧迫的任务来抓，围绕党建引领，增强基层党组织的凝聚力，提高村级组织服务群众的能力。拓宽集体经济发展路子。抢抓脱贫攻坚及乡村振兴机遇，因地制宜拓宽资源盘活型、产业带动型、光伏增收型、入股分红型、乡村旅游型等村级集体经济发展路子，增加贫困村集体经济收入。大力引导和支持村民合作社充分利用本地资源发展手工作坊、扶贫车间等，促进乡村经济多元化发展，为村民提供更多就近就业岗位，促进村集体和村民“双增收”。整合各方面政策、人才、资金，引导地域相连、条件和产业相近、资源互补的行政村连片“抱团”发展、规模化发展，全面消除无村级集体经济“空壳村”。拓展“党旗领航·电商扶贫”活动。引导和支持村民合作社发展农村电商，推进“电子商务进农村”县乡村三级服务体系建设，提升村级物流配送能力，增强农村特色物产县外销售能力。开展村级集体经济“品牌示范”活动。按照“一县一品牌、一乡一样板”的工作思路，积极挖掘、培育一批县乡村三级先进典型，示范带动村级集体经济壮大发展全面开花。加强商标申请指导。提升村民合作社的品牌意识和商标意识，鼓励村民合作社申请注册地理标志商标、集体商标，切实增强村级集体经济发展的动力。建立结对帮扶长效机制。建立机关企事业单位与“空壳村”结对帮扶长效机制，每个结对帮扶单位根据要求，积极支持村级集体经济发展，帮助协调资金和项目进行支持，做到村级集体经济不“脱壳”就不脱钩。加大信贷支持力度。鼓励金融机构对村级集体经济发展单列信贷计划，把扶持村级农业综合开发、农业产业化、专业合作社作为信贷支农的重点，对符合条件的村级集体经济发展项目给予优先支持和利率优惠。

（三）组织保障："五个注重"健全党建扶贫体系

一是注重组织领导。在实施党建促脱贫过程中，东兰各级各部门党组织高度重视，结合实施"书记领谈"工程，认真落实基层党建工作的主体责任和党组织书记第一责任人职责，把"党旗引领·决胜脱贫"三年攻坚行动列入党组织书记抓基层党建工作的重要内容，纳入党组织书记抓基层党建工作述职评议考核范畴。建立县、乡（镇）各级党委班子成员联系指导抓党建促脱贫攻坚工作制度。乡（镇）党委认真研究制定抓党建促脱贫攻坚的工作计划和具体措施，将基层党建和脱贫攻坚工作同步谋划、同步部署、同步推进、同步落实。乡（镇）党委书记自觉将抓党建促脱贫攻坚工作摆在更加突出的位置，亲自抓、主动管，带头做、负总责。各乡（镇）、县属各党（工）委要组织成立领导机构，逐级召开会议动员部署，要结合本地本部门实际，细化工作实施方案并报县委组织部备案。二是注重工作实效。东兰各级各部门坚持实事求是原则，坚决杜绝形式主义，推进抓党建促脱贫攻坚各项工作，并结合实际，着重提升支部引领能力、党员示范带动作用、村级集体造血功能、基层基础支撑能力、城乡结对帮扶力度。同时，注重突出亮点特色，鼓励基层创新，有针对性地开展工作，做到强基固本与打造亮点相结合，既突出工作实效，又提升党建工作质量。三是注重督促检查。东兰各乡（镇）、县属各党（工）委均加强对工作督促检查，推动工作落实。县委将组织抽调力量，采取"两随机"、明查暗访的形式进行督查。对督查中发现工作重视不够，工作滞后、走过场的党组织和相关责任人，要严肃问责、限期整改，并在一定范围内进行通报。四是注重指导调研。把推动抓党建促脱贫攻坚工作情况列为基层党组织书记抓基层党建工作述职评议考核的重要指标，纳入基层党建重点工作"两随机"指导调研的重要内容，压实工作责任，推动任务落实。对工作中发现的共性问题，分级负责开展专项整治。对因落实责任不力、长期打不开局面，导致抓党建促脱贫攻坚和乡村振兴工作滞后的，依规依纪严肃追责。五是注重宣传引导。坚持整乡推进、整县提升，鼓励各级积极探索抓党建促脱贫攻坚与乡村振兴的有效途径和方式，及时总结推广行之有效的经验做法，发挥好示范引领作用。充分利用电视、报纸及各类新媒介，大力宣传推广抓党建促脱贫攻坚实践中涌现出的优秀集体和先进个人，营造抓党建促脱贫攻坚的浓厚氛围。

二、东兰党建扶贫的实践探索

东兰县委县政府始终坚持以脱贫攻坚引领社会经济发展，把党的各项政策落到实处，凝聚共识、集聚合力，在实践中探索党建扶贫的创新举措和有益模板。全县在红色精神的强大引领下，加强党的政治、组织、思想建设，打造党建示范带，在促进带动产业、促进就业、改善民生等方面筑牢党建促脱贫的攻坚堡垒。

（一）红色基因凝聚强大精神动力

一是重温“红色经典”，推进补钙铸魂。依托东兰丰富的红色资源，充分利用东兰革命烈士陵园、韦拔群纪念馆、壮乡英雄文化园、列宁岩（广西农民运动讲习所旧址）、魁星楼（红七军前敌委员会旧址）、韦拔群故居等革命传统教育基地，组织开展“访圣地、守初心，担使命、促脱贫”革命传统教育活动，各级党组织按照就近就便原则，组织党员干部走访广西农民运动讲习所旧址列宁岩、中共红七军前敌委员会旧址魁星楼、韦拔群故居等革命遗址，听革命故事，守当年初心，担时代使命，增强脱贫摘帽信心。

二是开设“红色课堂”，强化传统教育。坚持将红色教育纳入党员干部学习教育计划，在举办中青年、妇女、少数民族等主题干部培训班中，开设“红色文化体验”“党性教育课程”，确保红色教育、党性教育单元不低于总课时的50%。组织党员干部广泛开展吃一顿红军餐、唱一首红军歌、走一趟红军路、读一本红军书、听一段红军故事的“五个一”红色体验活动。将《东兰出了个韦拔群》《英雄故土·红色东兰》《焦裕禄》《生死牛玉儒》《杨善洲》《第一书记》《莫振高》等典型人物影片在全县各类媒体进行巡回播放，使全县党员干部学有目标、赶有榜样。配合市委在拔群纪念馆精心打造“不忘初心牢记使命——广西党组织成长的光荣之路”河池展厅，使其成为革命传统教育的又一个新热点。突出传承红色文化，2020年7月1日县委书记在拔群干部学院主报告厅为党员上党课，全县11000多名党员分别在主课堂和各乡镇、村、屯分课堂同听党课、同温党史国史，激发爱国爱党热情，振奋精神决战决胜脱贫攻坚。

三是拓展“红色阵地”，促进干部成长。以基层党组织阵地为依托，通过党性教育网上展馆、红色文化展厅等形式，积极开展红色教育活动，把红色教育打造成干部成长的“风向标”。以东兰电视台、东兰微远为平台载体，开展“十位老党员讲故事，百名书记说初心，千名干部下基层，万众一心促脱贫”宣传活动。建立“互联网＋红色教育”模式，运用网络技术，通过“东兰微远”“网上群众路线”“智慧党建”等媒体平台，开办倾听“老党员畅谈入党初心”学习教育专栏。

（二）党员教育提升整体素质

一是主题内容与时俱进。东兰县紧贴时代脉搏，以习近平新时代中国特色社会主义思想为指导，结合决战决胜脱贫攻坚需要，组织开展“十名老党员讲故事、百名书记话初心、千名干部抓落实、万众一心促发展”活动，用身边人身边事教育全县党员干部，凝聚干事创业强大合力。新冠肺炎疫情发生后，及时响应，迅速行动，在东兰微远、东兰党建网等党员教育平台开设专栏，选树先进典型、开展动态宣传 20 多期次，助推全县将新冠病毒拒于“县门”之外。结合三八、清明、五一、七一等重要节日，开展形式多样的教育活动。

二是平台载体与时俱进。充分利用现代信息技术，加强与“壮美广西·智慧广电”项目的资源整合，深化与广电网络公司的技术协作，全力推进“智慧党建”视频系统建设，促进党员教育平台融合发展。脱贫攻坚期间先后在全县范围内建设了 206 个视频直播站点，覆盖到县、乡镇、行政村（社区）和屯级党建示范点。

三是方式方法与时俱进。转变过去党员教育单一、枯燥的“集中培训”模式，更多采取开放式、互动式、体验式的教育方法。组织开展了以“抓实党建强引领·建功筑梦新时代”为主题的“党建之星”演讲比赛，全县 19 个基层党（工）委 19 名参赛选手上台展风采，真情讲述党建故事，抒发爱国爱党热情，汇聚决战决胜脱贫攻坚的强大力量。组织抓好党员教育精品课件摄制工作，全力挖掘在脱贫攻坚、乡村振兴工作中涌现出来的先进基层党组织和优秀共产党员，积极推进《大山脊梁》党员教育专题片拍摄制作，为党员学习教育提供资源保障。组织开展党员聚力脱贫攻坚活动，结合学习贯彻习近平总书记对毛南族实现整族脱贫作出的重要指示精神，全县 4000 多名党员干部分别深入帮扶贫困户开展联系帮扶活动，帮助贫困群众解决生产生活中遇到的实际困难。

（三）组织建设健全基层体系

习近平总书记强调，扶贫开发，要给钱给物，更要建个好支部。

农村基层党组织处在脱贫攻坚第一线，必须以提升组织力为重点，突出政治功能，建好屯级党支部、构建“智慧党建”系统、搭建党建指挥平台，从点、线、面三个维度建立健全基层组织体系，补齐治理短板，充分发挥好战斗堡垒作用。

1. 创建屯级党支部，“点”上提升服务能力

着眼推动党建有效覆盖，切实加强自然屯党支部创建，全县先后建立屯级党支部 196 个，并按照每个支部 2000 元标准落实工作经费 39.2 万元，保障正常运转。屯级党支部以服务发展、服务脱贫攻坚为主题，推行“3+3+3+1”党建为民模式，即做到“三代三保”“三整三促进”“三抓三提升”“一急一应对”，使自然屯达成生活保障、社会稳定、经济发展“三大”目标。“三代三保”：为行动不便者代购生活用品，保证基本生活；为群众代办各种惠农政策手续，保证政策落地；代群众反映问题，保证信息通道顺畅。“三整三促进”：整顿家风，促进家庭和睦、邻里团结；整治环境，促进村屯清洁、美丽宜居；整改陋习，促进良好习俗养成。“三抓三提升”：抓政策法规宣传，提升政策知晓度和法制意识；抓技术培训，提升群众技术能力；抓感恩教育，提升感恩意识。“一急一应对”：组建一支应急分队，应对各类突发事件。

2. 构建“智慧党建”系统，“线”上延伸党建触角

推进“智慧党建”视频会议系统建设，第一期建成站点 206 个，其中县级站点 4 个，乡镇站点 14 个，村（社区）站点 149 个，屯级站点 39 个，通过“一条条网线”将县、乡、村、屯四级串联起来，实现组织工作和信息传达“一线通”，党建触角不断向基层延伸、向末端拓展。该系统投入使用以来，先后举办党建会议、远程教育、抓党建促脱贫攻坚业务培训、实用技术培训等活动，有效提升了基层党组织的组织力、执行力和工作效率。

3. 搭建党建指挥平台，“面”上强化组织效能

在县级设立党建工作指挥中心，乡镇设立分中心，并全部挂牌成立党建工作站，给予调整增加 1 个编制，使每个乡镇从事党建工作的人数达 6 人，保证充足力量，不断强化对党建工作的组织协调能力。各指挥平台严格贯彻新时代党的组织路线，严格落实党组织书记管党治党第一责任，认真执行“党组织书记抓党建述职评议制度”，通过抓基层党建述职评议考核层层落实责任；严格落实党建工作绩效管理办法，组织召开抓党建促脱贫攻坚工作推进会；建立县级党员领导干部联系指导、先进党组织结对帮扶后进党组织、组织部领导挂乡包片党建工作联系等制度，全县上下重党建、抓党建、强党建蔚然成风。

（四）党建引领推动产业发展

一是出台指导意见，依法注册企业。研究出台《东兰县成立村级建筑劳务公司指导意见》，明确公司组建、运营管理、收入分配、员工权益保障等问题，以“十有”标准（即有一处固定办公场所、有一块村级建筑劳务公司标牌、有一套公司管理制度、有一个合理的运行机制、有一册独立的财务账本、有一张工商营业执照、有一份税务登记证、有一个独立的银行账户、员工有一份工伤保险和人身意外保险、有一份公司可持续发展的规划）创造性地在全县 14 个乡镇依法注册成立了 58 个村级建筑劳务公司，主要承接实施项目工程、民工招聘、劳务服务、技术培训，承办村级文体活动，提供农村餐饮服务、农村房屋建设装修、农产品购销、电子商务等业务。

二是坚持党建引领，推动企业发展。村级建筑劳务公司由村级党组织牵头注册成立，企业法人为本村党组织书记或村民委主任，按照“乡镇主管、村委直管、独立法人、独立财务、自主经营、自负盈亏”的原则，实行“党建 + 公司 + 贫困户”模式，推动形成党建引领、

公司受益、集体得利、贫困户增收的发展局面。如三弄乡三合村村级建筑劳务公司成立后，在乡党委和村党支部的领导下，以公司为业主甲方，有劳动能力的贫困户为施工乙方，把村级集体经济项目三塘屯花椒种植基地的种植、施肥、除草、管护等劳务工作（总价约 15 万元）交由贫困劳动力来承包，为本村 43 户贫困户 51 人增加劳务收入，人均受益约 3000 元。

三是"四合一"管理，企业化运营。按照支部领办、村社合一、村企合一、交叉任职、公司运营的原则，实行"一套人马、四块牌子"，村党支部书记、村民委主任、村股份经济合作社、村建筑劳务公司负责人"一肩挑四职"，建立村级党政社企"四合一"工作机制，坚持"四方"协调配合，走出一条"强堡垒、稳就业、保民生"的发展路子。如东兰县兰木乡纳核村建筑劳务有限责任公司法人由该村党支部书记、村委主任、村集体经济合作社负责人韦盛雄担任，主动承接"村内"鸡舍改造、水柜建设等项目工程，解决部分村民在家门口就业"赚钱顾家"的问题。

四是合理分配收益，共享发展成果。按照"上级给政策、公司谋发展"的原则，村级建筑劳务公司与村级集体经济组织协商一致，理顺各方利益，制定科学合理的收益分配方案，共享发展成果。如东兰镇利用第一书记帮扶经费 5 万元与东兰县板逢振兴建筑劳务有限公司合作开发蜜蜂养殖基地，根据协议，蜂蜜收获后由劳务公司根据市场价格进行统一销售，所得利润按照建筑劳务公司 40%、村级集体经济 30%、贫困户 30% 的比例进行分配，保障各方权益，贫困户得实惠。

（五）村级设施优化服务质量

一是统一思想，高起点科学谋划。在分解各年度村级公共服务中心建设任务目标的基础上，通过县领导联系、部门配合、乡镇作为业主的方法，高标准高要求谋划项目建设。每个项目点都由一名县领导负责牵头整合部门资金、协调建设用地、督促项目实施，解决工程建设遇到的困难和问题，推进项目顺利实施；各乡镇负责做好征地拆迁、图纸设计、招投标和组织施工等各项具体工作。

二是上下联动，多渠道开展筹资。根据村级公共服务中心建设需求，按照“一厅八室三栏一场所”建设标准，即每个村投入 100 万元左右，重点建设 1 栋不低于 360 平方米的综合办公楼、1 个标准篮球场、1 个舞台和 1 个宣传栏等。项目资金优先在部门之间进行整合，同时争取上级资金扶持，再根据资金缺口情况，采取财政兜底补助的形式进行落实，实现村部场所旧貌换新颜。

图 3-1　东兰县武篆镇坤王村村级公共服务中心

三是强化督导，高标准确保质量。注重传导项目压力，要求以图片方式每周上报一次进度，对进度滞后的业主单位进行约谈，督促加快项目建设步伐。强化项目安全实施，定期或不定期组织人员进行现场督查，通过采取口头提醒、发放安全提示卡、明确施工安全员等方式对施工人员进行教育提醒。强化跟踪整改，邀请县住建局等单位参与项目督导，指导施工单位严格按照有关规定做好项目建设。

四是注重规范，严要求实施管理。制定《关于规范村级活动场所建设的管理办法（试行）》，实施村级活动场所标准化管理机制，从组织领导、基本设施、功能配置、日常管理和使用等方面进行量化考核，通过“四议两公开一审批一监督”和“民事大家谈”等议事程序来推进，征求听取当地党员群众意见，接受群众监督，规范管理，确保项目真正惠及百姓。

★专栏 3-1★

多措并举推进村级公共服务中心建设[①]

近年来，广西东兰县按照“整合资金、重点推进、共建共享、便民服务”的思路，以贫困村为重点，科学谋划，大力推进村级公共服务中心建设，打通公共文化服务“最后一公里”，提升农村基层党组织“硬实力”，全力助推脱贫攻坚。

2019年年初投入使用的泗孟乡屯长村村级公共服务中心，配套建设齐全，综合服务效能高，建成后极大丰富了当地群众的精神文化生活。刚搬入泗孟屯长易地安置点的黄造东，对新环境的公共服务办事效率感到非常满意。

该县泗孟乡屯长易地安置点搬迁群众黄造东说，“新村部的多功能配套，让我们群众树立‘盘活农村文化资源’的新理念，解决我们群众办事复杂，办事难的问题，农民的文明素质也得到进一步的

① 中新网广西新闻:《多措并举推进村级公共服务中心建设》，2019年12月10日。

提升”。

泗孟乡屯长村群众陈雨微也表示，“在节假日，我们都聚集在村部举办各类娱乐活动，我们群众在日常活动中得到‘精神上解闷，经济上解困’”。

项目建成后，该县实施村级活动场所标准化管理机制，从组织领导、基本设施、功能配置、日常管理和使用等方面进行量化考核，通过“四议两公开一审批一监督”和“民事大家谈”等议事程序来推进，征求听取当地党员群众意见，接受群众监督，实行规范管理，确保项目真正惠及百姓，助推整县脱贫摘帽目标。

该县三石镇纳腊村驻村第一书记马尚军说：“村级活动中心的建成，不仅丰富了全村群众精神文化生活，还提升了基层群众精神文化素养，我们将合理利用好惠民的平台、便民的窗口。”

2015 年村级公共服务中心建设项目自启动以来，该县在分解年度目标任务的基础上，通过县领导联系、部门配合、乡镇作为业主的方法，高标准高要求谋划项目建设。根据村级公共服务中心建设需求，按照“一厅八室三栏一场所”建设标准，即每个村投入 100 万元左右，重点建设 1 栋不低于 360 平方米的综合办公楼、1 个标准篮球场、1 个舞台和 1 个宣传栏等。项目资金优先在部门之间进行整合，同时争取上级资金扶持，再根据资金缺口情况，采取财政兜底补助的形式进行落实，实现村部场所旧貌换新颜。截至 2019 年 12 月，全县共投资 9000 多万元建设村级公共服务中心 96 个，行政村（社区）覆盖率达 64.4%，2020 年年底实现贫困村全覆盖。

（六）多措并举激发工作队员活力

1.“五个一”构建工作队扶贫新格局

一是建好一个平台。依托微信平台，实施线上、线下管理，东兰在原有制度的基础上，建立了由县、乡镇、村，延伸到党员、到贫困户的公众微信工作群，构建“传送快捷，反馈及时，管理规范，影响力强”的县、乡、村三级组织工作交流新体系，切实打通工作队管理工作“末端问题”。二是打好一次战役。农村是抗击新冠肺炎疫情的重要战场，2020 年 1 月 27 日大年初三，全县 411 名驻村工作队员除了因病、因交通管制不得返回工作岗位外，工作队员自觉放弃休假，以最快的时间回到工作岗位上，投身到防疫工作一线中，牵头组织好在农村一线的防疫工作，驻村工作队可谓是一支招之既回、回之能战、战之能胜的强大队伍，敢担当、勇作为，不折不扣的落实党委、政府安排的各项任务。三是抓好一次调整。根据中央、自治区保持脱贫攻坚（乡村振兴）工作队员队伍稳定的要求，对全县个别因健康原因不能正常履职、因工作变动、因工作不胜任的违纪队员进行了微调 65 人，留任率为 84.18%，充分体现了讲政治、顾大局的高度自觉。四是办好一次活动。为激励全县脱贫攻坚（乡村振兴）工作队员决战决胜脱贫攻坚，东兰县精心组织开展“七个一”活动，通过赠送一本画册、发放一个药箱、寄出一封书信、谱写一首歌曲、张贴一张连心卡、开展一次遍访、召开一次座谈会，推出走访慰问驻村干部及家属“组合套餐”，112 个选派单位分别完成对 410 名驻村工作队员家属开展了全覆盖的“七个一”走访慰问。把组织的关心关怀传递给每一位驻村干部及家属，实现走访慰问和谈心谈话全覆盖。五是用好一批干部。落实驻村工作队员优先选拔、优先评先、优先评职的“三优先”政策，激发队员争当扶贫政策宣传员、经济发展服务员、社情民意调研员、基层党建督导员。同时，建立优秀工作队员项目库，为县委提拔使用干部提供重要参考。2016 年以来脱贫攻坚一线提拔重用晋升总人数 112 人，其中提拔 70 人，重用 2 人，职级晋升 40 人。

表 3-1 “五个一”构建扶贫工作队新格局

五个一	内容
一个平台	依托微信平台，实施线上、线下管理，构建“传送快捷，反馈及时，管理规范，影响力强”的县、乡、村三级组织工作交流新体系
一次战役	农村是抗击新冠肺炎疫情的重要战场，工作队员自觉放弃休假，以最快的时间回到工作岗位上，投身到防疫工作一线中，牵头组织好在农村一线的防疫工作
一次调整	全县对个别因健康原因不能正常履职、因工作变动、因工作不胜任的违纪队员进行微调，充分体现了讲政治、顾大局的高度自觉
一次活动	为激励全县脱贫攻坚（乡村振兴）工作队员决战决胜脱贫攻坚，东兰县精心组织开展“七个一”活动，把组织的关心关怀传递给每一位驻村干部及家属
一批干部	落实驻村工作队员优先选拔、优先评先、优先评职的“三优先”政策，建立优秀工作队员项目库，为县委提拔使用干部提供重要参考

2.“七措施”完善工作队员激励机制

一是加大提拔重用力度。提高工作队员提拔重用比例，要求每年提拔重用县级选派的工作队员人数占年度提拔重用总人数的 20% 以上。工作队员年度考核连续三年为优秀等次（在脱贫攻坚一线的年度考核至少 2 次）且工作表现突出的，优先提拔重用；特别优秀的，可按规定程序破格提拔使用。今年以来，共提拔重用脱贫攻坚工作队员 25 人，占提拔总人数的 23.8%；晋升 32 人，占晋升总人数的 18.4%。二是落实绩效奖励措施。提高工作队员年度考核等次比例，工作队员每年优秀等次人数占总人数的 20% 以上。根据年度工作需要开展专项考核，将专项考核结果与年度考核结果同等看待，兑现相关绩效奖励。近年来，共有 128 名工作队员被评为优秀等次，占 31.14%。有 82 名在专项考核中被评为“好”等次，占 20%。三是选树先进典型。工作队员任期结束后，全县按工作队员总人数 40% 的比例进行总结表彰，评选表彰一批先进工作队、先进后盾单位、优秀工作队员（优秀分队长、优秀贫困村党组织第一书记）。并通过东兰电视台、《鼓乡之声》、东兰县人民政府网、东兰党建网及“美丽东兰”、东兰微远等宣传媒体，大力宣扬他们的工作业绩和事迹，树立鲜明导向，营造崇尚先进、学习先进、争当先进的浓厚氛围。四是落实关心关爱机制。落实走访慰问、谈心谈话制度，组织人事部门、后盾单位、乡镇党委政府定期开展走访慰问活动，及时了解工作队员思想、工作、生活等方面情况，帮助解决困难问题。2019 年以来，对全县 410 名工作队员及家属开展了全覆盖慰问。落实党内关怀制度，筹措 13.3 万元对生活困难的工作队员及家庭进行关怀帮扶。落实工作队员体检制度，选派单位每年组织工作队员到县级以上公立医院进行一次体检，为工作队员购买办理驻村期间人身意外伤害保险。加强吃住在村的条件保障，确保工作队员住处有厨房、有卫生间、有安全设施，有床具、被褥、蚊帐、冰箱、空调（电风扇）、炊具、热水器和桌椅等必备生活物品，促进工作队员安心、安身、安业。五是强化工作补贴和经费保障。将工作队员（含分队长、第一书记）乡镇工作补贴、伙食补助、分队长工作专项经费、第一书记专项工作经费和贫困村项目帮扶经费纳入县财政年度预算。工作队员吃住在村所产生的必要的房租、水电等费用，由乡镇协调解决。选派单位负责工作队员每月 80—130 元通讯补贴，以及每月从驻村往返单位 2 次的交通及伙食补贴。六是切实为工作队员“松绑减负”。逐村理顺工作队员与包村干部、村“两委”干部关系，指导做好“传帮带”，避免出现工作队员对村里大小事务包办代替等现象。严令禁止安排工作队员参加与其工作职责无关的会议、培训及其他活动。2020 年以来，成立工作组对各乡镇、各单位为工作队员“松绑减负”落实情况进行督查 6 批次，发现并整改问题 17 件。七是优先在脱贫攻坚一线发展党员。注重在脱贫攻坚一线考察工作队员，将其中的入党申请人、入党积极分子列为重点培养对象；条件成熟的，优先发展入党，不受党员发展计划数的限制。去年以来，共有 3 名工作队员被列为入党培养对象，预备党员 1 人。

表 3-2 扶贫工作队“七措施”举措

七措施	内容
提拔重用	提高工作队员提拔重用比例，要求每年提拔重用县级选派的工作队员人数占年度提拔重用总人数的 20% 以上
绩效奖励	提高工作队员年度考核等次比例，工作队员每年优秀等次人数占总人数的 20% 以上
先进典型	按比例进行总结表彰，评选表彰一批先进工作队、先进后盾单位、优秀工作队员，并在媒体平台进行宣传
关爱机制	落实走访慰问、谈心谈话制度，定期开展走访慰问活动，及时了解工作队员思想、工作、生活等方面情况，帮助解决困难问题
补贴保障	将工作队员乡镇工作补贴、伙食补助、分队长工作专项经费、第一书记专项工作经费和贫困村项目帮扶经费纳入县财政年度预算，并给予部分补贴
松绑减负	逐村理顺工作队员与包村干部、村“两委”干部关系，指导做好“传帮带”，避免出现工作队员对村里大小事务包办代替等现象
优先一线	注重在脱贫攻坚一线考察工作队员，将其中的入党申请人、入党积极分子列为重点培养对象，条件成熟的，优先发展入党，不受党员发展计划数的限制

三、东兰党建扶贫的成效

东兰县切实发挥党建引领作用，以扎实作风引领脱贫攻坚，锻造了优秀干部队伍，夯实了基层党建，强化了村集体经济的脱贫保障作用，为实现高质量可持续脱贫提供了坚强的组织保证。

（一）锻造党员干部队伍

一是脱贫攻坚队伍不断优化。在脱贫攻坚期间保持基层力量相对稳定，确保乡镇党政正职保持不变，各乡镇行政编制空编率控制在8%以内，事业编制（不含教育、卫生系统）空编率控制在15%以内；限定服务年限，县直单位之间调动的，要在现单位工作满2年；乡镇之间调动的，要在现乡镇工作满2年；从乡镇调入县直单位的，公务员要在乡镇工作满5年。东兰县精准选派一批能力强、责任心强、干劲足的410名干部下到各村担任驻村工作队员（其中分队长14名、第一书记90名、队员306名），尽锐出战。对全县个别因健康原因不能正常履职、因工作变动、因工作不胜任的违纪队员等65人进行了微调。选优配强150个村（社区）党支部书记，其中132个村（社区）实现村党支部书记、村委主任“一肩挑”。二是驻村工作队员健康成长。落实驻村工作队员优先选拔、优先评先、优先评职的“三优先”政策，激发队员争当扶贫政策宣传员、经济发展服务员、社情民意调研员、基层党建督导员。建立优秀工作队员项目库，为县委提拔使用干部提供重要参考。2016年以来在脱贫攻坚一线提拔277人，职级晋升207人。三是脱贫攻坚一线干部表彰通报。为进一步激励全县脱贫攻坚（乡村振兴）工作队员在脱贫攻坚主战场担当实干、善作善成，近年来，东兰推荐表彰了一批优秀驻村工作队员，共286人荣获区、市、县表彰和通报表扬，其中19人获得区级荣誉，45人获得市级荣誉，222人获得县级荣誉。

★专栏3-2★

巴畴乡安桃村第一书记毛照鲜被评为2016年至2017年度河池市优秀第一书记，2015年至2019年连续5年年度考核被评为优秀，他的驻村先进事迹《我愿做一只破茧成蝶的毛毛虫》《燕贺新居》《贫困户标哥“进城记”》《我家出了两个大学生》，驻村日记《战“疫”与扶贫 点点滴滴皆为使命》等，先后在人民网、广西纪检监察网、河池清风网及相关市、县纪检监察网站刊登和转载；广西民族大学派驻东兰镇百豪村第一书记莫鸿强被评为全区脱贫攻坚先进个人贡献奖；陈国领、路昌明、梁贤欢和覃治等4名工作队员荣获2018年度河池市脱贫攻坚暨“十大百万”扶贫产业工程先进个人。

（二）持续夯实基层党组织建设

一是组织广大党员参与疫情防控成效显著。号召和动员全县各级党组织和广大党员日夜坚守在新冠疫情防控一线，有力地将疫情阻挡在“县门”之外。通过成立一个工作组、下发一份号召通知、开展一次捐款活动、指定一个银行账号、撰写一张捐款收据、发表一篇新闻报道“六个一”工作法号召全县广大党员捐款助疫情防控工作，共向上级党组织捐款73.89万元，捐款党员达到全覆盖。《东兰县离退休老干部捐款战“疫”》《东兰党员一天内捐款21万元助力战“疫”》分别于2020年2月28日、3月2日在人民网报道。二是新建村级公共服务中心取得新成绩。推进基层组织阵地大会战，按照新建一批、改扩建一批、划转调剂一批等措施，自2015年启动以来，全县共投资一亿多元，按照每个项目投资100万元、建设1栋360—450平方米的综合楼、1个标准篮球场、1个舞台和1个宣传栏的标准建设村级公共服务中心125个，占全县150个行政村（社区）83%，实现村部场所旧貌换新颜，提升了为民服务能力，强化了基层党建工作主要阵地和基本公共文化服务综合平台的功能作用。三是创新“3+3+3+1”工作模式推进屯级党组织建设成效明显。“3+3+3+1”工作模式即要做到“三代三保”“三整三促进”“三抓三提升”“一急一应对”，以达到自然屯生活保障、社会稳定、经济发展的目标，在武篆镇那烈村、东里村建立试点组建，以点带面在全县大力推进自然屯党组织建设。目前各乡镇已挂牌组建196个自然屯党组织，向自然屯党组织建设迈开了实质性的一步。《广西东兰县实施自然屯党支部标准化规范化建设》在中国新闻网上得到宣传报道。四是开展“党旗领航·电商扶贫”电商大集促推消费扶贫得到新发展。2017 年 10 月 1 日，通过举办“党旗领航·电商扶贫‘我为家乡代言’”电商大集，广西电视台公共频道、影视频道和国际频道对电商大集大集盛况全程进行并机直播，进一步打响了东兰乌鸡、东兰黑山猪、东兰板栗、东兰墨米、东兰铜鼓、东兰茶油等东兰特色产品的知名度。2020 年 10 月 16 日，在广西人民会堂参加“广西 2020 年扶贫日”东兰、大新、金秀、龙胜、三江、融安、德保 7 个县消费扶贫活动，进行现场直播带货，促推东兰扶贫产业特色产品销售力度。五是“智慧党建”建设得到大力推进。充分利用现代信息技术，丰富党员教育方式和内容，促进党员教育平台融合发展。截至 2020 年 6 月底，建成 206 个视频直播站点，实现县、乡镇、行政村（社区）和屯级党建示范点“四位一体”全覆盖和“四级一贯”全畅通，确保党委决策部署及政府各项政令直达“最后一公里”。六是易地扶贫搬迁战斗堡垒得到进一步筑牢。投资 200 多万元，建设向阳新城、红水河商贸城、长寿生态食品加工园

图 3-2 东兰县举办党旗领航、电商扶贫“我为家乡代言”活动

二个易安点党群服务中心，打造易安点后续管理标准样板，以点带面推进易安点党建工作。

（三）发展壮大村级集体经济

一是因地制宜，发展壮大了村级集体经济。坚持“党建引领、产业带动”的发展理念，通过召开村集体经济工作部署会和项目推介、洽谈会，搭建“村企”沟通交流平台，研究部署产业发展规划，鼓励各村因地制宜、因村施策，实行“村企”联合，通过异地置业、合资合作、联营共建等方式发展实体产业，发展“3+N”（即：乌鸡、肉牛、食用菌＋其他）产业，打造“一村一品”；整合闲置资金资源，引入龙头企业，打造东兰县村级集体经济食用菌产业园，提高集体经济产业专业化、规模化水平；指导成立村级建筑劳务公司，促产业转型升级，增加村级集体经济“造血功能”，增强产业抗风险能力。二是启动“全周期服务”，助推了产业发展。探索推行“全周期服务”模式，为村集体经济项目从策划引进到启动实施、运行管理、风险防控等环节提供全程服务，保证村集体经济产业顺利发展。加大财政扶持，2016年以来，通过整合资产资源资金共计2.63亿元加快村级集体经济产业发展，90个贫困村发展资金均达100万元以上，59个非贫困村发展资金均达70万元以上。三是实行激励机制，“补血”功能进一步得到强化。印发《东兰县村级集体经济收益分配使用管理办法（试行）》和《东兰县发展壮大村级集体经济六项激励措施》，规范村级集体经济收益分配使用，确定奖励措施；制定激励政策，对村集体有突出贡献的人员、单位或企业在提拔任用、税费优惠等方面进行奖励，激发工作积极性。

四、东兰党建促扶贫的经验与启示

习近平总书记强调，“越是进行脱贫攻坚战，越是要加强和改善党的领导[①]”。东兰县委县政府围绕“扶贫抓党建，抓好党建促脱贫”，充分发挥基层党组织战斗堡垒作用，有力地促进了扶贫开发工作与基层党建工作的良性互动，为其他地区脱贫攻坚提供了党建扶贫可推广、可借鉴的东兰模板。

（一）东兰党建促脱贫的经验

1. 强化压实党建责任

一方面，严格落实脱贫攻坚党政领导责任制。树立“书记抓、抓书记”的责任意识，实行“三级书记”抓扶贫，对县（市、区）、乡、村脱贫攻坚工作分级负总责，实行“五项清单”责任制：乡镇党委“主责清单”，压紧压实主体责任；后盾单位“帮扶清单”，齐抓共管同步发力；村党组织“服务清单”，发挥战斗堡垒作用；第一书记“履职清单”，充分发挥生力军作用；帮扶联系人“结对清单”，破解生产生活难题。明确各扶贫主体责任，层层传导压力，推动基层党建和脱贫攻坚责任落实、任务落地，做到精准施策。另一方面，做好驻村队员选派和思想引导工作，及时跟踪了解思想动态。各单位要按照相关条件和要求，及时选派好驻村干部，按照“派最能打仗的人”的原则，舍得选派优秀的、年轻的、熟悉农村工作的单位工作骨干任贫困村第一书记和驻村队员，做好动员和思想教育工作，引导他们牢固树立“四个意识”，带着感情干，带着责任干，撸起袖子加油干，在精准扶贫工作上有担当有作为，避免干部带病扶贫、带情绪扶贫、无

① 中共中央党史和文献研究院编：《习近平扶贫论述摘编》，中央文献出版社2018年版，第39页。

能力扶贫。

2. 强化组织建设

第一，加大经费投入，建好基层党组织阵地建设。以划拨专项经费、争取龙头企业支持、后盾单位投入、第一书记争取资源等多元化方式筹集经费，建好党组织阵地建设，至少做到有独立的党员活动室，配备健康体育器材。打造一批硬件设施完备、服务机制健全、领导班子素质较高、党员作用突出的基层党建示范点。第二，选优配强基层党组织班子，提高待遇激发活力。首先，根据“五好干部”的标准，统筹调配资源，乡镇干部选派一批、“大学生村官”工程重用一批、“两新”组织党员中选拔一批、“万才返乡，共建小康”后备梯人任用一批、退休军人、退休干部、乡村医生教师等高素质队伍中起用一批等方式充实村“两委”班子。其次，通过“双培”工程，不断提高带头致富能力。将致富能手培养成党员，将党员培养成致富能手，通过学历班学习、产业专业化培训等多元化培养方式提高带头致富能力。最后，不断提高村干部的待遇水平，提高工作积极性。市、县要研究出台关于加强村级组织运转经费保障工作方案，建立以财政投入为主的稳定的村级组织运转经费保障机制，提高村干部报酬待遇和社会保障水平，进一步解决基层组织无钱办事、服务功能不强等突出问题。第三，加大力度整顿软弱涣散党组织，提高战斗堡垒作用。将排查和整顿软弱涣散村党支部的做法制度化，以制度促进整顿，确保长效性。充分利用排查结果，该撤换党支部书记的就撤换，该充实队伍就充实，该完善功能的完善功能，该提升服务水平的提升服务水平，该问责的就问责，将整顿软弱涣散村党支部进行到底，切实提高党支部“领头羊”的作用。

3. 强化队伍建设

第一，优化乡镇领导班子和农村党员队伍结构。实行乡镇领导班子包片、党员干部包村的“党建＋扶贫”的责任制，把党建工作经验丰富的、工作能力强的党员干部选派到软弱涣散村。乡镇党委要重视抓党建促脱贫工作，创新加强基层党建的方式方法，加强对“村两委”和农村党员的思想教育和常态化管理，以党建促脱贫，以精准扶贫推动党建工作创新。第二，不断优化农村党员队伍结构。基层党组织在发展党员时要注重质量，将政治觉悟高、乐于服务群众、自身致富能力强的优秀返乡人才、经济能人、创业者、本村大学生等吸收入党，注重适当提高女性党员、少数民族党员、年轻党员的比例，着重培训他们服务群众的热情、勇于探索勇于创新的劲头和带领群众共同致富的本领。第三，创新农村党员思想教育和日常管理模式。抓好思想教育是管理好农村党员之根本，坚持用科学的理论武装头脑。利用大数据时代的便利，开展远程培训、网络课程等方式，抓好党的纲领、党的宗旨和理想信念教育，深入学习党章、党规党纪等，坚定“四个自信”，增强“四个意识”，坚持以人民为中心，时刻牢记党的宗旨，在精准扶贫中勇于探索致富门路，敢于“挑担子”。

4. 强化创新集体经济发展模式

第一，摸底整顿，盘活集体资产。在确权在基础上能过租赁经营、入股经营、合作经营等多种方式最大限度地盘活村集体资产，主要通过生态林、土地流转、租赁旧办公楼等方式增加村集体经济收入。第二，创新产业扶贫模式。创新“党支部＋”产业扶贫模式，为集体经济发展提供产业支撑。又如探索“党支部＋合作社＋旅游业”模式、“党支部＋龙头企业＋农户”模式、“党支部＋龙头企业＋村民合作社＋贫困户务工”模式、“互联网＋”电商扶贫的模式。第三，拓宽电商人才和技术的渠道。一方面在“万才返乡，共建小康”人才库中筛选中懂电脑技术和有电商经验的人员，通过强化电商技术培训，另一方面与理工高校结对帮扶，高校扶贫干部为电商发展把脉并提供技术支持。

（二）东兰抓党建促脱贫的启示

1. 建强基层组织是基础

抓党建促脱贫攻坚，建强基层组织是基础。“农村富不富，关键看支部。”抓党建促脱贫，必须要拧住建强基层党组织这个“牛鼻子”，把脱贫攻坚与加强基层组织建设紧密结合起来。第一，抓好后进村党支部整顿工作，助力脱贫攻坚。针对一些后进村班子涣散、工作思路不清、扶贫政策不透、业务能力不高等突出问题，可采取强村带弱村、富村带穷村、联建共建党组织等办法，分村分类施策，确保整顿后村级组织战斗力增强。第二，抓好村级党支部的制度建设，助力脱贫攻坚。要以基层党组织标准化建设和党的十九届四中全会提出的建立“不忘初心、牢记使命”制度为契机，进一步完善“三会一课”、主题党日、组织生活会、民主评议党员、党员议事会等制度，严格落实村干部定期走访、坐班值守、为民代办、结对帮扶等制度，不断健全完善全覆盖联系、全天候服务群众机制。同时，创新实行周一例会学习培训制度、远程监控督查制度以及班子活力激活机制等，提升制度“管”人成效，切实把基层党组织建设成为引领贫困群众脱贫攻坚的战斗堡垒。

2. 抓好队伍建设是前提

抓党建促脱贫攻坚，抓好队伍建设是前提。“火车跑得快，全靠车头带。”贫困村贫困的重要原因之一，就是缺乏一个好班子、一支好队伍、一个好的带头人。第一，要抓好书记这个“关键点”。村党支部书记和第一书记作为扶贫最“前沿”的“关键少数”，是带领贫困群众脱贫致富奔小康的主心骨、领路人。各级党组织要把选好配强村党支部书记和第一书记作为重中之重来抓，着力建设一支政治坚定、能力过硬、作风优良的村一把手队伍，带领群众干事创业。第二，要用好人才这个“助推器”。要打赢脱贫攻坚战，必须要有一批苦干、实干、会干、巧干的党员干部带头冲锋。为此，各级党组织要坚持在人才支撑上下功夫、做文章，实施致富能人培养计划，加大对“田秀才”“土专家”的培训力度，着力培养一批有技术、懂经营、擅管理、能够带领贫困群众脱贫致富的“能人”队伍，使之成为贫困群众欢迎满意的脱贫致富“助推器”。

3. 发挥党员作用是关键

抓党建促脱贫攻坚，发挥党员作用是关键。抓好党建促脱贫攻坚工作关键在党，根本在人，成效在做。要想打赢脱贫攻坚战，就要充分发挥党员在脱贫攻坚中的先锋模范带头作用，让党员在脱贫攻坚的一线做好表率、作出示范。第一，党员自身要率先脱贫，发挥好模范带头作用。在众多贫困人口中，还有一部分贫困党员，这部分党员必须摒弃“等靠要”的思想，积极主动地投入到脱贫攻坚战中。不管致贫原因是什么，党员都要以讲党性的高度，千方百计让自己先脱贫，用自己的行动，做好贫困群众脱贫致富的榜样。第二，党员要带领贫困群众脱贫致富，发挥好先锋带头作用。农村基层党员处在脱贫攻坚的最前线，是脱贫攻坚政策的实施者、经历者和最终受益者，在脱贫攻坚中带领贫困群众积极脱贫致富奔小康义不容辞。

4. 激发内生动力是重点

抓党建促脱贫攻坚，激发内生动力是重点。脱贫致富终究要靠贫困群众用自己的辛勤劳动来实现。因此，抓党建促脱贫攻坚，必须要充分激发贫困地区和贫困群众脱贫致富的积极性、主动性、创造性，让贫困群众内生动力再增强。第一，加强宣传教育，注重思想扶贫。加强宣传教育，注重思想扶贫，理应摆在当前脱贫攻坚工作的重要位置。第二，用传统文化修“德”。要积极弘扬优秀传统文化，大力倡导乡风文明，深入开展“道德评议”“家风润万家”“星级文明户评选”等符合乡村实际的文明引领活动，加强道德教育，传播道德能量，遏制不良风气，移风易俗，让人心向善、人心向美，让道德精神成为激励贫困群众自立自强、自信自坚、脱贫致富的强大动力。第三，搞好示范引导，增添致富信心。身边的榜样最能打动人，最能激励人。各个基层党组织要注重用贫困户身边脱贫致富的典型帮助贫困群众树立起脱贫致富的信心。第四，加大技能培训，增强脱贫本领。治贫必先治愚、扶贫要先扶智，只有增强贫困群众的“自我智力造血”功能，才能彻底扭转贫困局面。

第四章

绿色产业：生态优先考量下的崛起之路

党的十八大以来，以习近平同志为核心的党中央把握时代大势，鲜明提出要坚定不移贯彻绿色发展的创新理念，以此指引我国产业转型升级，实现高质量发展。东兰县贯彻落实习近平总书记关于“发展是甩掉贫困帽子的总办法”的重要指示精神，坚持新发展理念，明确了“在发展中促脱贫、在脱贫中促发展”的脱贫攻坚总体思路，以绿色发展助力产业扶贫，探索绿色与扶贫的双规交融、互促互进的可持续发展模式。东兰县委县政府始终从资源禀赋、产业基础等基本县情出发，提出了“坚守生态优先底线，促进产业绿色崛起”的扶贫产业发展方针，多措并举促进产业的绿色发展，有效促进了县域经济稳定发展和农民持续增收，走出一条生态保护与产业发展“双赢”、经济增长与农民增收同步，具有东兰特色的产业扶贫新路子。

一、绿色发展：东兰产业发展的必由之路

2010 年东兰县提出“生态立县、旅游旺县、科教兴县、产业富县”的发展思路，坚持把生态保护放优先摆在突出位置，牢固树立

“绿水青山就是金山银山”的理念，坚定不移走产业发展生态化、绿色化道路。

（一）生态优先的主体功能区规划

东兰县地处桂西北，云贵高原南部边缘，红水河中游，是典型的喀斯特地区，其资源禀赋的基本特征可用“一少三多”[①] 来概括。独特的资源基础决定了东兰必须因地制宜地抓好谋划和落实，把培育长效稳定的产业作为推进脱贫攻坚的根本出路。

荒山变绿坡是东兰走产业绿色发展道路的前提条件。昔日的东兰，由于山多地少，长期以来在这片土地上休养生息的一代又一代人为生存而过度开垦，曾经是荒漠化、石漠化严重的地区。《东兰县志》资料表明，20 世纪 80 年代中期，在 9.53 万公顷的宜林山地中，有林面积仅为 3.54 万公顷，仅占 37.14%；2.67 万公顷石山中有灌木林的仅为 0.98 万公顷，只占 36.7%。进入 21 世纪，由于农村人口大量外出务工，农村中以电代材（燃料）的广泛应用，尤其是本世纪初退耕换林工程的实施，2000 年以来全县累计新增林地面积 3.04 万公顷，石山灌木平均覆盖率由 80 年代中期的 22% 上升到 2019 年 35%。全县 1.3 万公顷 25 度以上的陡坡耕地得到了有效保护。森林覆盖率由 2000 年年底的 62% 提高到 2011 年的 75.05%，2019 年进一步提高到 84.25%。这既是东兰县多年来坚持走“生态立县”发展道路的结果，也是脱贫攻坚中走产业绿色崛起之路的基础条件。

“珠江水塔”是东兰走产业绿色发展道路的客观需要。被誉为“珠江水塔”的红水河流经东兰县境有 115 公里，作为其上游的东兰肩负着保护好红水河流域生态环境、构筑珠江生态安全屏障的历史使

① “一少”指的是人均耕地少，尤其是人均水田面积少；“三多”是指可开发利用的山地资源多、文化旅游资源多、劳动力资源多。

命。同时，红水河也是东兰境内最大的河流，被誉为东兰的母亲河，保护好红水河流域生态环境也是东兰永续发展、造福子孙的千秋伟业。正是在这个意义上，国家、自治区以及河池市在主体功能区规划中，都把东兰县纳入重点生态功能区。坚持生态保护优先，守住绿色底线，在保护好环境的前提下适度开发，在开发中实现更好的保护，是东兰产业发展必循遵循的基本原则，也是可行的路径选择。

（二）资源禀赋决定下的产业选择

习近平总书记指出："推进扶贫开发、推动经济社会发展，首先要有一个好思路、好路子。要坚持从实际出发，因地制宜，理清思路，完善规划、找准突破口……要做到宜农则农、宜林则林、宜牧则牧、宜开发生态旅游则搞生态旅游，真正把自身比较优势发挥好，使贫困地区发展扎实建立在自身有利条件的基础之上。"[①] 按照习近平总书记关于贫困地区扶贫产业发展的这一要求，东兰积极探索构建具有自身特色的扶贫产业体系。

1. 绿色：产业发展思路

"山清水秀生态美"是东兰一张亮丽的名片，是东兰的形象品牌。东兰产业发展的优势在于生态，发展的潜力和希望在绿色。东兰县紧紧抓住打造"国家生态保护与建设示范区"的机遇，以市场为导向，以转变农业发展方式为主线，突出发展绿色生态种养业、特色农产品精深加工业以及文化旅游业，构建独具东兰特色的扶贫产业体系，促进东兰扶贫产业的绿色崛起。

脱贫攻坚战打响伊始，东兰县就初步形成了"一村一品、几村一品，一乡一业，邻乡同业"的扶贫产业发展思路，强调重点培育发

① 中共中央党史和文献研究院：《习近平扶贫论述摘编》，中央文献出版社2018年版，第57页。

展富硒米、山茶油、核桃、板栗、桑蚕、东兰乌鸡、黑山猪、黑山羊、红水河鱼、乡村旅游等十大特色优势产业。2017 年，根据广西壮族自治区关于“特色产业富民行动”的总体部署和河池市委、市政府“十三五”期间推进“十大百万”扶贫产业发展的工作要求，东兰县进一步理清产业扶贫工作思路，以“县有扶贫支柱产业、村有扶贫主导产业、户有增收项目”为目标导向，提出“核桃抓管护、油茶抓扩种、板栗抓低改、水果抓示范、养殖抓基地”的具体实施路径，深入推进“户均一亩板栗、一亩核桃、一亩油茶、人均一头黑山猪、百只乌鸡”扶贫产业工程，初步构建起县级“5+2”（即核桃、板栗、油茶、东兰乌鸡、桑蚕和肉猪、富硒米）的产业发展格局，为全县顺利脱贫摘帽夯实产业基础。与此同时，东兰县注重加快生态工业转型升

图 4-1　东兰县墨米产业核心示范区

级。推进长寿生态食品加工园建设，创新发展茧丝绸、长寿保健酒、健康饮用水、山茶油加工等生态资源型加工企业，蚕丝毯、蚕丝衣、腊三珍、东兰墨米贡酒等荣获广西名特优农产品交易会银奖，“春瑶”牌山茶油荣获中国国际健康长寿养生养老产业博览会金奖，东兰墨米酒成为国家地理标志保护产品。

2. 融合：产业发展路径

在现代市场经济条件下，产业融合是推动乡村产业现代化发展的可行路径，也是贫困地区促进传统产业转型升级的重要措施。“十三五”期间，东兰县依托“山清水秀生态美”的生态优势和“世界铜鼓之乡”“将军之乡”“中国长寿之乡”“板栗之乡”“中国三乌鸡之乡”的美誉，以打造广西特色旅游名县、国家全域红色旅游示范县、世界鼓文化博览基地、国家级健康旅游示范基地、国家5A级红色旅游景区、世界长寿养生度假旅游目的地为发展目标，发挥旅游产业关联度高、带动性强的优势，以“旅游+”为抓手，促进旅游业与相关产业融合发展，推动东兰产业转型升级，重点培育东兰六大特色旅游产业：“旅游+农业”“旅游+工业”“旅游+服务业”“旅游+体育”“旅游+文化影视”“旅游+康养”。抓住打造全域旅游这一重大机遇，东兰县将扶贫产业融入全县旅游产业体系中统筹谋划，重点推进“农旅融合”和“文旅融合”，促进一二三产业的有机融合。如“旅游+农业”，重点发展乡村旅游、休闲农业、特色农业等；再如“旅游+工业”，重点打造铜鼓小镇、科技体验旅游、农产品精深加工等，为扶贫产业的可持续发展注入新动能。

3. 实效：产业发展目标

在扶贫产业发展目标上，东兰提出了“短期能增收、长期能致富”的明确要求。精准扶贫“五个一批”中的“产业发展脱贫一批”，其出发点和落脚点在于“通过扶持发展特色产业，实现就地脱贫”[①]。在推进产业扶贫过程中，坚持因村因户因人精准施策，让产业扶贫取得“实”效，是确保“扶贫成效精准”[②]和“脱贫结果真实”[③]，实现高质量脱贫的重要保证。东兰积极探索“扶贫产业精准”[④]的有效路子。一方面，对有劳动能力、有产业发展资源条件的贫困户，通过加大“产业奖补”力度，积极引导他们大力发展东兰“三乌鸡”、黑山猪、黑山羊、富硒米和桑蚕等短期可以“吹糠见米”的扶贫产业项目，确保贫困户短期内实现增收脱贫。而对于那些有劳动能力、无发展产业资源条件的贫困户，则利用东西部扶贫协作的平台，加大组织劳务输出力度，帮助他们实现转移就业脱贫。另一方面，在注重“短期能增收”的同时，东兰立足于贫困人口“长期能致富”，突出抓好县级“5+2”特色扶贫产业的培育壮大，通过建立特色农产品加工园区，引进龙头企业，加大科技投入，发展核桃、油茶、板栗等农产品精深加工，延伸产业链条，促进特色扶贫产业的可持续发展，为贫困人口可持续致富奠定基础。

二、创新驱动：东兰推动产业绿色发展的主要措施

创新驱动是贯彻新发展理念的内在要求，是经济新常态下促进产业持续稳定发展的制胜法宝。东兰县在绿色减贫理念的基本导向下，

---

① 中共中央党史和文献研究院:《习近平扶贫论述摘编》，中央文献出版社2018年版，第66页。

② 中共中央党史和文献研究院:《习近平扶贫论述摘编》，中央文献出版社，2018年版，第74页。

③ 中共中央党史和文献研究院:《习近平扶贫论述摘编》，中央文献出版社，2018年版，第77页。

④ 中共中央党史和文献研究院:《习近平扶贫论述摘编》，中央文献出版社，2018年版，第74页。

完善绿色产业发展政策体系、推动生产要素集聚、创新发展模式和发展路径等方面的举措，依照东兰资源特征构建绿色产业扶贫体系，促进产业的绿色崛起。

（一）强化绿色减贫政策引领

在大石山地区，实施退耕还林是绿色减贫的一项重大措施。自2001年以来在中央、自治区有关部门的支持下，东兰县实施了三轮退耕还林工程。为确保退耕还林取得实效，东兰县出台了《东兰县退耕还林工程实施办法》《东兰县乡镇退耕还林工程资金管理办法》《东兰县退耕还林工程配套封山育林项目实施方案》《东兰县退耕还林工程后续管理办法》等一系列规范化文件，明确了县、乡镇两级政府和退耕还林户的权利、责任和义务等。在“十三五”期间实施的新

图 4-2　东兰县板栗产业核心示范区鸟瞰图

一轮退耕还林工程中，东兰出台了《东兰县新一轮退耕还林工程实施方案》，除了继续实施原有政策之外，还进一步明确规定了实施的范围、实施规模（4266.7 公顷）、补助标准及具体实施办法等。至今为止，东兰县累计获得中央、自治区退耕还林补助资金 5.851 亿元资金，加上县里自筹的 0.615 亿元，共投入资金 6.466 亿元，完成退耕换林面积 2.613 万公顷，其中退出耕地造林 0.893 万公顷、配套封山育林 0.733 万公顷、配套荒山荒地造林 0.987 万公顷，极大改善了全县生态环境。

值得指出的是，东兰在实施退耕还林工程中，重点鼓励群众利用退出的耕地发展当地具有比较优势的核桃、油茶和板栗等经济作物，取得了生态改善、产业发展、农民增收、农业增效和农村可持续发展的综合效益。

（二）推动生产要素集聚

产业发展是多方因素共同作用的结果。资源禀赋是产业发展的最初诱因，资金、技术、人才等要素集聚是产业发展的必要条件。在现代市场经济条件下，生产要素的集聚，虽然是市场起决定性作用的，但政府的作用也是不可替代的。贫困地区产业基础薄弱，集聚生产要素能力差是不争的事实，因而扶贫产业的发展更需要得到政府的大力扶持。东兰是打赢脱贫攻坚战中广西认定的 20 个深度贫困县之一，2014 年前人均地区生产总值一直在 10000 元以下，且其在广西 111 个县（市、区）中排名均为倒数第 2 位，2015 年才首次突破万元，排名升至倒数第 3 位。这与其地处偏远山区，远离中心市场（距广西首府南宁直线距离为 280 公里），且一直没有通二级以上的等级公路，交通条件极差，难以吸引外部生产要集聚密切相关。

进入“十三五”，东兰县抓住脱贫攻坚这一最大的发展机遇，从完善基础设施、推进招商引资、实施产业奖补、推动绿色减贫以及财政资金整合使用投入等方面，将各类生产要素投向特色扶贫产业发展上。

1. 强化基础设施支撑

基础设施是一个地区经济和社会发展的基础性、关键性资源，既影响生产要素在区域内集聚，也影响区域内产业的空间布局。生产要素集聚的载体是企业，完善交通等基础设施，为企业提供完善的公共服务，做好“筑巢引凤”这篇大文章，是促进产业发展的重要前提条件。

“十三五”期间，东兰县提出了打通连接外部主干道、疏通内部“毛细血管”，打造区域交通枢纽、提高道路等级、完善公路交通网络体系，建设连接周边县市高速路或二级以上公路，建设乡镇间联网公路和重点旅游景点景区公路，协调推进河池至百色高速公路建设，全面增强交通运输服务能力和效率，为经济社会发展提供安全、畅达、便捷、舒适、环保的交通运输服务的目标。通过几年来的努力，建成河池至百色高速公路，圆了老区人民的“高速梦”，使东兰到首府南宁的通行时间由原来的6—7小时缩短到4小时，东兰到区域中心的河池市、百色市缩短至2小时以内。与此同时，实施乡镇路网提级改造工程，修通了全县14个乡镇三级以上等级路，部分乡镇还形成了环线贯通。此外，投入资金79884.07万元实施“屯屯通好路”工程，建设村屯道路（含产业路）1811条2619.7公里，于2015年率先在广西实现147个行政村全部通硬化路基础上，1481个20户以上自然屯全部通硬化公路基础上，实现3613个自然屯全部通硬化路的目标，历史性地解决了近20万人的行路难问题，为扶贫产业发展提供了便利条件。

2. 整合涉农资金使用

加大扶贫资金整合力度，是习近平总书记对加大扶贫资金投入的重要指示。东兰县按照“渠道不变、充分授权，以县为主、权责对等，精准发力、注重实效”的原则，全面贯彻中央和自治区关于优化财政涉农资金供给机制，统筹整合安排财政涉农资金的要求，以脱贫规划为引领，以重点项目为平台，把目标相近、方向类同的涉农资金统筹整合使用。通过统筹整合使用财政涉农资金，形成“多个渠道引水、一个龙头放水”的扶贫投入新格局。以 2018 年度为例，整合使用的中央财政涉农资金包括财政专项扶贫资金、农田水利设施建设和水土保持补助资金等 19 项共 25145.25 万元，整合自治区层面的项目资金包括财政专项扶贫资金、旅游发展专项资金、村级公益事业建设“一事一议”财政奖补资金等 24 项共 11522 万元，统筹使用于农业生产发展、基础设施建设及其他与扶贫相关的项目。其中，投向特色产业扶贫的资金达 11107.41 万元，农村基础设施 22108.11 万元。

3. 推进招商引资落实

推进招商引资，以项目为载体引进境内外的资金、技术、人才等要素落地生根，是贫困地区促进产业发展的可行路径。东兰县是全国扶贫开发重点县，还是广西深度贫困县，产业发展相对滞后，招商引资无疑是其加快产业发展，助推脱贫攻坚的一条捷径。脱贫攻坚战打响伊始，东兰县坚持新发展理念，以落实“自治区开放发展大会（2016 年 11 月）”精神为契机，抢抓左右江革命老区振兴规划实施、自治区推进巴马长寿养生国际旅游区建设等重大机遇，把招商引资作为加大对外开放的重要抓手，确立了“以大开放带动大招商，以大项目拉动大建设，以大投入推动大发展”的工作思路，不断加大招商引资工作力度。近两年来，突出以落实自治区推动“四企即：央企、民企、湾企（粤港澳大湾区）、外企”入桂活动为重点，创新推进精准招商、专题招商，把招商引资工作推上新台阶，有力推动经济社会加快发展，为扶贫产业发展注入了强大动力。

在推进招商引资工作中，东兰县结合深化政府“放管服”改革，把优化营商环境作为招商引资工作的第一要务，出台《东兰县优化营商环境若干政策》（兰政规〔2018〕4号），从用地保障、财税扶持、企业入园（工业园区）、人才引进等方面对招商引资项目建设给予大力扶持。分析东兰出台的招商引资政策，其特点有：

一是注重规模效应。东兰原有企业规模较小，“规上”企业不多，产业“小散弱”问题突出，如果引进的项目不达到“规上”要求，产业的聚集度不高，这将不利于产业的优化升级。为此，东兰在招商引资中，对外来投资者提出了投资规模要求。如总则第二条规定：“本政策适用于在我县辖区范围内投资及注册纳税且年销售收入超2500万元以上规模的企事业单位、社会团体及个人。”这意味着招牛引资的项目其年销售收入至少应达到2500万元，以利于引进项目上规模化、上水平，促进产业的规模化发展。

二是重点扶持特色优势产业发展。为促进特色优势产业发展，东兰加大外来资本投向本县特色优势产业项目的扶持力度。如第四条规定：“投资我县主打产业（即重点扶持发展的产业）含粤桂协作扶贫产业、食品加工、中药业、纯天然饮用水、冷链行业等项目的企业用地可实行全国最低价工业用地价供地，或采用前三年先划拨供地，三年后或正常经营后按成本价协议出让。”再如第六条规定：“新建固定资产投资在2000万元及以上的农业农产品加工项目、大型物流类（占地200亩及以上）项目，总投资1亿元及以上的大健康旅游（含四星级以上酒店等配套）开发项目，固定资产投资在5000万元及以上的工业项目可优先解决用地指标。”这些政策有利于将招商项目引导到东兰重点发展的产业上，有利于促进特色优势产业的发展。

二是突出补齐本县的产业链短板。电商平台、物流体系等相关配套发展滞后，是东兰产业发展中的突出短板，这也是导致其产业竞争力不强的原因所在。为此，东兰在补齐这些短板上发力，出台了相关奖励政策鼓励产业发展，例如第二十一条对新引进符合《西部地区鼓励类产业目录》的物流企业制订奖励标准及第二十二条对在东兰设立的电商企业制订奖励标准，具体表 4-1 所示。

表 4-1　电商及物流产业奖补部分条例

奖补类型	奖补条件		奖补标准
对新引进符合《西部地区鼓励类产业目录》的物流企业（第二十一条）	投资额达 1000 万元以上		按投资额的 10% 给予一次性奖励（最高不超过 200 万元）
	世界 100 强物流企业和国内 50 强物流企业	在东兰县设立省级区域总部	一次性奖励 300 万元
		设立跨省区域总部	一次性奖励 1000 万元
在东兰设立的电商企业（第二十二条）	销售该县单一农特产品且年网络销售额	不低于 500 万元	一次性奖励 15 万元
		不低于 1000 万元	一次性奖励 25 万元
		不低于 2000 万元	一次性奖励 50 万元
		首次突破 5000 万元	一次性奖励 100 万元
	电子商务示范企业或园区	国家认定	一次性奖励 100 万元
		自治区商务部门认定	一次性奖励 50 万元

得益于交通基础设施的不断完善和招商引资政策的出台并实施，“十三五”期间东兰县的招商引资成绩喜人，招商引资内资资金到位分别为：2016 年完成 17.32 亿元，2017 年为 16.15 亿元，2018 年为 36.28 亿元，2019 年为 23.01 亿元；引进的外资累计到位 2464.51 万美元。2016 年以来共引进项目 21 个，其中，与扶贫产业直接相关的项目 6 个，总投资 63390 万元。通过招商引资引进的广西立腾农牧发展有限公司、广西东兰贵隆生态农业科技有限公司、广西渝桂农业开

发有限公司等，积极探索“公司＋农户＋基地”的运作模式，通过资金入股、托管托养、反包倒租等方式带动建档立卡贫困户发展肉鸡、食用菌、花椒等特色种养产业。由深圳市金肯科技有限公司投资建设的东兰县长寿生态食品公司，其主要业务是农副产品精深加工，项目总投资为5000万元，已经开始投产运营。上述项目的投产运营，有力推动了东兰绿色产业的发展

图4-3　东兰县生态食品加工园已经投入使用的一期厂房

（三）创新产业扶贫发展模式

东兰县地处偏远山区，长期以来市场信息“阻隔”现象严重，传统农业生产的路径依赖突出，农业现代化发展相对滞后。脱贫攻坚中，为促进特色扶贫产业发展，东兰积极探索与现代农业发展相适应的新路径。

1. 基地示范引领

建设现代产业示范区（点），构建“示范——引领”机制，是推动贫困地区扶贫产业持续健康发展的一个重要举措。这是因为贫困地区本来产业发展的基础就很薄弱，加上作为产业发展主体的贫困人口文化水平比较低、技术水平不高、市场竞争意识不强等，这些因素都会影响到贫困群众发展扶贫产业的积极性。2016 年以来，东兰县坚持高标准、高规格、高质量的目标要求，按照“创特色、建基地、强龙头、树品牌、活流通、促增收”的思路，做活生态农业、特色农业、循环农业、品牌农业文章，加强“四级（即自治区级、县级、乡镇级和村级）”现代特色农业示范基地建设，打造包括黑山猪、乌鸡、油茶、板栗、核桃、桑蚕等一批示范基地，使之成为精准扶贫产业发展核心集聚区、生态循环农业样板区、“三品一标”认证区、体制机制

图 4-4　东兰县广西乌鸡繁育中心基地全景图

创新试验区。截至 2020 年 10 月底，全县已获得认定的自治区级现代特色农业示范区 5 个，县级示范区 5 个，乡级示范园 24 个，村级示范点 119 个。2020 年全县新创建各级现代特色农业示范区 63 个，其中自治区级 5 个、县级 2 个、乡级 15 个、村级 41 个。如今，全县已形成一批产品特色鲜明、竞争优势明显、示范带动效应突出、经济效益良好、扶贫效果显著的现代特色农业示范基地，引领全县现代特色农业加快发展。

2. 培育新型经营主体

农村致富带头人是乡村先进生产力的代表，是促进乡村产业振兴的骨干力量、充分发挥其先富帮后富的作用，促进贫困人口持续稳定脱贫、进而逐步实现共同富裕的必然选择。东兰县高度重视致富带头人的培育工作，2016 年 6 月就出台了《东兰县扶贫创业致富带头人培育工程实施方案》，要求按照“脱贫带穷户、先富帮后富”的基本理念和“政府主导、多方参与、产业引领、精准培养”的基本途径，紧扣“能力培训、孵化创业和带动增收”三大环节，通过科学有效的工作机制和强有力的政策扶持，培养一大批创业能成功、带动有成效的贫困村创业致富带头人，最终实现帮助扶贫对象增收脱贫。该实施方案从培养对象的确定、培训机构选定、培训方式、跟踪孵化创业、政策扶持、致富带头人的帮带责任及监督管理等方面提出了具体要求。2019 年将试行了三年的实施方案修改完善为《东兰县扶贫创业致富带头人激励办法（试行）》，以政府规章形式颁布实施。至 2020 年 10 月，全县 90 个贫困村共培育了 450 名致富带头人，这些人对贫困村的产业发展起到了“领头羊”的作用。

★专栏 4-1★

致富带头人：种桑养蚕共富裕

花香乡大乐村上村屯韦铭山就是其中的典型代表。花香乡大乐村上村屯地处大石山区，和其他大石山区一样，上村屯的基本村情是人均耕地少、土地贫瘠。早在 2002 年，韦铭山抓住“东桑西移”的机遇，通过自学相关桑蚕种养知识，初步掌握相关技术后，尝试开始种了 4 亩桑树养蚕，成为该村第一个“吃螃蟹”的人，并尝到了甜头。到了 2006 年，韦铭山又租地种下 6 亩桑，桑园面积达到 10 亩。在 2011 年投资 4 万多元建起了大蚕房，从此韦铭山家每年养蚕收入均在 10 万元以上，成为远近闻名的致富能人。2014 年 5 月，韦铭山组织该村 29 户农民成立“东兰县花香乡铭山桑蚕养殖专业合作社”，组织群众规模化、集约化、规范化种桑养蚕。2017 年实施“扶贫创业致富带头人培育工程”后，韦铭山在相关政策的扶持下，他带头创办的合作社得到更快发展，2019 年全村种桑养蚕农户 598 户，桑园面积 1805 亩，产值 418.8 万元，养蚕户户均增收入 7003 元，合作社总收入达 26 万多元。在韦铭山及其专业合作社的带动下，该村全部贫困户在 2018 年全部实现了脱贫。

3. 电商及物流引领

市场经济是以满足消费者需求为导向的经济，实现产销对接是其核心要义。从这个意义上看，促进产供销一体化，是贫困地区扶贫产业发展必须跨越的“一道坎”。脱贫攻坚以来，东兰县不断完善电子商务公共服务体系和物流体系建设，加强农产品产销对接。截至 2018 年年末，全县建立起县、乡、村纵向一体的物流服务体系，县级层面建成县服务中心和物流配送中心，建成乡（镇）级电子商务服务站 13 个，覆盖率 100%；村级服务点 100 个，覆盖 109 个行政村，覆盖率 89%，其中有 61 个站点建在贫困村。乡（镇）村电子商务服务站点与乡（镇）村物流配送站点合并建设并已运营。已开通的物流线路，从县城至村点的快递不超过 48 小时。电子商务的不断完善，加快了农产品流通渠道，进一步推动特色产业发展。

近年来，消费扶贫在各地迅速发展起来。东兰县及时抓住这一机遇，加快推进消费扶贫。出台《东兰县 2020 年度特色农产品产销对接方案》（兰政办发〔2020〕17 号）。通过采取电子商务营销、帮扶企业促销、贫困户组销、商业流通企业承销等形式，实现农产品与市场精准对接，构建便捷、高效、稳定的农产品销售渠道，确保贫困群众持续增收。2020 年 3 月 24 日副县长凌云“化身”网络主播，以

图 4-5　凌云副县长为东兰土特产进行网络直播

“直播带货”促销东兰扶贫产品，成交产品订单465份，销售总额达32066元。此外，还借力东西部扶贫协作平台，与深圳有关机构签订“消费扶贫”协议，仅2020年4月，鸳鸯谷网和本来生活网采购东兰的扶贫产品金额就达到180多万元。

4. 政策激励引领

以产业奖补政策激励贫困群众积极参与扶贫产业发展过程，并从中直接受益是东兰推动特色扶贫产业发展的有效途径之一。在总结2016—2018年实施产业奖补工作基础上，2019年又东兰县出台了《东兰县实施以奖代补推进特色产业扶贫工作方案》（兰办发〔2019〕59号）和《东兰县调整实施以奖代补推进特色产业扶贫工作方案》（兰办发〔2019〕106号），进一步加大对县级“5+2”、村级“3+1”特色产业发展的扶持力度，同时进一步明确奖补对象，使之覆盖到所有建档立卡贫困户（包含2014—2015年退出户），仅2019年就发放奖补资三批，金额约3577.73万元，补助范围涉及板栗、油茶、核桃、黑山猪（肉猪）等特色种养业，覆盖全县所有行政村，惠及20123户贫困户。这一政策的实施，极大提高了贫困群众参与特色扶贫产业发展的积极性。此外，为了促进油茶产业发展，东兰县还专门设立了1000万元的油茶产业专项补助基金，对列入计划、具有一定规模并经有关部门验收合格的油茶示范林，政府通过以奖代补方式给予补助。其中，集中连片300亩以上（含本数）的新造油茶林补助900元/亩（含种苗），集中连片3亩以上的新造油茶林补助500元/亩，对符合新一轮退耕还林条件的新造油茶林地，将申报上级按退耕还林标准予以补助。高标准集中连片改造10亩以上的低产油茶林补助200元/亩，在连片新造300亩以上油茶基地内新修机耕路的给予补助3.0万元/公里。这些产业奖补政策的实施，对东兰发展特色扶贫产业发展起到了积极的推动作用。

三、多重效应：东兰产业绿色发展的突出成效

东兰县以绿色产业发展统筹经济、生态、社会发展，因地制宜培育具有发展潜力的长效可持续脱贫产业，走资源高效利用和环境友好的可持续扶贫道路，既使产业减贫成效日益凸显，有效巩固了脱贫攻坚成果，更实现了经济发展和环境保护协调推进的高质量发展。

（一）绿色产业规模不断扩大

通过几年来的努力，东兰县的绿色产业规模不断扩大。截至2020年10月，东兰县绿色产业发展状况如表4-2和表4-3所示，其中，核桃种植面积达到28.9万亩，预计年产量4吨，总产值12万元；板栗种植面积达32.5万亩，预计年产量达到2.0万吨，总产值1.2亿元；油茶种植面积达到29.5万亩，改造低产油茶林1.8万亩，预计年油茶籽总产量6600吨，总产值2.2亿元；桑园总面积达到5.1万亩，预计年产量4000吨，总产值18506万元；中草药种植面积达到1.9万亩，预计年产量达60吨，总产值1863万元；特色水果面积达到5.68万亩，预计总产量34200吨，总产值10260万元。

表4-2　东兰县种植业发展情况

品　名	种植面积（万亩）	预计产量（吨）	产值（万元）
核　桃	28.9	4	12
板　栗	32.5	20000	12000
油　茶	29.5	6600	22000
桑　树	5.1	4000	18506
中草药	1.9	60	1863
特色水果	5.68	34200	10260

资料来源：根据东兰县资料整理。

从表 4–2 看，东兰县绿色种植业初具规模，效益也逐步显现。其中，油茶产业产值最高达到 2.2 亿元，桑树、板栗的产值也达到一亿多元，优势凸显。表 4–3 中东兰乌鸡（肉鸡）养殖 300 万羽，总产值 1.35 亿；黑山猪养殖 6 万头，预计总产值 1.2 亿元；黑山羊存栏 8 万只，预计总产值 6400 万元；水产养殖面积 1.6472 万亩，预计水产品产量 4305 吨，总产值 4966 万元。

表 4–3 东兰县养殖业发展情况

品 名	养殖规模	产值（万元）
东兰乌鸡（肉鸡）	300（万羽）	13500
黑山猪	6（万头）	12000
黑山羊	8（万只）	6400
水产养殖	4305（吨）	4966

资料来源：根据东兰县资料整理。

与此同时，文化旅游产业也得到快速发展，“红色革命文化教育 + 旅游服务业”“自然生态旅游观光 + 旅游服务业”“生态农业观光 + 特色农产品加工 + 旅游服务业”“特色民族文化传承 + 旅游服务业”等产业形态初步形成，全县建成板文村、四合村、英法村 3 个自然生态观光旅游示范村，东里村、切学村、信河村 3 个生态农业观光旅游示范村，1 个特色民族文化旅游示范村（巴英村），直接或间接带动 1100 多户贫困家庭 4651 人实现致富增收。

（二）综合经济实力显著提升

脱贫攻坚的深入推进，有效带动全县产业的发展，基本实现“在发展中促脱贫、在脱贫中促发展”的目标。东兰县综合经济实力显著提升，2019 年地区生产总值为 41.51 亿元，在全区排名第 104 位（全

图 4-6　生态农业观光旅游示范村——东里村新貌

区县域单位，含市辖区共 111 个单位），同比增长 5.8%，增速在全区排名为 75 位；人均 GDP 为 18376 元，在全区排名 105 位，同比增长 5.1%，增速排名为第 69 位；财政收入 3.4 亿元，全区排名 103 名，同比增长 3%，在全区排名为 73 名；规模以上工业增加值增速 14%，全区排名 33 名；城镇居民可支配收入为 25692 元，在全区排名 105 位，同比增长 7.7%，在全区排名第 26 名；农村居民可支配收入为 8859 元，在全区排名 109 位，同比增长 11.1%，在全区排名第 8 名。从表 4-4 可知，东兰县的地区生产总值从 2011 年的 180527 万元，增加到 2019 年的 415121.86 万元，名义增长达到 129.29%。同时还应看到，2019 年东兰县各项经济指标的绝对值在全区排位总体上依然靠后，但其增长速度的排名则相对靠前，尤其是农民人均纯收入增速排名名列全区第 8 位。可见，脱贫攻坚对东兰的发展起到了有力的推动作用，其综合经济实力得到了显著的提升。

表 4-4　东兰县 2011—2019 年 GDP 增长情况

年份	GDP（万元）	GDP 指数（上年为 100）
2011	180527.00	102.00
2012	177957.34	108.83
2013	193818.53	108.83
2014	206350.93	108.10
2015	237640.39	106.68
2016	260279.49	107.60
2017	284016.03	108.30
2018	319812.00	110.40
2019	415121.86	129.29

资料来源：Wind。

（三）产业减贫效应日益凸显

首先是特色扶贫产业的覆盖面广。“县有扶贫支柱产业、村有扶贫主导产业、户有增收项目”产业扶贫新格局基本形成，“户均一亩板栗、一亩核桃、一亩油茶，人均一头黑山猪、百只乌鸡”扶贫产业目标基本实现。全县建档立卡贫困户（含动态调整数据）为 24071 户，扣除完全丧失劳动能力（或生活自理能力）和全部劳动力均长期外出务工（或自主创业）贫困户 3883 户，应通过发展产业实现脱贫目标的建档立卡贫困户为 20024 户，参与发展“5+2”特色扶贫产业的有 19859 户，乌鸡（肉鸡）、食用菌产业等特色产业更是走进了千家万户，“5+2”特色产业覆盖率达到 99.19%。各乡镇特色产业覆盖率如图 4-7 所示。

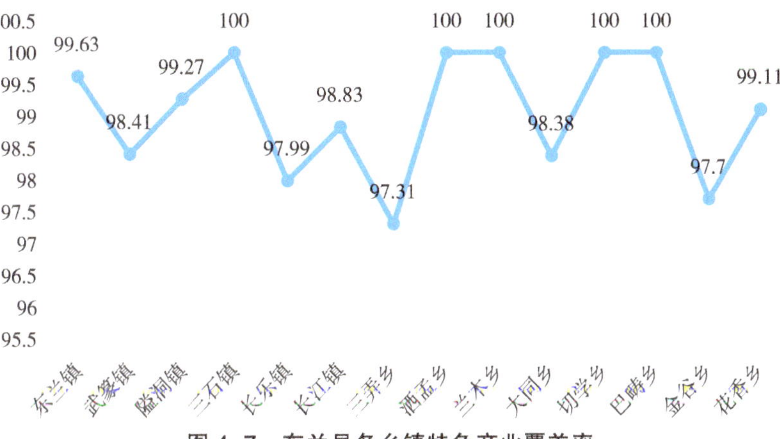

图 4-7　东兰县各乡镇特色产业覆盖率

资料来源：根据东兰县资料整理。

其次，农民人均可支配收入显著提高。据东兰县2013年统计资料提供的数据表明，2011年该县的农民人均纯收入为3367元，2015年提高到6074元，2019年为8859元，比2015年增长了45.85%，比GDP增长速度高了14.22个百分点。2011年至2019年东兰县农村居民人均可支配收入如图4-8所示。

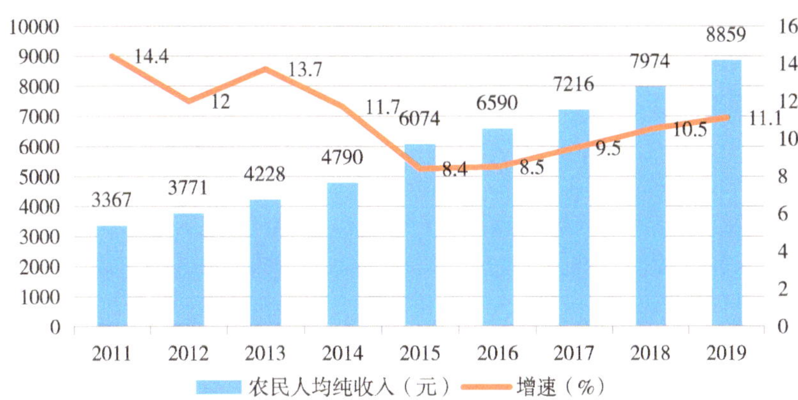

图 4-8　2011 年至 2019 年东兰县农村居民人均可支配收入增长情况

资料来源：根据东兰县资料整理。

最后，减贫速度逐年加大。2015年精准识别后的贫困人口为66441人，贫困发生率23.4%，到2019年贫困发生率下降至1.66%，

2020 年和全国一样如期实现贫困人口全部脱贫目标。

（四）“生态美”品牌更加亮丽

在推进扶贫产业过程中，东兰县坚持“生态立县、产业富县”发展战略，把生态环境建设摆上首位抓紧抓好，取得了显著成效。东兰县在近年来先后被评为中国长寿之乡、中国最佳养生休闲旅游目的地、中国最佳绿色生态县、中国森林养生基地、国家森林康养基地、广西森林县城、全区新型城镇化建设示范县等荣誉的基础上，2020 年被自治区环保厅评为“自治区级生态县”，开创了高质量脱贫与生态环境建设高质量发展的崭新局面。全县 14 个乡镇有 10 个被评为自治区级生态乡镇，147 个村有 121 个被评为自治区级生态村，2 个镇获评广西养生养老小镇，5 个自然屯获评美丽广西乡村建设绿色村屯。东兰“山清水秀生态美”的品牌越来越亮丽。

★专栏 4-2 ★

东兰县绿色循环经济

2019 年引进的广西东兰贵隆生态农业科技有限公司，是一家集食用菌栽培、加工、销售于一体的生态农业企业，主要利用东兰板栗老树枝杆，加工有机食用菌棒，实现菌棒原料本地化。公司投资 6500 万元建立起 300 亩的食用菌基地，建成食用菌棚 43 个（200 平方米 / 个），年产菌棒 600 万棒，预计年产量鲜菇 10000 吨。该公司采取“公司 + 合作社 + 基地 + 农户”组织模式，推行五个统一（即统一生产技术规范、统一农资物品供应、统一产品质量、统一品牌包装、统一市场销售）经营方式，产品主要向往深圳等粤港澳市场，实现了引进一家企业、培育一个产业，带富一方百姓的产业发展目标。

四、价值借鉴：东兰推动绿色产业发展的经验启示

在脱贫攻坚中，东兰县积极探索符合自身实际的产业扶贫之路，为实现高质量脱贫奠定了坚实基础。总结东兰推动产业绿色崛起的经验，不仅对同类地区的产业发展具有借鉴意义，而且对东兰接续推进实施乡村振兴战略中，促进产业振兴同样具有启迪价值。

（一）坚持绿色发展底线

发展产业不仅是脱贫攻坚中确保贫困人口实现“一达标（即收入超过国家贫困线标准）”的治本之策，也是实施乡村产业振兴中，确保村民持续稳定增收，实现生活富裕的关键之举。习近平总书记指出：“以绿色发展引领乡村振兴是一场深刻的革命。”[1] 在贫困地区发展扶贫产业，首要的一条就是如何从自身实际出发，以市场为导向，选择好产业发展方向。只有选对了产业，扶贫产业才有持续稳定发展的“韧劲”。东兰县基于自身属于国家重要生态功能区的发展定位和人均耕地面积少、可利用的山地资源多、森林覆盖率高等资源禀赋特点，秉持绿色发展理念，坚持生态立县发展战略，把绿色种养业作为扶贫产业发展的主攻方向。突出把核桃、油茶、板栗、桑蚕等和东兰乌鸡（肉鸡）、黑山猪养殖等产业做强做大，与此同时，还依托丰富的文化旅游资源，走“文旅融合”“农旅融合”的产业发展路径，把坚持绿色发展的各项政策举措落实落细，不仅有效提高了贫困人口的收入，实现全部贫困人口如期脱贫摘帽，还为下一步的产业振兴奠定了坚实基础。东兰产业扶贫的实践启示我们，坚持从贫困地区的实际出发，选择符合自身特点的产业扶贫之路，是贫困地区产业发展的有

① 中共中央党史和文献研究院：《习近平关于“三农”工作论述摘编》，中央文献出版社 2019 年版，第 112 页。

效途径。在未来的乡村振兴中，欠发达地区只要能在现有基础上，坚持以绿色发展来引领，加快生产方式和生活方式的转变，不断增强脱贫地区绿色产业的市场竞争力，乡村产业的绿色振兴之路就会越走越宽广。

（二）着力补齐基础短板

脱贫攻坚战之前，东兰县产业发展基础薄弱，其中最突出的制约因素在于交通基础设施落后，连接内外部的道路不畅通，导致生产成本、交易成本偏高，既影响生产要素流向东兰，也影响到其商品流通，从而制约产业发展。脱贫攻坚中，东兰县一方面积极配合自治区完善广西高速公路网建设，于 2018 年年底修通了河（池）—百（色）高速公路，畅通了外部通道；另一方面投入资金近 8 亿元实施“屯屯通好路”工程，完成全县 3600 多个自然村的硬化路建设，同时还实施部分乡镇的环线公路和产业路建设，极大改善了城乡交通基础设施，为扶贫产业发展创造了良好条件。东兰县着力补齐基础设施短板，夯实产业发展基础的经验再次验证了“要致富先修路”的普遍规律。脱贫攻坚战圆满收官之后，脱贫县要实现脱贫攻坚成果巩固拓展同乡村振兴的有效衔接，仍需聚焦补齐制约产业发展的基础设施短板，尤其要按照“四好农村路”的要求，在建好农村道路的基础上，把工作重点放在管好、用好和维护好农村道路之上，突出加强产业基地的道路和物流体系建设，不断夯实产业振兴的基础。

（三）完善利益联结机制

产业组织化程度低，龙头企业、专业合作社以及农户等主体之间利益联结机制不完善，是贫困地区推进扶贫产业发展过程中的突出“弱项”。为破除制约扶贫产业发展的这一体制机制障碍，东兰县

图 4-9　河池至百色高速公路

加快培育新型经营主体，探索“企业 + 基地 + 贫困户”“合作社 + 贫困户”等多种形式的利益链接机制，为扶贫产业的健康发展注入了活力。如东兰县墨米产业核心示范区就采取的是“公司 + 合作社 + 基地 + 农户”经营模式，示范区内有 4 家公司、7 家农民专业合作社及 1 家家庭农场共同参与建设。这些新型经营主体带动了核心区 2984 户农户，拓展区 8552 户农户发展富硒米产业，有效解决了示范区内 545 个贫困户产业发展难的问题。东兰通过培育新型经营主体，构建各参与主体利益联结机制的成功经验表明，培育壮大龙头企业，规范发展专业合作社，完善“龙头企业 + 专业合作社 + 农户”的产业组织形式，让各参与主体形成紧密的合作共赢利益共同体，是破解贫困地区产业发展难的有效途径。在乡村振兴中，各地仍需结合实际不断探索完善各类新型经营主体与农户之间的利益联结机制的新路子，构建起“公司带合作社”“合作社带农户”，彼此之间利益联结更加紧密的“抱团”发展新格局。

★专栏 4-3 ★

发展特色产业　走出扶贫新路子[①]

定安村位于广西壮族自治区河池市东兰县长乐镇东部，是一个典型的中国西部石漠化地区的穷山村。近年来，定安村紧紧围绕全县“7+2”特色产业发展思路，再结合本村的实际情况，坚持“产业立体，种养结合、循环发展”的理念，提出了以产业园为依托，特色品种鸡养殖产业为主导，劳务输转、核桃种植、山茶油种植、板栗种植、食用菌种植和蜂蜜养殖为补充，农村产业扶贫项目等为支撑的“3+2+X”发展思路，探索出了一条具有本村特色的产业扶贫新路子。把产业发展作为“第一引擎”，强力促进群众增收致富。一是通过“龙头企业＋合作社＋贫困户”扶贫模式，组建合作社 2 家，培养党员致富带头人 3 名，帮扶 78 户贫困户转变产业结构，扩大核桃、山茶油、板栗、杉木等种植面积，户均增收 3 万多元。二是大力实施“三变改革”。按照“量化到屯、股份合作、入股分红、滚动发展”的方式，投资 679 万元建成乌鸡产业园 1 个，通过“输血”增强贫困户“造血”功能；后援单位每年的捐赠项目推进村级产业的发展，每年投入 1.5 万元的管护物资（化肥）到百亩核桃示范园，先后投入 10.1 万元开展定安村的蜂蜜养殖产业，由 11 户贫困户群众领养，每户每年返还村集体 2 斤蜂蜜；投入 12.6 万元发展品种鸡养殖产业，全村 78 户贫困群众以委托代养的方式，委托给品种鸡养殖能人代养，户均年分红约 1000 元；投入 10 万元发展食用菌产业，每年村集体经济收入约 1 万元；在产业发展提升贫困群众收入的同时，也增加了村

① 东兰县扶贫办公室：《东兰县长乐镇定安村脱贫攻坚典型案例》。

集体经济的收入，夯实了村集体产业的结构。三是立足定安村地理、养殖优势，大力发展拳头产业，全村已建成标准化养殖棚 33 座，养殖蛋鸡 14000 羽、品种鸡 20000 羽，积极组织 11 余名群众代表赴柳州、玉林、百色等地观摩学习养殖、种植技术。邀请蜂蜜养殖能人、县农业农村局专家举办培训班 3 期，培训 210 多人次。四是聚焦扩量增效，建成百亩核桃种植示范园 1 个，免费发放化肥 12 吨。为全村 3000 余亩核桃种植户做好示范带头作用，引领群众发展适合自身的种植业。五是积极动员青壮年劳动力赴广东、浙江、福建等地务工，输转劳务工 68 名，每月工资都在 3000 元以上；设立村级公益性岗位 15 个，为全村贫困群众早日脱贫提供坚实保障。

（四）打通招商引资渠道

贫困地区发展产业具有自身的资源优势，但要发展扶贫产业一缺足够的资金投入，二缺有效的市场信息，三缺有力的科技支撑，四缺市场销售的渠道，这些都是贫困地区共同面临的难题。还应该看到，产业发展所需的资金、信息、技术和市场渠道等要素，看起来似乎是孤立的存在的，实际上是紧密联系的一个整体，能将这些要素集合在一起的，无疑是作为市场主体的企业。因此，打造良好营商环境，通过招商引资引来外地企业参与当地产业开发，是破解这一难题的可行路径。东兰县抓住东西部扶贫协作和深圳市龙华区对口支援的重大机遇，加大政府“放管服”改革力度，出台《东兰县优化营商环境若干政策》，从用地保障、财税扶持、企业入园（工业园区）、人才引进等方面优化营商环境，成功引进了广西立腾农牧发展有限公司、广西东兰贵隆生态农业科技有限公司、广西渝桂农业开发有限公司和由深圳市金肯科技有限公司投资的东兰县长寿生态食品有限公司等一批企业，形成了对东兰绿色产业发展的有力支撑。东兰的实践证明，招商引资是破解贫困地区产业发展难的关键举措。未来的乡村振兴中，欠发达地区产业振兴的根本出路同样在于招商引资。可以毫不夸张地说，抓住了招商引资就抓住了欠发达地区产业振兴的“牛鼻子”。

第五章

多元模式：拓展村集体经济发展空间

习近平总书记在党的十九大报告中指出："要深化农村集体产权制度改革，保障农民财产权益，壮大集体经济。"农村集体经济是改革开放以来我国经济组织形式中的一种重要形式，发展壮大村集体经济不仅是实现农业农村现代化的前提条件，也是圆满完成脱贫攻坚任务、实施乡村振兴战略的必然要求。东兰县紧扣自治区党委书记鹿心社提出的"村级集体经济发展要注重资源经济、物业经济、服务经济的工作"决策部署，在"党建引领、产业带动"村集体经济发展思路带动下，采取"县发动、乡（镇）实施、村落实"模式，发展"3+N"（乌鸡、肉牛、食用菌＋其他）产业，以"保底＋实体"为总布局，通过入股企业、产业带动、村集体资产盘活和服务创收等形式，推动村级集体经济多样化发展。

一、现实困境：村级集体经济提质增效的制约条件

加快发展贫困村村级集体经济是脱贫攻坚的一项重要任务，由于历史上分田到户、分资到户等原因，东兰县与广西其他地区一样，集

体经济存在空、窄、小的困局。2016年以前全县的村级集体经济收入几乎为“零”，发展村集体经济主要面临基础条件薄弱、经济组织机构不健全、经营管理人才缺乏和产业规模化、专业化程度不足等困难和问题。

（一）基础条件薄弱

东兰县属土石山区，耕地面积少，土地贫瘠，水利条件差，自然灾害频繁，水土流失严重，产业的发展受到了很多限制。东兰县村集体无资产、无资源、无产业的状况普遍存在，村集体经济发展无物质基础支撑，东兰县大多数贫困村都处在偏远山区，水、电、路、网等基础设施都十分落后，日常生活的用水、用电问题，交通道路设施到屯“最后一公里”问题突出，难以解决当地群众的基本生产生活需求，加之土地资源、水资源匮乏，这一系列的条件导致了发展种植业、养殖业等特色产业先天不足。如，三弄乡深洞村是一个地处大石山区的深度贫困村，其土地大多是无法进行种养殖的石山，自然屯分布零散、基础设施建设困难等问题都十分突出。这些自然条件严重制约了东兰县的产业和集体经济发展。同时，东兰县地处滇桂黔石漠化片区，可以利用的土地极少且极为分散，难以形成成片的规模产业，尤其是在深度贫困地区甚至难以找到合适的土地发展产业，仅靠入股企业分红、出租村集体资产的形式难以形成有效且持久的收入，2017年村集体经济收入也仅有45.0745万元。

（二）经济组织机构不健全

农村集体经济组织既是一个具有管理和服务职能的组织，又是一个具有生产经营活动的组织。东兰县村集体经济组织的经济不发达，一些集体资产如山岭、荒地等实质上都是由村委会代替村集体经济组织来进行管理和使用；如在进行集体农用地、集体建设用地的承包，集体房屋、集体机械设备的出租活动中，大多以村民委员会、队组或并村后的自然村发包的形式与承包方签订承包合同。村委会、村民小组代替村集体经济组织的管理和服务职能使得村民没有多少权利管理自己组织的财务，行政上的干预太多，出现了村民名义上是村集体经济的主人，实际上又无法当家作主的情况，村民的个人利益和权利没有得到应有的保障。在2018年以前，东兰县对于集体资产、集体经济的管理十分粗泛，没有建立起良好的管理监督体系，村集体资产和集体经济没有得到统一的使用，在村集体资产的清查核算、会计监管信息、集体经济产权交易的过程中没有明确的政策和管理制度方面的规定；虽然进行了初步的尝试，建立了村民合作社，但许多村民合作社还没有真正运转起来，有的合作社还没有开设银行账户，合作社民主议事、财务管理等制度有待完善，合作社主体作用难以发挥。

（三）经营管理人才匮乏

东兰县是国家扶贫开发工作重点县、滇黔桂石漠化片区县及深度贫困县，常住人口22.15万人，其中城镇人口5.04万人，乡村人口17.11万人，也是一个城镇化率极低的深度贫困县，到2017年年末仍有贫困人口11586户43307人，贫困发生率为15.27%；资料显示因技术、因劳动力致贫人数高达20%，是导致贫困、产业和经济难以发展最主要的原因之一。东兰县严重缺乏人才，有能力的人才大多在外就业，农村青壮年劳动力大多选择外出就业，有文化、懂技术、会管理、会经营的农村经营人才返乡创业较少，发展贫困村集体经济人才匮乏；东兰县对村干部、致富带头人的培训程度也远没有达到预期的效果。同时，现有人员思想认识不到位、带动能力不足，一些村干部年龄偏大、受教育程度比较低、缺乏市场经济头脑，对发展村级集体经济的思路不清晰，缺乏开拓创新精神和担当精神，对产业和如何进行集体经济的发展也只是照搬上级政策，难以形成发展集体经济的长远规划，导致很多村集体经济的发展形式单一，没有形成良好的发展态势。比如东兰县支持的乌鸡产业，该项目涉及面广，资金流动很大，就是因当地缺少有知识、有能力的经营管理人才，造成公司与村集体之间的物流瘫痪，鸡苗供应不足、饲料供应不上，最终导致该项目运行处于被动状态。

（四）产业规模化、专业化程度不足

东兰县地处山区，可利用土地分散，水资源匮乏，油茶、桑蚕、核桃、乌鸡、肉牛、食用菌等特色产业在全县来看总量上是可观的，但大多都是小而散，没有形成一定的产业规模，产业发展规模较为分散。东兰县乌鸡产业仅有 32 个村依靠该产业集体经济收入达到 2 万元以上，每个乡或镇只有其中的 3—4 个村达到这一水平；肉牛产业仅有 8 个村集体经济收入达到 2 万元以上；食用菌产业仅有 18 个村集体经济收入达到 2 万元以上，没有形成规模化的产业在一定程度上增加了管理难度，导致资金分配难以集中起来，增加了农户的生产成本，各行政村的人力资源难以满足产业发展的条件，制约了集体经济的发展。贫困村没有形成较为统一、有效的发展模式，在大多数贫困村中，产业并不足以带来可观的收入，特色产业没有足够的资金和自然条件支撑，农业产业化经营不明显，优势品种比例较小，虽有特色但缺少脱贫的特色效益产业；推行的“企业 + 基地 + 农户”模式尚处在起步阶段，带动能力不强，发展产业以壮大集体经济的成效不明显。

二、分类推进：村级集体经济的多元化类型与成效

2017 年 6 月，广西壮族自治区出台《关于加快贫困村村级集体经济发展的意见》的通知，明确指出要创新集体经济的发展模式，并提出资源开发型、资产盘活型、产业带动型、服务创收型和乡村旅游型等数十种类型。近年来，东兰县因地制宜、因村施策，坚持“多腿走路”发展壮大村级集体经济，以此引领乡村振兴，促进强村富民，加快脱贫攻坚。

2018 年，县里出台《关于实施发展壮大村级集体经济三年行动计划（2018—2020 年）的意见》，提出了发展村级集体经济的目标任务、基本原则、主要途径、扶持措施，为村级集体经济发展提供了“路线图”和“时间表”。在县级政府的指导下，各村结合自身发展优势，通过投资入股加盟、抱团发展产业、利用村集体资产出租以及自主发展多样化产业等方式，共整合资产资源资金 2.63 亿元推动村级集体经济产业发展，截至 2020 年 10 月，东兰县村级集体经济总收入已达 1264 万元。村集体经济发展壮大进一步提升了基层党员干部的贫困治理能力，有力促进基层党组织带动群众脱贫致富。

（一）资金变股金，入股分红促增收

1. 整合村庄闲散资源、资金是关键

要发展壮大村级集体经济，对村庄闲散的资源、资金进行整合是关键。首先是资金方面的整合，东兰县整合扶贫资金 4898.22 万元作为部分村的村级集体经济发展资金，并引导发展先天条件差、无资源、无项目的行政村，将村集体各类闲散资金整合起来，以每个村 10 万—50 万元不等入股到广西河丰药业有限责任公司和广西新莱建设有限公司，获得固定收益；东兰镇水洞村、武篆镇东里村、隘洞镇

拉板村、长江镇板甲村、切学乡切亨村 5 个村利用上级财政扶持村集体经济产业发展资金，入股东兰县城乡建设投资发展有限责任公司，年获入股分红各 4 万元。其次是土地等资源要素的整合。结合全县土地承包形势，主要引导群众通过土地入股的方式参与村级集体经济发展，整合现有土地资源，通过引进龙头企业或成立专业合作社，因地制宜地实施标准化、规模化、专业化的村级集体经济产业项目，通过提供劳务岗位，带动群众增收。

2. 投资经营稳健企业、合作社保增收

通过入股某个收益好的企业或合作社，享受分红来发展村级集体经济，其优点在于风险低，收益稳定，管理轻松，成为大多数村庄早期发展集体经济的首选。2019 年，东兰全县 149 个村（社区）村级集体经济收益共计 862.11658 万元，其中入股分红获得收益 421.3576 万元，占比 48.87%。东兰县各村以每年 25 万—50 万元不等的规模投资广西新莱股份有限责任公司、广西河丰药业有限责任公司、广西东兰贵隆生态农业科技有限公司等企业，以及各类生产合作社、供销社获得分红。截至 2020 年 10 月 31 日，全县村级集体经济收益共计 1264.78651 万元，其中入股分红收益 449.4576 万元，占比 35.53%。可见，入股分红所获收益占全县集体经济收入的三分之一，仍是当前东兰县发展村级集体经济获益的主要形式。

表 5-1　东兰县村级集体经济入股分红获利情况

年份	2017	2018	2019	2020
资金投入（万元）	465	2457.87	4998	4263
收益（万元）	15	217.88	421.3576	449.4576

资料来源：根据东兰县资料整理。

（二）县域统筹，“飞地”抱团促发展

“飞地”抱团发展村级集体经济是为了解决各村基础薄弱、资金不足、人才短缺等突出问题，该模式突破村域界限，力图改变“村村点火、户户冒烟”单打独斗来发展集体经济的劣势，通过整合村域资源，来实现资源共享、优势互补和多方共赢。“飞地”抱团的特点在于“县域统筹、跨村发展、股份经营、保底分红”①，县级政府必须运用全域统筹的思路进行全域开发，来走出一条整合优化配置全域资源，实现薄弱村、“空壳村”发展壮大的新路子。

1. 引进新产业，促进传统农业向现代农业转型

2019 年，东兰县决定加快推动食用菌产业来壮大村级集体经济，相比较于“3+N”模式中的乌鸡、肉牛产业，食用菌具有绿色产业的

图 5-1　东兰县三石镇食用菌种植基地

① 中共中央党史和文献研究院：《习近平扶贫论述摘编》，中央文献出版社 2018 年版，第 57 页。

特点，不仅比养殖业更环保，还具有种植占地小、效益高、周期短的特色优势，从种植到产出只需一年时间，基本投资当年就可以收回投资成本。围绕发展现代生态农业产业的目标，东兰县决定采用“公司＋合作社＋基地＋农户（贫困户）”模式来经营食用菌的生产与销售。东兰县整合中国南方电网公司、深圳龙华区以及世界银行贷款项目，共计 1.08 亿元，用于支持全县 149 个行政村发展食用菌产业，并以广西东兰贵隆生态农业科技有限公司成熟的食用菌栽培技术及销售渠道为基础，将位于三石镇巴造村的食用菌生产基地打造成集生产、培训、加工、销售为一体的大型集体经济产业示范园区。

2. 成立“村级股份经济联合社”，抱团促发展

为了更好地整合资源、抱团发展，东兰县指导成立了“村级股份经济联合社”，对全县各村集体经济产业发展进行指导，形成合力共同推进集体经济产业标准化、专业化。其运作方式是各村以村集体

图 5-2　东兰县贵隆生态有限公司

经济专业合作社来牵头，通过资金投入或自建大棚参与，目前已建成食用菌棚 40 个，覆盖 61 个行政村，投入资金总额 1406 万元。全县已有 63 个村与贵隆生态农业有限公司签订食用菌栽培协议，投资共 1486 万元，第一期出菌 15 个村收益 37.94 万元，第二期出菌 44 个村收益 87.7 万元。经过近两年的发展，食用菌产业已实现全县村级集体经济收益 386.1559 万元，并力争在 2020 年年底前实现 61 个村集体经济收入 4 万元以上。

★专栏 5-1 ★

东兰县小蘑菇带动大产业[①]

东兰县食用菌产业发展根据各村的情况，充分考虑农户贫困户的发展意愿，提供了三种发展模式，基本从各个方面考虑到了产业可以得到持续发展、又能充分带动村级集体经济增收，使实际收入落到家家户户。第一种模式是以广西悦心坊生态农业有限公司为龙头，构建“公司 + 贫困村集体经济专业合作社”产业扶贫平台，该种模式由公司向合作社种植基地提供出菌棒，村集体利用公司帮助建设的大棚进行食用菌栽培，栽培严格按公司的标准和种植要求来进行生产，产品由公司负责回购，利润全部归村集体所有。第二种模式是“村集体经济专业合作社 + 农户（贫困户）”，该种模式是农户（贫困户）可与本村的村集体经济专业合作社合作，充分利用闲置鸡舍、校舍旧房等场地，群众自筹菌棒费，由所在乡镇人民政府统一收集自筹资金并与企业购买菌棒后投放到本村村集体经济专业合作社，与合作社签订委托代栽培管护协议书，委托村集体经济专业合作社代栽培管护，农户可以根据购买菌棒的数量获得每袋（棒）1.4 元的补助，在成熟后一次

① 河池日报：《千名记者一线行 | 东兰小蘑菇带动富民大产业》，2020 年 7 月 7 日。

性发放补助不超过10000元。第三种模式是按照“公司+农户（贫困户）”模式集中栽培，该种模式和第二种模式类似，区别在于托管对象是公司，该种做法充分考虑到一些缺少大棚、土地分散或是无法建设种植大棚和成立生产合作社的村实际情况，又将一些零散的没有产业覆盖到的农户整合起来，实现了每户都能成为集体经济的受益者，很大程度上来说将全县农户的闲置资源充分利用了起来。三种模式优势互补，逐步扩大产业规模、增加村级集体经济收入。

“飞地”抱团模式发展食用菌产业，不仅可以壮大村集体经济收益，还可以有效带动贫困户就业，提高劳务增收水平。对于愿意集中栽培食用菌的农户（贫困户），可与本村村集体经济专业合作社合作，充分利用闲置鸡舍、校舍旧房等场地，群众自筹菌棒费，由所在乡镇人民政府统一收集自筹资金并与企业购买菌棒，投放到本村村集体经济专业合作社，并签订委托代栽培管护协议书，委托村集体经济专业合作社代栽培管护。同时，各村通过派遣村集体组织成员到产业园区参与劳务，学习技术，待技术条件成熟后由村集体在本地自主发展食用菌栽培产业。据预计，基地将提供300个以上就业岗位，贫困户每年务工增加收入1.2万元以上，通过食用菌栽培带动3000户以上贫困户脱贫致富。

（三）资产盘活，集体资产保值增值

东兰县盘活村级集体闲置的办公用房、门店、厂房、仓库和校舍等设施设备，具备经营条件的村通过家庭农场、经济能人、种养大户和企业、合作社租赁经营，实现了集体资产的保值增值。

1. 挖掘“资源”优势，拓展发展空间

由于土地细碎、劳力闲散、资金零星、房屋空置等导致的集体经

济空壳、发展路径狭窄、经济存量小，已经成为制约贫困村脱贫和乡村振兴的瓶颈。[①]因此，利用现有资源，拓展增收渠道是发展集体经济的重要举措，在确保集体资产安全的前提下，东兰县通过村级组织创办专业合作社来盘活各村集体山林、土地、房产等资源，以租赁、发包、联营等形式来兑现为村集体经济收入。2019 年，东兰县 149 个村（社区）通过鸡舍、门面、林场租赁获得村级集体收入的有 26 个村，共 34.5440 万元；2020 年，全县有近 60 个村有资产租赁类收益，共计 206.5200 万元。两年多来，各村村集体资产租赁的主要来源，一是废弃鸡舍，在 2020 年乌鸡饲养受疫情影响之后，许多村里建的鸡舍不再使用后，村集体将其改建用于出租。二是门面出租，东兰镇城东社区、长江镇兰阳村等 10 多个行政村通过门面出租增加村级集体收入，其中城东社区通过门面出租年收入可达 7.88 万元。此外，还有集体鱼塘、林场租赁，以及光伏项目等资产收益的多种形式。

★ 专栏 5-2 ★

东兰镇那亨村：盘活闲置土地 唤醒“沉睡”资源[②]

东兰镇那亨村临近东兰县开发区域，交通便利，区位优势较明显。但长期以来村集体经济薄弱，农户增收渠道少，难以发挥村集体经济带动贫困户增收作用。如何因地制宜发展村集体经济项目？驻村工作队员邓充存和那亨村“两委”一直在努力探索问题的解决办法。

“靠山吃山，靠水吃水，靠着开发区就要利用好这一资源”，在经过前期调研、听取意见、反复调查论证的基础上，他们决定在盘活闲置土地上做文章——将那亨村闲置的老村委楼拆旧建新，因地制宜建

① 林树恒、许忠裕、黎丽菊：《“三变”破“三困”——广西乐业振兴集体经济实践探索》，《农村工作通讯》2020 年第 17 期。

② “美丽东兰”微信公众号：《东兰镇那亨村：盘活闲置土地 唤醒“沉睡”资源》，2020 年 4 月 17 日。

设扶贫车间、商铺、旅馆、餐饮为一体的商务楼。

项目要落地，还得解决资金的问题。该项目预计总投资约170万元，村“两委”自筹解决10万元，财政专项扶贫资金20万元。但140万的资金缺口对“一穷二白”的那亨村委来说实在太难了。再难也得干，邓充存首先向后盾单位自治区总工会汇报困难寻求帮助，落实了20万元的帮扶资金，先行启动投资50万元的首期工程扶贫车间。同时还发动广大农户自愿入股120万元，扩建项目规模，让农户参与共建，共享发展成果。

随着资金问题的解决，项目立项、预算编制、工程招投标等项目建设前期工作顺利实施。2020年4月11日，东兰镇那亨村村级集体经济项目——那亨村扶贫商务楼建设开工仪式正式启动了，建设工期9个月，计划在2020年年底竣工验收。开工仪式当天，邓充存和村民委主任孙德胜美滋滋地算了笔账：项目建成后，商务楼用以出租，那亨村村集体每年可增加收入5万元以上。

2. 借助后盾单位力量，促集体经济保增值

东兰县花香乡坡索村的帮扶后盾单位中国南方电网，充分利用本地的光照优势，在坡索村发展光伏产业，投资75万元实施的光伏发电项目，目前每月发电收入2500元，实现村集体经济年收入约3万元。完全投产后前10年预计年发电量7万千瓦时，电量全额上网，年均收益6万余元，这将为坡索村带来一笔非常可观的、稳定的集体经济收入。

（四）产业带动，因地制宜布格局

东兰结合自身地理和资源优势，发展具有现代特色的农林业、品牌农业和生态循环农业，统筹部署、整合资源、优化产业经营格局，

实现稳定高质量脱贫。

1. 因地制宜，积极探索产业发展的多元互辅模式

东兰县坚持因地制宜、因村施策原则，积极探索产业发展的多元互辅模式。全县 149 个村（社区）村级集体经济以“保底 + 实体”为总布局，采取“县发动、乡镇实施、村落实”模式，发展“3+N”（即乌鸡、肉牛、食用菌 + 其他）产业，逐步形成“一村一品”“一村多品”的产业格局。在推进各类集体经济项目落地过程中，东兰县注重根据土山地区、石山地区、沿路、沿河、平地、坡地、近市场等地理环境，对接市场、分类指导，宜种则种、宜养则养、宜商则商，既研究供给侧，又注重因地制宜，扬长避短。如，巴畴乡的纳浪村自然条件优越，依山傍水，流经该村的巴英河产出的河鱼肉质好，备受市场青睐，但一直以来，该村村集体经济仅靠入股分红，没有实体产业。2018 年，驻村第一书记潘文勇了解到村里曾成立了纳却水产养殖合作社，但因为资金短缺等原因，合作社的主要成员一度放弃养殖外出务工，养殖基地丢荒。为了发展村实体经济，盘活丢荒的基地、设备和资源，纳浪村按照“村集体 + 合作社 + 基地”的模式，启动了巴英河鱼生态养殖项目和稻田养虾，收益按集体和“合伙人”五五分成的模式来共同发展、互利共赢。

此外，东兰县还积极鼓励各村自主探索发展多样化产业，积极拓宽村级集体经济收入的渠道。如，东兰镇板逢村帮扶后盾单位自治区总工会投入 300 多万元实施中草药种植 300 多亩、百香果种植 100 多亩，目前长势良好，有望在 2020 年年底实现收入达 20 万元。截至 2020 年年底，全县有 20 多个行政村发展野葡萄种植、山茶油加工、黑山猪养殖和花椒种植等产业来增加村集体经济收入。

★专栏 5-3 ★

东兰：大力发展花椒产业 助推村级集体经济增收[①]

日前，三弄瑶族乡深洞村戈帮屯上演了一场别具一格的“田间签约仪式”，三弄瑶族乡深洞村、全洞村、三合村等村支书正忙着和广西渝桂农业开发有限公司负责人进行签订《花椒产业购销合同》，并由公司负责人和技术人员现场进行种植花椒和管护技术培训。该项目采用“村集体经济 + 公司 + 农户”的合作社模式，由村部出资金，公司提供树苗、化肥、技术指导，村民参与种植管理，带动周边群众参与发展花椒产业，拓宽增收路子。

在种植现场，当地的群众在公司技术人员的帮助和指导下，大家

图 5-3　东兰县大同乡花椒种植示范区

① “美丽东兰”微信公众号:《东兰：大力发展花椒产业 助推村集体经济增收》，2020 年 3 月 17 日。

都忙着趁春耕好时节把花椒苗播种下地，看到有这么好的产业推广到自己的家门口，当地群众还不亦乐乎地现场哼起自编山歌，来感谢政府产业扶持的好政策，盼着来年有个好收成。据了解，该村计划推广1000亩的花椒种植。目前已经完成种植600多亩，预计到六月底之前，完成1000亩地种植规模。

2020年以来，东兰县因地制宜，厚植村企联动合力，充分发挥当地资源优势，把花椒产业作为群众增收和壮大村集体经济收入的重要产业扶贫项目，以大同乡、三弄瑶族乡、三石镇为重点种植示范区，其他乡镇为辅，把花椒扶贫产业做大做强，力争2020年实现2万亩的种植目标。

2. 统筹部署，搭建“村企”合作平台

2017年东兰县仅有10个村有村集体经济收入，其中仅有5个村集体经济收入超过5万元。近些年来，县政府通过召开村级集体经济工作部署会和项目推介、洽谈会，搭建“村企”沟通交流平台，实行“村企”联合，通过异地置业、合资合作、联营共建等方式发展实体产业，对生产所需要的资源和土地进行整合，打破各村单打独斗风险高、经济收入低的现状，初步打造了“一村一品”产业格局。经过几年的发展，东兰县以村为单位，全面推进农村集体资产清产核资，逐个清查核实村、自然屯（村民小组）两级集体各类资产，摸清集体资产家底，根据各个村的实际情况打造产业发展模式，截至2020年5月全县149个行政村集体都有至少一个特色产业，各村收入更是100%达标。

表 5-2 东兰县村集体经济产业建设情况

年份	产业园区建设（个）	县级“5+2”产业建设面积（万亩）	村级“3+N”产业村数量（个）
2017	6	28.9	20
2018	16	55.3	65
2019	42	77	118
2020	63	92.1	149

资料来源：根据东兰县资料整理。

通过整合闲置资金资源，引入龙头企业，特色产业规模化经营的格局也逐渐形成。全县共成立有 147 个村级合作社，整合上级扶贫资金和当地资源，分别投入灵芝、板栗、核桃、桑蚕、百香果、黑山猪等多个脱贫产业，共实施 547 个集体经济项目，不仅推动了当地农业特色产业的发展，还壮大了各村村级集体经济。在此基础上，2020 年东兰县建成 63 个现代特色农业示范区，其中，自治区核心示范区 5 个、县级示范区 2 个、乡级示范园 15 个、村级示范点 41 个。核桃产业全县种植面积达 28.9 万亩，油茶全县种植面积达 23.2 万亩，板栗全县种植面积 32.5 万亩，桑园全县种植面积达 5 万亩，肉鸡养殖业在本年内养殖肉鸡 500 万羽以上，猪年出栏 11 万头，新增建设长寿生态富硒农产品基地 0.24 万亩，总量超过万亩，县级特色产业年产值超过 6 亿元，县级“5+2”特色产业（即核桃、油茶、板栗、桑蚕、鸡 + 优质稻米、猪）已初步形成。同时，县里加大对扶贫产业示范基地基础设施建设投入，为贫困村村级产业发展提供强有力的支撑，贫困村村级“3+N”特色产业（即乌鸡、肉牛、食用菌 + 其他）实现集体经济收入 370.77 万元，与 2016 年相比，产业对集体经济的贡献实现了从“零”到成为村集体经济收入的主要来源之一。如三石镇板文村地处大石山区，贫困人口数量多，是东兰县的深度贫困村之一，在 2019 年参加食用菌种植产业后实现村集体经济收入 5 万元，解决了村集体经济无收入的现实问题，从“零产业零收入”到现如今实现了自我“造血”功能。2020 年贫困村村级特色产业在集体经济收入占比中达到了 30%，首次与入股企业分红所获收入持平，已经成为村集体经济收入最主要的来源之一。

（五）服务创收，增强集体经济“造血功能”

鉴于东兰县各村集体经济收入的主要来源还是依靠入股分红和传统种养项目，产业发展风险大、效益低。2020 年 7 月，东兰县出台《东兰县成立村级建筑劳务公司指导意见》，通过指导成立村级建筑劳务公司，促产业转型升级，增强村级集体经济“造血功能”，增强产业抗风险能力，以“村级服务劳务公司”为基础，组建劳务工程队，承接上级下放村集体组织实施的各类农村项目工程，通过收取服务管理费，增加集体经济收入。组建农产品购销服务队，对村集体或农户农产品进行统一收购、统一包装、统一销售，利用产品溢价获取集体经济收益。目前，东兰镇、武篆镇和三石镇 80% 以上的行政村，已完成村级建筑劳务公司的人员选定、机构组建、注册登记、挂牌运营等工作，其余各乡镇，至少要选择 2 个以上行政村作为试点村进行建设，并逐步推进。

三、经验启示：探索振兴村级集体经济的长效机制

村级集体经济是我们党在农村执政的物质基础，也是乡村振兴的重要物质条件。开展脱贫攻坚战略以来，党中央高度重视村级集体经济发展，近几年来有不少新部署和新要求。2017 年 9 月，广西壮族自治区发展壮大村级集体经济工作领导小组成立，全区村级集体经济开始走上高质量发展的新路子。东兰县经过近三年的不懈努力，不仅实

现了全县149个村（社区）集体实体经济全覆盖，产业振兴也增强了村级集体经济的造血能力，村党组织的组织力得到进一步提升。

（一）从早期“资本获益”为主转向多元互补发展模式

2016年，东兰全县村级集体经济收入几乎为“零”，2017年仅有34个村收入达2万元以上，2018年全县149个村（社区）收入达2万元以上；到2019年，东兰县实现村级集体经济收入总额862.1156万元，所有行政村（社区）收入达4万元以上，其中收入达10万元以上的有18个村，收入达20万元以上的有4个村。截至2020年10月29日全县村级集体经济总收入达1264万元，所有村收入均达到5万元以上，其中达到10万元以上的有33个，达到20万元以上有5个，其花香坡索村率先突破收入50万元大关。

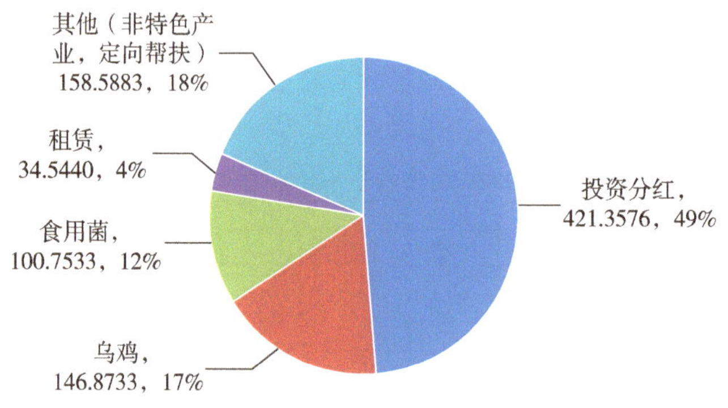

图5-4　东兰县2019年村集体经济收入情况

东兰县2016年对村集体经济投入合计565万元，2017年投入合计1229万元，在2018年集体经济投入2894.16万元，是上一年的一倍有余，到2019年达到了1.3亿元，投入涉及了入股企业享受企业分红、产业发展建设、专项帮扶等各个领域；投入的效果十分明显，东兰县的集体经济由2016年的40余万元增长到2020年集体经济总量已经达到了 1264 万元。圆满完成自治区党委办公厅《关于实施发展壮大村级集体经济三年行动计划（2018—2020 年）的意见》、东兰县党委办公室《东兰县关于实施发展村级集体经济三年行动计划的意见》所要求和计划的目标任务。

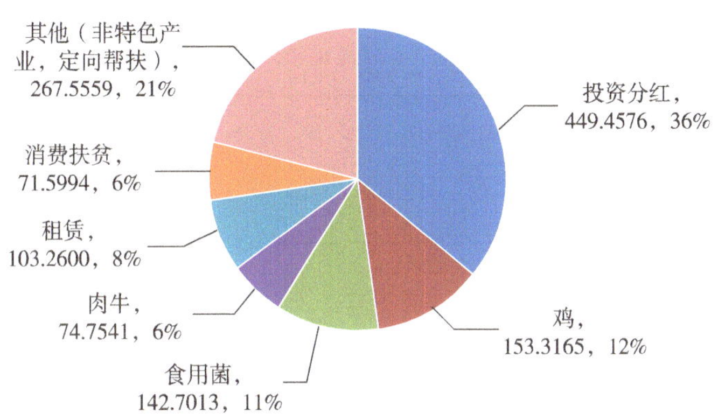

图 5-5　东兰县 2020 年村集体经济收入情况

东兰县在 2016 年集体经济处于无资源、无资产、无收入，集体经济只是名义上存在，各家各户的资产资源都已经包产到户；自 2017 年发展集体经济以来，东兰县不仅利用村集体的资产资源实现了村集体经济收入从无到有，从根本上解决了村集体“没有钱”的难题，为贫困村的建设提供了资金支持。东兰县村集体经济收入长期以来只靠入股分红或是租赁取得少数收入，特色产业没有做起来，也没有取得明显的经济效益，2020 年东兰县村集体经济已经由原来的“单核发展”发展为入股企业分红、“3+N”发展模式的产业带动、村集体资产整合出租获益三大支柱为主体的多元化集体经济收入。

（二）培育主导产业，依托产业发展村级集体经济

产业振兴是乡村振兴的重点，也是村级集体经济持续健康发展的前提条件，发展集体经济归根到底要靠产业支撑。近年来，东兰县党

委政府结合东兰山多地少、石漠化严重的实际，大力创新扶贫工作思路，积极探索扶贫产业发展新模式。在发展主导产业方面，东兰县注重立足地方优势来大力发展特色农业，积极调整优化农业种植养殖结构，以本县墨米、粳米、中草药、山茶油、核桃、板栗、东兰乌鸡、黑山猪、种草养禽、特色水果等十大传统优势特色产业及新兴产业为基础，指导各地根据具体情况，因地制宜、因村施策选准产业项目。

为了改变之前村级集体经济主要依靠乌鸡养殖收入和入股资金分红，其他产业发展方式目标不明的状况，东兰县探索推行“全周期服务”模式，为村级集体经济项目从策划引进到启动实施、运行管理、风险防控等环节提供全程服务，保证村集体经济产业顺利发展，推动村级集体经济不断壮大。2020 年，东兰县共投入 8630 万元资金发展村级集体经济，以每个村 10 万—200 万元不等注入 149 个村（社区），启动发展乌鸡、肉牛、山羊养殖以及种桑养蚕、花椒种植等产业，共启动实施村集体经济项目 150 多个，涉及特色种植、休闲旅游、畜牧养殖、产业加工等多个领域。全县围绕“一村一品”“一乡一业”“一县多业”的产业格局目标，各帮扶单位、产业专责小组成员单位、各乡镇与村委一起开展调研摸底工作，了解各村发展优势，结合县级的十大百万产业来找准一个支柱产业，将几个村资源进行整合、合作发展，共同发展村级集体经济，收益再按照比例进行分配，实现村级集体经济产业的多元化。

（三）培养致富能人，引领带动发展村级集体经济

农村学历高、懂经营、有能力的中青年外出务工或创业，导致大多数村干部年龄偏大，经营管理产业的能力不强，在发展集体经济上开拓创新能力不强，是造成村级集体经济发展迟缓的重要原因。广西出台的《推动村级集体经济高质量发展的十条措施》明确提出，要抓

好村民合作社社长、创业致富带头人、农民专业合作社负责人、集体经济管理人员等业务培训，实施“返乡人才创业”行动，充分发挥乡土人才引领示范作用，引导机关事业单位优秀年轻干部到新集体经济组织任职、挂职，助推村级集体经济发展壮大。①

东兰县着力培养一批致富能人和团队，使之成为带动地方村级集体经济发展的“领头雁”，一方面，选举有文化、有担当、有能力、年富力强的人作为村“两委”干部，当好发展村级集体经济的带头人，充分发挥驻村第一书记和工作队员的引领作用。另一方面，注重以政策、项目、资金等关键要素来充分激发能人发展壮大集体经济的内生动力。通过开班专题培训班，对村民合作社负责人、管理人员的全覆盖培训，拓宽发展视野，开拓发展创新思维，提高专业知识。探索“职业经理人”发展模式，通过聘请或合作经营的方式，促使致富能人担任合作社职业经理人，实行资源互补，发展壮大村级集体经济。继续探索收益分配机制，将村级集体经济收益与发展管理人员绩效联结起来，激发带动发展积极性。如，三弄乡深洞村（极度贫困村）在几任第一书记的共同努力下，村集体通过整合上级扶贫资金，盘点和研究本村的优势资源，吸引村里的致富能手投身村级集体经济建设，覃国军、韦苏红和石登科等几位致富能人分别成立合作社来开展肉猪、乌鸡和牛羊等生态养殖业，在该村 2020 年所获得的 11 万余元集体收入中，三位“合伙人”的产业就贡献了 4.6 万元收益，致富能人带动集体增收作用非常明显。

（四）资源整合，探索实施村集体经济“联合体”

2019 年，自治区全面消除了集体经济“空壳村”，村级集体经济

① 桂组轩：《配好“头雁”满盘皆活——广西“三重保障”建强村级集体经济经营管理队伍》，《当代广西》2020 年第 18 期。

迈入了全面发展壮大的新阶段。能否把发展壮大村级集体经济的资源充分统筹起来、有效整合起来，是广西在集体经济新阶段需要研究的重要课题。[①] 近些年来，东兰县在发展壮大集体经济方面取得较大进展，在形成“3+N”（即乌鸡、肉牛、食用菌＋其他）产业格局的基础上，全县共实施了547个集体经济项目。然而，对于一些位置偏远，发展条件较差的贫困村来说，财政资金配置到各村分散使用，村

图5–6　东兰县食用菌产业园全景

---

① 桂组轩:《“一盘沙”变“一盘棋”——广西写好统筹服务大文章开创集体经济发展新局面》,《当代广西》2020年第20期。

集体各自搞建设、招项目，不仅缺乏专业人才，村一级出面很难招到好项目，往往“装进篮子都是菜”，引进的企业对集体经济收入贡献并不大。因此，为了避免项目建设遍地开花，分散投资经营效益不高的状况，关键还要靠体制机制创新。

东兰县探索“3+1 社企共建”模式来组建“村级股份经济联合社”，即在县级层面成立平台公司，按村级合作社 30%、供销社 51%、农民专业合作社 4% 和城投公司 15% 的股份比例，将分散资金进行整合来抱团发展，各村突破镇域和村域限制来进行跨区域投资。如，该县 2019 年以来大力发展的食用菌产业，即是以引进龙头企业，打造村级集体经济食用菌产业园的模式来发展集体经济。该项目以广西东兰贵隆生态农业科技有限公司成熟的食用菌栽培技术及销售渠道为基础，利用三石镇三石园艺场的宽阔土地，整合南方电网、深圳龙华区等资金 1.08 亿元建设 430 亩的示范区产业园。通过“公司 + 合作社 + 农户 + 基地”的模式运营，该公司以“托管代植”方式与全县 98 个行政村建立合作关系，帮助发展村级集体经济，各村不仅可以通过集体经济入股 20 万来获得每年 2 万多元的分红，还可以将村里原有的鸡舍、校舍、旧房等资源改造成食用菌棚，在本地自主发展食用菌栽培产业。

第六章

构建社会发展基石：完善基础设施，提升发展环境

2020 年中央一号文件明确指出，对标全面建成小康社会要加快补上农村基础设施短板。在全面建成小康社会的大背景下，为更好地打赢脱贫攻坚战，顺利衔接乡村振兴，关键在于落实和完善乡村基础设施的建设，基础设施主要包括交通、水利、电力、人居环境等方面。尤其对于一些偏远的贫困地区，基础设施建设方面较为落后，成为制约其脱贫攻坚的主要短板。东兰县属于滇桂黔石漠化片区，喀斯特地形地貌相对复杂，自然灾害频发，社会经济发展的自然条件差，这些客观条件在很大程度上限制了东兰县基础设施建设的发展，也是造成东兰深度贫困的原因。2016 年，东兰县委县政府在中央“六个精准”和“五个一批”思想的指导下，加快推动基础设施、产业发展、转移就业、扶贫搬迁、生态保护、教育扶智、医疗扶贫、社保救助 8 大脱贫工程，坚决打赢脱贫攻坚战，确保如期实现全县贫困人口脱贫目标。并且自 2017 年开始通过营造“三大生态”[①] 实施“三大攻

① 三大生态：营造风清气正的政治生态；营造团结和谐的社会生态；营造山清水秀的自然生态。

坚”[①]六大行动，持续带动扶贫成效的巩固和提升。在八大脱贫工程中，基础设施建设是东兰发展的重头戏。基础设施扶贫对于东兰这样“自然条件差、经济基础弱”的深度贫困县，往往起到第一推动力的作用。基础设施的完善为其他脱贫举措提供了前提和保障，是联动整个精准扶贫体系各个因素的关键节点。针对县域的发展特点，东兰在“十三五”期间主要从交通、水利、人居环境、电网和信息网络等四个维度入手，进行基础设施的建设和升级，为产业发展、志智双扶打下了坚实的基础，为贫困人口脱贫提供了有力的发展环境，激发了东兰人民的内生动力，真正实现了“基础设施推动一批”。

一、推进村屯道路建设，补齐交通制约短板

由东兰县贫困人口的空间分布特点得出，东兰县贫困人口大部分分布在大石山区，人均耕地面积0.68亩，生存条件和自然条件恶劣，在很大程度上限制了“一方水土养一方人”。当地的贫困群众要想实现顺利脱贫，走出来是精准施策的必然要求。“要想富，先修路”，这个观点已成为中国乃至世界脱贫实践所达成的共识。东兰在十三五期间大力推进交通扶贫，于2015年年底率先在广西实现村村通水泥硬化（柏油）路目标，交通建设取得了显著成效；但同期，东兰全县还有20户以上的150个自然屯未通公路，占总数的10.47%，而即使通路的1282个屯，也有多于一半（658个）的并未进行道路硬化，交通出行安全等受到了一定限制。近年来，东兰县加大资金投入力度，重点补齐交通基础设施建设短板，在贫困地区加快建成外通内联、通村畅乡、客车到村、安全便捷的交通运输网络，为产业扶贫、旅游扶

① 三大攻坚：实施精准脱贫攻坚；实施基础设施建设攻坚；实施产业转型升级攻坚。

贫等富民措施提供了基础保障，群众的满意度、获得感显著增强，行业可持续发展基础更为牢固。

（一）屯屯通好硬化路

东兰县以习近平新时代中国特色社会主义思想为指导，坚持脱贫攻坚目标和现行扶贫标准，坚持把提高脱贫质量放在首位，围绕自治区党委和政府关于脱贫攻坚的决策部署，打赢打好交通扶贫硬仗。针对十三五前期东兰的道路基础设施的特点，特别是从扶贫工作制约的角度，东兰县委县政府把交通扶贫放在重要位置，精准施策，将农村公路建设重点转向屯级公路建设，提出"十三五"期间实现"屯屯通好硬化公路"目标，不断夯实精准扶贫基础。

实现有路通村屯。在确保质量和安全的基础上，东兰加快村屯道路建设，对 20 户以上未通路的自然屯实施屯级道路建设大会战：先后投入 79884.07 万元，完成村屯道路建设 1811 条 2619.7 公里（含产业路）。2016 年至 2020 年 7 月，总共投入约 1.3 亿元实施村屯道路安防工程，建设农村"四好公路"，全县 1481 个 20 户以上自然屯全部

图 6-1　三石镇纳蜡村公路前后对比图

通达硬化公路，3613 个自然屯全部实现屯屯通公路的目标，解决了近 20 万人的行路不安全问题，村屯交通末梢已全面打通，老区乡村闭塞面貌明显改善，顺利实现"屯屯通好路"的小康愿景。建制村通客车。东兰县辖 14 个乡镇 147 个建制行政村，目前全县 147 个建制村已全部开通客车，建制村通客车率 100%。广大农民群众"行有所乘"的民生服务得到有效保障，社会公众认可度和满意度显著增强，更好地满足城乡经济社会发展需要，"四好农村路"示范县创建工作正在有力推进。

★专栏 6-1 ★

加大财政投入　实施村屯道路建设

东兰县 2016 年以来先后投入 86558 万元，完成村屯道路建设 2015 条 3083 公里。目前，全县 1481 个 20 户以上自然屯全部通达硬化公路，3613 个自然屯全部实现屯屯通公路的目标，通屯公路硬化率达到 95% 以上，群众行路难问题得到有效解决，过去"看见屋，走到哭；望着山，走得瘫"已成为历史。截至 2019 年年底，东兰县管养的县道有 231 公里、乡道 562 公里、村道 331 公里、屯级道路约 5300 公里。目前，已实现"县通高速路，乡通二级公路，村村通水泥（沥青）硬化路"的目标。全县 3613 个自然屯全部通上公路，其中 20 户以上自然屯 1481 个已经全部通畅硬化公路；20 户以下自然屯基本通达公路，且硬化率达 92% 以上。

（二）交通干线全通联

道路基础设施必须发挥交通干线的联通作用。东兰以营造"三大生态"实施"三大攻坚"六大行动为契机，由县交通运输局，县发改局、国土局、水利局、环保局、广西新发展交通集团有限公司、东兰县国有资产投资经营有限公司等负责，以完善高速交通网、基础交通网为重点，加快公路、水路交通基础设施建设进度，改善路网结构和路况水平，着力提升交通通达深度和广度，努力构建“内通外联、公（铁）水联运、优势互补”的现代综合交通运输体系。

2018年实施交通基础设施建设项目11个，总投资263823万元，年度投资127400万元。其中新开工项目5个，即东兰至都安大兴二级路、河百高速东兰互通口连接线、安保工程、新建电路、电路硬化项目，年度投资92285万元；续建项目4个，即同拉至那造绕城路、三弄大桥、拉州大桥、城东大道绕城路二级项目，年度投资29715万元；竣工项目2个，即武篆至泗孟二级公路、长乐至坡切二级路项目，年度投资5400万元。

2019年实施交通基础设施建设项目15个，总投资595064万元，年度投资172258万元。其中新开工项目8个，总投资277728万元，年度投资71739万元，即东兰县巴畴至金谷二级公路、东兰县长江河口过兰阳至板拉二级公路、东兰县巴伦红水河大桥项目、东兰县长乐至花香二级公路、东兰县兰阳至泗孟二级公路、东兰县江平至纳腊二级公路、东兰泗孟至凤山长洲二级公路、国道323线东兰县绕城公路（达文至六四段）。续建项目3个，总投资199076万元，年度投资66000万元，即东兰至都安大兴二级公路（东兰段）、东兰县武篆互通至武篆镇区市政一级路、河百高速泗由互通至县城一级路。竣工项目4个，总投资118260万元，年度投资34519万元，即南丹吾隘—东兰二级公路（东兰段）、东兰县城东大道升级改造（第二期）工程、东兰县绕城二级公路（那造至同拉段）、东兰县红水河三弄大桥。并做好东兰绕城线（同拉至达文）二级公路、东兰县坡拉至同乐二级公路、东兰县花香至香河二级公路等8个项目的前期工作。

2020年实施交通基础设施建设项目20个，总投资69.75亿元，年度投资 17.52 亿元，其中，新开工项目 10 个，年度投资 5.42 亿元；续建项目 4 个，年度投资 7.73 亿元；竣工项目 6 个，年度投资 4.38 亿元。

★专栏 6-2★

完善基础设施　助力脱贫攻坚

广西东兰县长江镇兰阳村至泗孟乡生满村二级路项目在泗孟乡生满村举行开工仪式。该项目起点位于长江镇兰阳村那常屯南侧，接正在建设的长江河口经兰阳至板拉河口二级公路，途经那洪村纳兵、板莫屯，后进入东兰镇委荣村那堂屯，再途经泗孟乡钦能村板老、拉元、拉拢、巴楼屯、屯长村屯长屯，终于泗孟乡生满村东面，接国道 G357 广西凤山连接线，道路总里程 26 公里，采用二级公路标准，设计车速为 40 公里每小时，总投资 6.5 亿元。

该项目的开工建设是完善和优化东兰县交通系统的重要举措，将进一步缩短长江镇、泗孟乡各村屯与城区的距离，为促进基础设施和公共服务设施向农村延伸提供有力保障和支撑，将极大改善区域交通环境，有力推动地区社会经济的快速发展和助力脱贫攻坚工作[①]。

二、实施水利大会战，保障农村饮水安全

以习近平新时代中国特色社会主义思想和党的十九大精神为指导，深入贯彻习近平总书记关于脱贫攻坚的重要论述和各级党委政府的重大决策部署，紧紧围绕“兴水利、强基础、促脱贫、谋发展”的工作总基调，扎实打好农村饮水安全战役，为东兰县全力打赢脱贫攻

① 中新网广西新闻:《东兰投资 6.5 亿元建设兰阳至泗孟二级公路 助力脱贫攻坚》，2019 年 12 月 26 日。

坚战提供坚实可靠的支撑。东兰县内河流包括红水河在内的大小河溪250条，由于河溪地域分布不均，土山地区河溪较多，石山地区基本没有地表河，河溪深切，河水补给均属雨源型。在季风气候条件下，加上受地形和植被多寡的影响，河水流量变化大，丰水期与枯水期流量相差悬殊，雨前雨后水量变化也大，对农田灌溉不利，且部分乡、村缺水严重，水利设施建设成为东兰县的重中之重。

（一）饮水安全保民生

农村饮水安全工程列入自治区人民政府为民办实事项目之一，属于脱贫攻坚工作的重要考核指标之一，必须切实做好饮水安全工作。东兰县境内水资源包括地表水和地下水，其中可利用总量4.794亿立方米（地表水3.5亿立方米，地下水1.294亿立方米），占总径流量的25.67%。“十三五”期间东兰县大力推进重点水源、农村水利、防洪减灾、农村饮水安全巩固提升工程等水利工程建设，2016年至2019年，全县共投入资金24234.3万元，实施脱贫攻坚农村饮水安全战役工程和大石山区农村饮水安全巩固提升大会战工程，共建成农村集中供水工程796处、家庭水柜3114座，所有的工程已经全部投入使用，受益人口14.94万人，其中贫困人口4.69万人。全面实现屯屯自来水，户户水到家。在初步完成饮水安全建设的同时，东兰还开展了全面巩固提升农村饮水工程，通过新建、扩建、配套、改造等，统筹解决季节性缺水、饮水不稳定、易反复、水质保障低等问题，进一步改善农村饮水条件，确保贫困人口水量、水质、用水方便程度、供水保证率达到脱贫摘帽标准。2020年实施集中供水工程580处，其中新建551处，维修29处；家庭水柜工程868座（新建783座，维修85处），涉及农户879户，其中贫困户519户，非贫困户360户。

★专栏 6-3★

饮水安全工程让花香乡农户喝上放心水

花香乡弄情屯是东兰县实施农村饮水工程惠民的一个缩影。2016—2019 年，东兰县整合资金 2.91 亿元，实施脱贫攻坚农村饮水安全战役工程和大石山区农村饮水安全巩固提升大会战工程，建成农村集中供水工程、家庭水柜等，所有的工程已经全部投入使用，受益人口 14.02 万人，其中贫困人口 4 万多人。

“这是我们家的新水柜，有了这个大家伙，一年四季不缺水，水管还直接连到家里，再也不用挑水了。”在东兰县花香乡弄情屯，村民罗卫指着去年底建成的 60 立方米水柜，兴奋地告诉记者。该屯 16 户人家全是贫困户，以前饮水全靠村边的一个山洞储水，2019 年在该屯建设一个集中供水工程、6 个家庭水柜，缺水难题得到永久解决。当地扶贫干部通过调查规划，结合脱贫摸底调查工作进行饮水安全情况普查，建立到村到户的饮水情况档案，精准实施农村饮水工程。花

图 6-2　花香乡弄情屯新建家庭水柜

香乡实行以奖代补、先建后补、差异化扶持补助等办法，激发群众内生动力，调动贫困户参与扶贫积极性。采用“民用、民助、民受益、专业队承包”的“三民一包”办法，鼓励受益群众投工投劳，发动全民参与家庭水柜和农村集中供水工程建设，为贫困户安装家用净水器、在新建的集中供水工程配套安装消毒设备，加强水质提升，让群众放心用水①。

（二）实施会战建工程

“十三五”期间，东兰全力推进惠及民生的农村水利工程建设，全面实施重点水源、农村水利、防洪减灾、病险水库加固工程、河流治理工程、抗旱引调提水工程、水土流失综合治理等工程，着力提升县域“民生水利、生态水利、安全水利”建设水平。

重点水源工程。开工建设大巴英水库，加快推进香河水库工程建设，优化全县水资源配置，提高城乡供水保障能力。在建城区备用水源项目，即新建絮凝沉淀池、虹吸滤池、清水池、反冲洗废水沉淀池、综合楼、水泵房、值班室和铺设配水管网等。农田水利工程。完成中央财政小农水重点县项目隘洞灌片、长江灌片和三石灌片、大同灌片节水改造工程建设，三石镇富硒米示范基地节水灌溉工程、东兰县田洞至乐里万亩核桃示范基地节水灌溉工程、东兰县长乐镇定安村县级万亩核桃示范核心区节水灌溉工程；实施东兰县兰木乡现代特色农业（核心）示范区节水灌溉工程；加强推进东兰县兰木乡那权水库、东兰县长江镇三塘水库 2 个项目前期工作。河流治理工程。强力推进东兰县武篆镇色故河段整治工程、东兰县武篆镇那烈河段整治工程 2 个项目前期工作。抗旱引调提水工程。完成九曲河城区周塘河段

① 广西日报:《东兰农村 7.4 万余户喝上放心水》，2020 年 6 月 23 日。

防洪整治工程建设，建成长乐、巴畴、泗孟、兰木、花香、切学等6处抗旱引调提水工程建设。开工建设金谷乡抗旱应急供水工程、长江镇抗旱应急供水工程、大同乡和龙抗旱应急供水工程、大同乡板坡抗旱应急供水工程、三弄乡抗旱应急供水工程等5个项目。同时推进桂西北扶贫治旱红水河灌区工程前期工作，项目灌溉总面积9.4万亩，匡算总投资14亿元。

★专栏 6-4 ★

加大投资力度　解决东兰农村饮水问题

2019年，广西东兰县紧紧围绕脱贫攻坚饮水安全保障目标要求，立足巩固提升农村饮水安全建设成果，重点通过新建家庭水柜、改造（维修）家庭水柜、新建集中供水工程、改造（维修）集中供水工程等方式，斥资2.0501亿元，着力解决全县农村群众饮水安全问题，进一步提高群众饮水保障程度。

筹措资金19121万元，建成集中供水工程496处、完成任务数374处的132.6%，改造已建集中供水工程28处，建成家庭水柜2208座，完成任务数的108.2%，改造、维修家庭水柜116处，受益人口35971人，其中涉及建档立卡贫困人口18040人。全县农村人口饮水安全达标率已经达到98%以上，全县农村自来水普及率为83.5%。筹措资金760万元，实施全县贫困户历年建设还在正常使用的2099座无盖水柜、水池进行加盖。2019年，完成水柜、水池加盖1844座，完成任务的87.9%；筹措资金1002万元，购置2824台净化器和800台消毒设备，分别安装在贫困户历年已建及2019年新建的家庭水柜和800处集中供水工程，2019年，已经完成试点村屯的45座家庭净水器的安装工作；加盖和安装工程计划2019年于11月底前全面完工，届时将进一步提升群众饮水安全保障。筹措资金620万元，采购水管244474米，完成对全县2019年7月遭遇特大洪灾损毁严重的部分村屯供水工程维修或重建，恢复灾区群众的生活用水①。

三、开展“美丽东兰”乡村建设，提升农村人居环境

东兰县自脱贫攻坚以来，以建设美丽宜居村庄为导向，以党建为引领，以农村垃圾、污水治理和村容村貌提升为重点，实施农村人居环境整治三年行动、广西“生态宜居·美丽壮乡”乡村风貌提升三年行动，持续开展“美丽东兰”乡村建设，推动全县农村人居环境提档升级。

（一）实施农村人居环境整治工程

开展农村垃圾治理专项行动。开展“清洁乡村”巩固行动，巩固完善“村收镇运县处理”“村收镇运片区处理”“村庄就近就地处理”的城乡垃圾处理体系，按照“县有场、乡有站、村有点、屯有箱、户有桶”目标，加强农村垃圾处理设施建设及管护。开展农村污水治理专项行动。大力推进镇级污水处理设施建设，有条件的乡镇实施城镇污水收集管网向周边村庄延伸工程，引进低成本、低能耗、易维护、高效率的农村污水处理技术；全面整治村庄河塘沟渠，治理房前屋后、道路两侧排水沟，形成网络化的雨水排放体系。开展农村“三改”专项行动。以改厕为重点，推动农村新建住房全面配套无害化卫生厕所和农村户用厕所无害化改造；推进改圈，建设一批标准化养殖小区和畜禽粪污资源生产有机肥项目，推行科学养殖粪污处理技术，消除农村养殖粪污污染；推进改厨，建设干净整洁卫生、满足基本功

① 人民网东兰:《广西东兰：2019年斥巨资2亿元解决农村饮水问题》，2019年12月30日。

图 6-3　花香乡人居环境

能、管线安装规范、烟气排放良好的清洁厨房，提升农村厨房文明。

（二）推进村庄建设

保障安全住房。“十三五”期间完成 2002 户贫困户危房改造任务，建立健全农村基本住房安全保障长效机制。2016 年以来，东兰县共完成 4940 户危旧房改造，对于无能力建房的特殊困难户，全县投入 230.55 万元通过统建、代建等兜底建房，解决 53 户特殊困难户的住房问题。全县住房保障率达 99.83%。建设 27 个集中安置点，实施 2429 户 9831 人易地搬迁。提升村容村貌。加强村屯绿化，按照村庄规划和“一清二拆三整理四美化”的要求，实施“绿美乡村”工程，推动乡村植树造林和绿化景观改造，着力推进“森林乡镇”“森林村庄”“绿色村屯”等建设。提升乡村建筑风貌，建设保护发展一批历史文化名镇名村、传统村落以及传统建筑构成的传统文化示范区（带），整体提升农村建筑风貌和文化内涵，彰显东兰红色文化和民族文化特色。完善乡村公共服务配套。加强村级综合服务中心、农村学校、乡镇医院、村级卫生院、养老院等公共服务设施建设，改善公共服务场所和设施设备条件。加强农村公共服务队伍建设，扩大服务范围，提高服务水平，就地就近满足农村群众教育、医疗、卫生、社保、法律咨询、金融、就业等服务需求，逐步实现城乡公共服务均等化。

（三）保护乡村生态

坚持保护优先、自然恢复与治理修复相结合，处理好开发与保护的关系，实施农村生态修复项目。加大水资源及河流生态保护力度。推进县内红水河入河排污口布局与整治项目 14 处。加强水土流失治理，实施农村水土流失治理项目。扎实推进农村沼气建设工作，建设 207 座沼气池。对水资源水环境超载区进行修复治理，推进农村水源地安全保障达标建设 14 处，大力推进农村水生态文明建设，为贫困地区生态扶贫夯实基础。加强石漠化综合治理。坚持自然修复和人工促进相结合，生物措施与工程措施相结合，积极推广应用“人下山、树上山、草绿地、羊入圈、药盖石、水蓄柜、土保持、民致富”等先进实用技术和成功治理模式，结合生态扶贫和易地扶贫搬迁，加大植树造林、退耕还林、圈养牛羊、种草栽药、水土保持，促进东兰县石漠化村镇的生态环境改善，增强可持续发展能力。构建桂西北生态安全屏障。东兰县牢固树立绿色发展理念，科学划定以湿地、林地、水源地为主的生态环境保护红线，以荒漠化、石漠化、岩溶地区域为主的生态脆弱区保护红线，以生物多样性地区为主的生物多样性保护红线，积极实施天然林保护、低效林改造等重大生态工程、国土绿化工程、湿地保护与修复工程、生物多样性保护工程、林业灾害防控体系工程等建设。目前已基本实现扶贫减贫与环境整治、生态多样性保护共赢目标。

图 6-4　东兰县 2019 年乡村风貌提升工作会

★专栏 6-5★

扎实推进社会事业基础设施建设

交通建设。新建东兰至都安大兴二级公路（东兰段）、巴畴至金谷二级公路、东兰县长乐经花香至九圩二级公路（原国道 323 旧线）、东兰绕城路（同拉至委荣）、东兰县乡镇联网二级公路，改扩建东兰武篆至巴马西山二级公路、长乐镇板登至英法村部道路，新建一批屯级道路，实施屯级道路硬化工程、农村公路安保工程。

教育基础设施建设。实施贫困地区义务教育全面改善薄弱学校建设。建设巴挽小学综合楼、巴拉小学综合楼、拉甠小学综合楼、美逢小学综合楼、坡峨中学学生宿舍楼、长乐小学学生宿舍楼、长乐中学教学楼，实施金谷中学公共卫生间工程、乡镇公立幼儿园项目、大同乡幼儿园项目、三弄乡幼儿园项目、长江镇幼儿园工程，乡镇公立幼儿园项目、武篆镇幼儿园项目、切学乡幼儿园工程。

卫生基础设施建设。强化基层卫生服务能力建设，建设东兰县人民医院后勤服务楼、兰木乡卫生院业务综合楼、长江中心卫生院综合楼及长江镇兰阳医技综合楼、兰阳卫生院业务用房；加快推进东兰县民族中医院搬迁工作；实施东兰县血吸虫病防治站办公综合楼项目、东兰镇卫生院业务综合楼项目、长乐镇卫生院业务综合楼项目、大同乡卫生院业务综合楼项目、花香乡卫生院业务综合楼项目及武篆镇中心卫生院门诊综合楼项目。

文化广电基础设施建设。实施东兰县体育中心、东兰县文化艺术中心项目建设，泗孟乡无线发射台建设项目，东兰电影大厦，以及6个村级公共服务中心项目；建设东兰县巴英、板登特色蚂拐节文化广场，推动特色蚂拐文化产业发展。重点创建更新韦拔群纪念馆、红水河铜鼓生态博物馆、东兰县红水河流域铜鼓文化博览园（东兰县民族博物馆）、东兰县民间铜鼓收藏馆等特色文博产业基地和博物馆。

四、加强两网建设工程，加快脱贫攻坚脚步

“当今世界，信息化发展很快，不进则退，慢进亦退。”[①] 在习近平总书记关于网络强国的重要思想指引下，我国互联网基础设施加快建设、自主创新能力不断增强。尤其对于广大农村地区的发展来说，电力是网络发展的前提，推动电网的升级，抓紧实现网络的全覆盖，是目前农村地区亟待解决的问题。东兰在保证完成“两不愁三保障”的

① 2016年4月19日，习近平总书记在网络安全和信息化座谈会上的讲话。

底线任务的前提下，重点加强供电、通信、网络等设施建设。

（一）全面落实农村生产生活用电

东兰非常重视脱贫攻坚的电力保障，积极推进农村电网改造工程，加大农网改造资金投入。2015 年以来，通过线路改造、变压器增容等措施，解决电压不达标、架构不合理、用电不安全等问题，使 18 万余人用电质量得到改善。目前辖区内贫困地区农网改造升级，电力基础设施建设得到加强，实现贫困村动力电全覆盖，贫困地区电力普遍服务监测评价体系建立，贫困地区农村电力建设管理和供电服务得到提升，为产业发展提供了“动力”。

2016—2020 年，完成 10 千伏及以下农网投资 6.24 亿元，新建或改造配变台区 1871 个，容量 18.37 万千伏安，中压线路 648.19 公里，低压线路 2043.61 公里。经过改造升级，东兰县电网供电可靠率 99.81%，综合电压合格率 99.17%，户均配变容量 2.2 千伏安，10 千伏线路环网率 84%，配网自动化覆盖率 97%。“三大关键指标”提前一年完成国家新一轮农网改造升级目标，为东兰县提供了坚强的电力保障。实现全县 149 个行政村 2773 个自然村屯 100% 通动力电，农户家中 100% 接通生活用电，17195 个贫困户、68303 个农户 100% 通生活用电，提前一年实现自治区政府下达脱贫摘帽“有电用”认定目标。“十三五”以来，东兰县政府实施易地扶贫搬迁安置点项目 38 个，由广西电网公司出资建设配套项目 2 个，总投资 157.4316 万元。截至 2020 年 9 月底，全部完成包括红水河商贸城隘洞镇安置小区项目在内的 38 个移民安置点的通电工作，保障了安置建档立卡贫困人口 9057 人 2531 户的用电。

（二）推进农村信息网络宽带覆盖

“十三五”期间，东兰深入实施百兆光纤进农村，全面完成电信普遍服务试点项目建设，实现贫困村通光纤，全县50%以上自然村实现光纤网络覆盖，其中50户以上自然村基本全覆盖，农村50%以上宽带用户接入速率达到100Mbps以上，每个贫困村平均设2个以上4G基站。东兰积极鼓励基础电信企业针对贫困地区和贫困群众推出资费优惠举措，降低农村用户宽带接入资费。加快广播电视基础网络建设和升级改造，开通数字广西传输信号。通过创新和完善城乡广播电视公共服务产品和服务供给，着力打“智慧乡村”。同时，东兰依托广西电子政务外网基础设施资源，整合广西扶贫开发综合管理信息系统已有资源，改善信息化建设应用基础环境，推动东兰县脱贫攻坚信息化大数据平台建设，实现“互联网＋扶贫”的落地。

★专栏 6-6 ★

618·电商扶贫购物节[①]

2019年6月17日上午，为期两天的2019年东兰县“618·电商扶贫购物节”暨“七一红色购物季”活动在县中心文化广场盛大举行。本次活动旨在加快东兰县电子商务发展，加强电子商务进农村工程建设，带动贫困户增收，助力全县完成脱贫攻坚，促进县内名优特产销售和旅游业的发展。活动由东兰县人民政府主办，东兰县工业信息化和商务局承办。6月18日这一天，全国各大电子商务平台都会推出一系列大型促销活动，在此背景下，活动组织方通过精心策划安排，实现了线上电商资源与线下本地扶贫产品、名特优产品的结合，经过前期不断的宣传预热，有效提升了活动吸引力和参与度，且

① 广西新闻网:《东兰县“618·电商扶贫购物节”活动举行》，2019年6月19日。

参展活动产品优惠力度大，成功吸引了大量消费者到活动现场咨询和购买。

本次活动现场共有32个展位，设有电商扶贫农产品专区、东兰名特优产品区、东兰本地小吃美食区、电商旅游宣传区，充分照顾到了各种类产品的参展需求，参展产品种类全面、品种丰富。电商扶贫展区由县电子商务服务中心和相关企业集中收购东兰墨米、红豆、红薯粉等扶贫产品到现场进行销售，产品直接以成本价进行销售，鼓励群众进行消费扶贫。东兰传统小吃展区则汇聚了东兰各式美味小吃，如东兰灰粽、东兰油团等产品，特有的美味和口感使其受到了大量抢购，活动当天还未结束就已经销售一空。本次活动还组织到了以东兰铜鼓为代表的一些本地民俗产品、手工艺品参展。借助活动的宣传，让这些文化遗产再一次发光发热，加强了群众对其的了解和关注。为了确保活动产品的顺畅发货，现场还特别设立了快递服务展位和发货区，为线上售出的活动产品能够及时发货提供了保障。

据统计，本次活动32个展位的产品，均取得了不错的销售业绩，两天活动直接销售额达157万元，此外签订的采购意向达200多万元。据悉，除了线下的展会活动，线上促销活动将持续一个月，到7月18日结束，不少活动产品还将在线上电商平台持续进行促销，相信届时其销售额还将继续增长。

五、以整态化的视角审视基础设施扶贫建设

贫困问题是伴随人类文明发展的难题之一，没有对贫困问题深刻的认识，就谈不上提出有效的对策。正因为贫困存在的客观性，扶贫和脱贫需上升到社会治理的层面，才能达到有序和有效的水平。以东兰为例，中国的贫困有着自己的特点，例如地域面积广，致贫原

因复杂，这就导致了部分地区脱贫攻坚的难度非常大，成效亦不易巩固。由此，科学的贫困治理也就是通过精准扶贫有序推进贫困地区的经济发展，是对中国贫困进行深刻的研读，进而提出的适合中国扶贫开发、推动经济社会发展的良方，是道路自信、理论自信、制度自信、文化自信的极大体现。从“整态化”的视角出发，结合西南片区贫困形成因素的特点，基础设施建设在贫困治理中起到的作用更为突出。已有研究发现，完善基础设施、巩固困难群众的脱贫之基和抓产业促就业增强困难群众的“造血”功能是贫困县脱贫摘帽的主要推动力。在基础打牢之前，科技教育、健康保障、文化科普、金融服务等政策工具对于贫困县减贫效果不显著[①]。故此，东兰基础设施扶贫的经验就显得更为重要。东兰紧紧围绕以补齐发展短板、夯实发展基础为中心，统筹推进交通、水利、城乡、社会事业、旅游、贫困村和能源七个方面的基础设施建设，进一步提升全市基础设施建设水平，改善城乡居民生产生活条件，为全面打赢脱贫攻坚战，实现与全国全区同步全面建成小康社会打下坚实基础。

（一）为乡村振兴打下基础

东兰县基础设施扶贫奠定了东兰未来发展的基础，为乡村振兴提供了基本的物质保障。通过基础设施扶贫，东兰加强城乡规划编制，扎实推进一批重点城乡项目建设，提升了城镇综合承载能力和管理水平。

市政基础设施项目。“十三五”期间进行了污水管网改造，城区污水处理厂应急池、城区生活垃圾处理场渗滤液处理提升改造，隘洞、长乐、三石、长江 4 个重点城镇污水处理设施项目，三石、长

① 冯朝睿，李昊泽：《贫困县脱贫摘帽的影响因素及实践路径——基于中国西南地区 60 个案例的模糊集定性比较分析》，《云南财经大学学报》2020 年第 11 期。

江、兰木、巴畴、金谷、三弄、切学、花香、大同9个乡镇农村垃圾乡镇片区处理中心项目。城镇基础设施项目。“十三五”期间，加快推进东兰县过境公路升级改造、东兰县华中桥建设、东兰县拉坝桥建设等建设工作、隘洞镇红水河码头步行风行街改造工作、新车站旁搬迁安置点房屋外立面改造工程等新型城镇化示范县建设，同时加强推进长乐镇百镇建设示范工程项目。另外部分续建项目持续进行。贫困村基础设施项目。“十三五”期间，解决了近20万人的行路不安全问题。东兰县村屯交通末梢已全面打通，老区乡村闭塞面貌明显改善，顺利实现“屯屯通好路”的小康愿景。

（二）对产业发展的促进

“产业扶贫是稳定脱贫的根本之策，但现在大部分地区产业扶贫措施比较重视短平快，考虑长期效益、稳定增收不够，很难做到长期有效。如何巩固脱贫成效，实现脱贫效果的可持续性，是打好脱贫攻坚战必须正视和解决好的重要问题。”[①] 东兰基础设施的建设已经初步为特色产业、旅游产业、商贸、新产业等提供了坚实的基础，为脱贫攻坚成果的巩固提供了基本保证。

特色产业。农业方面，包括东兰县兰木乡特色水果种植项目、东兰县红色休闲农业核心示范区、东兰县世界银行结果导向型贷款广西扶贫示范项目，巴英河流域药用植物园项目等。林业方面，包括东兰县油茶种植产业、东兰县江洞油茶产业核心示范区、东兰县板栗产业（核心）示范区等项目。水产畜牧业，武篆镇东里村纳劳生态肉牛养殖基地项目，东兰县育种场建设项目等。并对产业园区基础设施建设持续加力。“十三五”期间，继续加大力度推进长寿生态食品加工园

① 习近平：《在打好精准脱贫攻坚战座谈会上的讲话》（2018年2月12日），人民网，2020年4月30日。

图 6-5 自然生态观光旅游示范村——拔群故里

区路网、供水、供电等基础设施建设，加快园区供水工程正在进行项目的场地平整等建设。

旅游产业。以特色旅游为目标，推进“旅游旺县”发展战略，着力实施乡村旅游产业扶贫“123456 工程”[①]，积极推进 14 个乡镇共 43 个景区（点）项目建设，助力脱贫攻坚。主要着力提升旅游设施服务能力，打响全国生态保护与建设示范区品牌，实施乡村旅游富民工程。目前已经建成 20 处景区（点）、30 家农家乐，旅游直接和间接从业人员达 3 万人以上，旅游扶贫带动 10539 人减贫。

商贸服务。大力发展电子商务，加快推进全国电子商务进农村

① “123456 工程”：兴建 1 个全县旅游服务中心，形成 2 条精品旅游线路，新建改建 3 条旅游公路，建设 4 大旅游重镇，新增 5 个 3A 级以上旅游景区，创建 6 家星级农家乐。

综合示范县电子商务物流配送，推进东兰县全国电子商务进农村综合示范电子商务县、乡、村三级公共项目。东兰县立足县情，将电子商务工作与消费扶贫工作相结合，建成县级电商公共服务中心以及县、乡、村三级物流体系，配置完善的硬件设施，为全县电子商务、消费扶贫发展提供综合支撑。通过与三大主流电商销售平台深入合作，开设东兰特产淘宝店、中国特色·东兰京东店、微信微店，不断拓展电子商务及相关配套服务在农村的服务领域和服务深度。

新产业新模式。脱贫攻坚中，深圳市龙华区结对帮扶东兰县，双方本着互利共赢理念深化扶贫协作。双方筹资 1.8 亿元建设东兰龙华高科技产业园，从广东引进俊宏精密电子有限公司、东兰汉科科技电子有限公司、高新玩具制品（深圳）有限公司、广西东兰校园文化用品有限公司进驻。按照“1+13+1”模式打造“东兰扶贫子母车间”，建设扶贫大车间和 13 个乡镇扶贫车间和 149 个村级小车间，承接东部产业转移的劳动密集型企业。2020 年，东兰继续推进“十大百万”扶贫产业的基础设施建设。完善对核桃产业，油茶产业，板栗产业，桑蚕产业，“三特”水果产业，长寿生态富硒产业，肉牛肉羊产业，淡水生态养殖产业，黑山猪（含香猪）产业等示范区和示范基地的水、电、路等基础设施建设，特别要加强对农田水利、产业道路等基础设施建设，为发展高效高质扶贫产业提供保障。

（三）对主体内生动力的激发

发展是为了人民，扶贫的成果最终要为全体人民共享。教育、医疗等保障性的基础设施建设成果是与民生最接近的部分。民生基础设施提供了后盾，贫困群众在此基础上才能减少后顾之忧，全心过好自己的幸福生活，迈向小康之路。

教育基础设施。实施义务教育“全面改薄”工程。加快推进中小学校舍安全工程与农村义务教育薄弱学校改造、农村初中校舍改造工程，推进义务教育学校标准化建设，按照国家基本标准配齐图书、教育仪器设备、音体美器材。新建8所乡镇公办幼儿园、1所新城幼儿园、县城区巴盘幼儿园、三石镇幼儿园、巴畴乡幼儿园、花香乡幼儿园、新建广西拔群干部教育学院项目、新建东兰县新城实验小学、新建东兰县第二高级中学、广西党员干部教育基地建设项目、东兰县向阳小学迁建工程。改善寄宿制学校住宿和食堂条件，对难以保障就近入学或实行寄宿制的学生提供校车服务，切实加强校车安全管理。加强农村远程教育和信息化设施建设。以国家《教育信息化十年发展规划（2011—2020年）》为指导，加强数字化教学资源开发利用，全县村完成小学以上学校配齐“班班通”教学设备，开设信息技术教育课程，初步实现信息化教育目标。

医疗和其他保障。对医疗卫生基础设施进行建设或改造，其中包括东兰县兰木乡卫生院业务综合楼、东兰县武篆镇卫生院业务用房、东兰县疾病预防控制中心业务综合楼建设项目、东兰县大同乡卫生院业务综合楼、东兰县长乐镇卫生院门诊综合楼、东兰县花香乡卫生院业务用房、东兰县东兰镇卫生院业务用房。推进养老机构和福利机构建设，包括东兰县社会福利中心老年养护综合楼、东兰县社会养老服务体系老年人公寓建设项目、东兰县14个乡镇农村养老服务中心、东兰县未成年人救助楼、东兰县社会福利院。

第七章

易地扶贫搬迁：农户需求与城乡融合的有效供给

习近平总书记强调："易地搬迁是解决一方水土养不好一方人、实现贫困群众跨越式发展的根本途径，也是打赢脱贫攻坚战的重要途径。搬得出的问题基本解决后，能否稳得住、有就业、逐步能致富，则是下一步的重点，也是检验易地扶贫搬迁最终效果的关键。"① 经典的移民"推拉理论"认为人口迁移的动力由迁出地的推力（排斥力）与迁入地的拉力（吸引力）共同构成。迁出地的一种或多种有利因素所形成的拉力，促使人们迁入。中国的易地扶贫搬迁重点解决的是"一方水土养不活一方人"的问题，处在这一地域的人口往往受自然环境的影响缺乏生计发展条件而处于贫困的状态，进行搬迁成为其摆脱贫困的有效方式。东兰县统筹城乡融合发展，科学合理制定易地搬迁规划，全面落实"移民搬迁安置一批"具体内容，通过危房改造和易地搬迁解决农户自有住房安全，同时对搬迁安置点配套建设基础设施，落实后续帮扶措施，加大产业扶持、转移就业、生态扶贫等政策

---

① 中央广播电视总台央广网：《【每日一习话】做好易地搬迁后续帮扶》，2020年7月13日。

落实力度，做到一户一策、精准到人，确保搬迁一户、脱贫一户，解决农户的后顾之忧，真正实现农户的可持续发展。

一、搬迁脱贫：东兰县精准脱贫的必然选择

东兰县是广西20个深度贫困县之一，全县三分之一以上的群众生活在边远、高寒、地质灾害频发地区，生产生活条件十分艰苦，生存环境极其恶劣，是典型的“一方水土养不起一方人”。通过易地扶贫搬迁工程，把这部分贫困人口搬迁出来，改善贫困人口的生存和发展条件，帮助其实现脱贫，成为打赢脱贫攻坚战的必然选择。

（一）搬迁推力：东兰恶劣的自然环境和生计发展条件

人的一切生存活动都依赖于自然界而得以进行，自然界是人类生存、发展的最基本的依赖和保障。自然界可供人类获取的生存资源的状况和人类获取这种生存资源的能力、状态，决定了人类的实际生存状态[①]。自然环境的承载力和支撑度降低，人类利用和开发自然的可持续能力低下，不能从自然界获取必需的生存和发展资源而陷入贫困之中。生态贫困是由于生态危机而导致的贫困状态，或者说生态危机就意味着人类的生态贫困。生态危机的本质是人与自然关系的恶化给人类造成的生存困境，而人与自然关系的恶化是由人的特定生存理念主导下的生产方式和生活方式所造成的，即人的存在方式决定其对自然、对自身以及对二者关系的观照和作用方式[②]。

① 龙先琼:《关于生态贫困问题的几点理论思考》,《吉首大学学报（社会科学版）》2019年第3期。

② 杜明娥、杨英姿:《生态文明与生态现代化建设模式研究》，人民出版社2013年版。

东兰县绝大部分贫困人口的贫困成因是由于生态环境恶劣所造成的，在恶劣的自然环境下，所处的地理区域不能提供足够的生计物质产出，造成了贫困人口的生计式微，也就是生态贫困。东兰县地处桂西北山区，这里的土地特点大致是四分土六分坡。东兰县全县土地总面积 241500 公顷，其中岩溶地区面积占土地总面积的 60.71%。在岩溶地区面积中，石漠化土地 88221.0 公顷，占岩溶面积的 60.17%，涉及全县 14 个乡镇，自然生态环境十分恶劣①。东兰县是大石山区，全县 30 万多人口中，有 26 万多人生活在“九分石头一分土”的 4700 多个弄场里。在这样的地形条件下，东兰县形成了碗一块瓢一块的土

图 7–1　东兰县 80 年代自然环境恶劣

① 张频：《东兰革命老区发展史》，广西人民出版社 2019 年版，第 133 页。

地分布特征，且成为村民们向天要粮、填饱肚子的唯一途径，但无穷无尽的无效开垦和掘地三尺的无度索取，让本就很贫瘠的土地到处是不毛之地。一场场大雨过后，水土流失、山石裸露，在这种不计后果的开发后，全县的生态环境陷入恶性循环。再加上东兰县的人口密度大，远超过其生态环境的容量，加剧了生态环境恶劣，造成了区域内群众的生活贫困。大部分石漠化地区只能在石缝中种玉米等旱地作物，广种薄收，只能维持基本的口粮需求。石漠化发展进一步降低生态环境质量的同时，也阻碍着区域经济社会协调发展，成为制约农村脱贫解困的主要瓶颈[①]。

★专栏 7-1★

搬离深山挪穷窝的故事[②]

瑶族青年蒙永林做梦也没有想到，他仅交了 1 万元，就在东兰县城的向阳新城获得一套新房子，一家四口住到了城里，成为城里人。他原来居住的地方，在花香乡弄兰村一个叫“老雨”的峒场里。那里四处都是高耸陡峭的石山，没有土地，不通公路，一条羊肠小道就像一根灰藤，攀着悬崖从山脚蜿蜒而上，快到山顶突然折一下，掉进一个石坑里，就到了他们祖祖辈辈生息的地方。从老雨垌到山脚下的公路，要走 1 个小时，到最近的板坡街，步行加乘车，单程也要花两个多小时。

关于为什么选择到这么险峻恶劣的地方居住，蒙永林听老人们说是民国时期为了躲避战乱，祖上就举家搬迁到此，至于到他们这一辈这里究竟居住了几代人他自己也不清楚，他只记得家里面的人丁就

---

① 黄艳霞:《桂西岩溶山区生态现状及其重建对策》,《中国水土保持》2003 年第 8 期。

② 张频:《奋进东兰》, 漓江出版社 2019 年版, 第 247 页。

没有兴旺过，也兴旺不起来，究其原因主要是饭不够吃，地方也不够住。至今按灶火数算，也不过 5 户人家。在脱贫攻坚战打响的时候，很多村屯都修了公路。蒙永林心里也曾暗暗祷告着，可是，要修上老雨垌的公路，得绕着大山盘旋而上，而且山崖陡峭石头坚硬，工程的难度以及成本实在太大，没有上百万元啃不下来。

针对居住自然条件差、生存条件恶劣、缺乏基本生产生活条件和受地质灾害严重威胁的蒙永林们，东兰采取了易地扶贫安置的方式，把蒙永林们安置到规划好的安置点。在安置点，他们的住房房屋质量好、水电充足，安置点交通便利，电视、电话信号好，去医院和小孩子去学校都很方便。“共产党好！”只有小学五年级文化的蒙永林说，从他的表情上可以感受到他的由衷感激。搬是搬出来了，可是只给房子住，没有就业支撑，蒙永林的脱贫是没有基础的，在安置地的稳定也就成了问题。为了让蒙永林们实现“搬得出、稳得住、能发展、可致富”的目标，东兰的决策者们决定在安置点建设扶贫车间，帮助搬迁群众实现在家门口就业。通过粤桂帮扶，引进东部实力雄厚的企业，并在深圳市资金的注入帮扶下，东兰县在三石镇建起了东兰龙华高科技产业园（扶贫大车间），引入东兰俊宏精密电子有限公司、东兰汉科电子科技有限公司等企业，并在其他 13 处各乡镇安置点和向阳新城安置点建立子车间。蒙永林们由此成为“新产业工人”，在新家门口实现了就业。

（二）搬迁导向：生态环境保护与乡村社会经济的协调发展

自然资源和环境是经济发展的基础和条件。追溯历史，在新中国成立之初，东兰县的山林生态是保持得很好的，但是因急于解决人民群众的温饱问题，急于大办工业赶超英美，在“左”的路线的影响下，东兰县也经历了大炼钢铁、毁林造地等一系列有悖自然规律的错误生产方式，从而使县内的原始树林一夜间被砍伐精光；原先良好的生态植被被大规模的毁林造地运动毁于一旦，全县的森林覆盖率由1950年的24.8%，下降到1975年的9.5%[①]。植被的严重破坏，进一步加剧了水土流失，荒漠化程度加深，生态破坏严重影响农业的生产发展。党的十一届三中全会召开后，东兰县县委县政府痛定思痛，迅速调整发展思路，咬定生态建设不动摇，着力进行生态恢复工程，集中力量进行造林灭荒工作，从转变农民观念入手，动员农民放下锄头，放下柴刀，停止山地开荒，进行环境保护。经过十几年的退耕和石漠化综合治理，东兰县的生态环境恢复取得极大成就。然而，在落后地区，经济发展和环境保护一直存在矛盾，贫困地区在很长一段时间内的经济发展是以牺牲环境为代价的，传统的生产模式必将进一步加剧生态环境的破坏。东兰县人均耕地面积小，再加之人口增长，在退耕还林前期，为应对人口增长所带来的生计压力，广大农村地区是通过砍伐开荒拓展耕地面积以获得更高的粮食产出来实现的，砍伐开荒进一步造成了水土流失，从而加剧土地荒漠化，从而陷入开荒造地—水土流失—土地荒漠化—再开荒造地—再水土流失—再荒漠化的恶性循环之中。基于这一具体背景，这些地区应理性选择生态型反贫困的战略。生态型反贫困是指当一个贫困地区生态系统失衡情况严重或生态问题突出地阻碍了经济、社会发展，使贫困问题难以解决或贫困问题不能得到稳定的解决时，通过优先地进行生态环境建设和保护，提高生态环境质量，为经济、社会发展创造条件，或者采取措施实施人类社会活动转移以恢复生态环境，进而促进贫困问题缓解或消除贫困的形态。[②]优先保护生态环境成为选择，进而限制自然资源的开发，为

① 东兰革命老区发展史。

② 于存海:《西部地区贫困特区的内涵与制度建构》,《内蒙古社会科学（汉文版）》2003年第2期。

经济社会的可持续发展创造有利条件。

生态环境治理与乡村社会经济发展密切相关，处理好生态环境保护与资源开发之间的矛盾，是贫困地区实现可持续发展的关键。通过易地扶贫搬迁，原区域内的人口数量减少，资源环境承载能力提高，可供留守人口发展资源增多，避免因发展资源过少而产生的资源争夺的现象，在生态保护的前提下，依靠已开发的原有资源能够提升留守人口的生计发展条件和生存能力是易地扶贫搬迁的溢出效应之一。通过易地扶贫搬迁，促进迁出地生态环境的恢复，重建迁出地的生态系统，提高经济系统的收益，对生态经济系统进行整合，以保护和建设贫困地区生态环境的过程作为一个贫困地区的新型经济发展过程，在改善生态环境的前提下，促进贫困地区特别是迁出地的社会经济环境的改善以达到可持续发展的目的。东兰县通过大力实行易地扶贫搬迁，将一部分贫困人口搬出去，减轻区域资源的环境压力，搬迁出去的贫困人口获得更好的发展资源和生计条件，促进个人的发展，是促进该区域生态环境保护与乡村社会经济协调发展的最优选择路径。

（三）搬迁拉力：贫困群众强烈的搬迁意愿和生计发展需求

1. 对美好生活的向往

行路难、用电难、饮水难、上学难、就医难成普遍问题，靠着几分山地，村民们过着简单、贫困的生活，处在“一方水土养不起一方人”的状况中。只有挪“穷窝”，才能断“穷根”。贫困地区建档立卡贫困人口普遍生存环境较差，收入水平偏低，生产和生活不便且居住地开发难度大，住房安全难保障，饮水困难、不安全现象突出。通过易地扶贫搬迁，可享受迁入地远优于迁出地的基础设施条件、教育医疗服务、就业培训服务等各方面公共服务供给，进而提升生活质量，满足其对美好生活的向往，因而贫困人口搬迁意愿强烈。

★专栏 7–2 ★

搬出山沟沟　解了六大难[①]

准备过新年了，外出务工的29岁青年覃培真回到老家，高高兴兴地将家具搬进新房。“原先住的地方在大山里，不通电、不通水、也不通路，从镇政府走回家要两个半小时。现在，新家就在公路边，十分方便。”覃培真一家有6口人，原是东兰县三石镇仁合村弄四屯人。2009年，他和泗爷、美逢、四合等几个村的125户人家集体搬迁到三石镇的多娴安置点。他告诉记者，他家以前住在山沟沟里，交通不便，年货不好买。2013春节，他去县城买了好多年货。这些年，他和妻子外出务工挣了十多万元，现在新房建有三层半高，建筑面积共260多平方米。

“群众渴望改变生活的愿望非常强烈。”同行的三石镇镇长韦成介绍，该安置点最初的指标只有90多户，提出申请的却有四五百户。针对此情况，政府多方向上级争取名额并通过集资，使名额增加到了125户。房子由群众筹资自建，征地费由政府补助2000元／人，最高补助1万／户。水电路、道路硬化、绿化等公共部分由政府无偿实施。据了解，东兰县至今仍有1.2万户4.65万人生活在边远、高寒、地质灾害频发地区，生产生活条件十分艰苦，生存环境极其恶劣。近年来，该县充分抓住国家实施易地扶贫搬迁工程机遇，以就地、就近、小规模集中和“插花安置”为主，以“搬得出、稳得住、能致富”为目标，极大地改善了群众生产生活条件，促进了社会主义新农村建设。群众住房难、行路难、用电难、饮水难、就医难、上学难的

① 林郁婷、覃凤勤、梁萍、韦振宁:《大石山区群众易地扶贫搬迁致富记》，2013年2月23日，广西县域经济网。

“六难”问题得到了基本解决。

2. 自身发展的需求

易地搬迁移民倾向于搬迁的原因之一是出于提升自身能力以促进自身发展的考量。使贫困人口陷入能力贫困之中，能力贫困是贫困的本质，迁出地社会环境差，提供的发展选择策略有限，限制人的主观能动性的发挥。能力贫困削弱贫困人口内生性脱贫动力。当贫困人口不具备自我发展能力时，大多寄希望于外部帮扶，久而久之产生依赖心理，慵懒懈怠，缺乏脱贫志向；脱贫志向缺乏导致内生脱贫动力不足，一旦脱离外部扶持，便会落入贫困陷阱，形成“贫困—依赖—贫困”的恶性循环。对于贫困人口而言，自我发展能力的提升是激发其产生脱贫动力的一种内生性力量，有助于激励贫困人口坚定脱贫信念，产生积极行动。[①] 易地扶贫搬迁对于提升贫困人口的发展能力具有积极的作用。贫困人口寄托于搬迁，希望实现社会环境的转换，能够获得更多的社会支持，利用新的社会平台以期获得更好的发展。

★专栏 7-3★

易地扶贫搬迁，打造致富家园[②]

来到三石镇那桑安置点，首先映入眼帘的是一座高大气派的村门，上书“洪福山庄”，村门是群众自发筹建的。该新村是国家实施易地扶贫搬迁三石第一安置点，村里 56 户均为壮族人家，来自美逢、板文等 5 个行政村。

---

① 梁伟军、谢若杨：《能力贫困视阈下的扶贫移民可持续脱贫能力建设研究》，《高等学校文科学术文摘》2019 年第 5 期。

② 林郁婷、覃凤勤、梁萍、韦振宁：《大石山区群众易地扶贫搬迁致富记》，2013 年 2 月 23 日，广西县域经济网。

居住在此的原美逢村村民韦盛锋说，搬迁前，交通极为不便，大人送小孩去村部小学念书，一天要将5公里的山路走2个来回。“现在家就在公路边，送小孩读书、回家都很方便。”韦盛锋回忆，6年前刚申请安置时，其中一户黄姓人家因为穷，借钱交了1万元押金，“当时户主连5元钱路费都拿不出，还是借的。现在，他不仅建好了三层半的楼房，还买了小车”。目前（2013年），整个新村已经拥有了8辆小车。从大石山区搬迁到安置点的群众，通过劳务输出、畜牧养殖、商贸流通、发展高效农业、种桑养蚕等多种渠道增加收入。其中，劳务收入占总收入的三分之一以上，在武篆镇和三石镇两处安置点，每年共有近200名劳动力外出务工就业，年劳务总收入300多万元。目前，搬迁户年人均纯收入由搬迁前的不足800元，增加到现在的2600元左右。

（四）搬迁理念：构建后续发展扶持机制

1. 绿色搬迁、绿色发展机制

东兰县早在21世纪的头十年的第一轮退耕还林工作中成为全区退耕还林第二大县。在“十二五”发展规划中，县委县政府明确规定了党政领导干部生态损害责任追究的主要形式，强调党政同责，党委和主要领导在生态环境方面“职责同有”“责任共担”，强调终身责任追责，扎紧环境保护的制度篱笆。由于有了严格的管理责任制度，生态环境给人民带来的福祉越来越大，广大群众形成了从“盼温饱”到“重环保”，从“求生存”到“兴生态”的思想飞跃，凝成了新时期县委县政府以“生态立县”的发展理念。易地扶贫搬迁与生态环境保护息息相关，在这一发展战略影响下的易地扶贫搬迁工作也呈现出“绿色搬迁”的特点。以绿色发展理念为指导，选择适宜区域特征的扶贫模式；在区域生态环境承载能力范围之内，合理有效地利用资源要素，走社会、经济、生态协调统一的可持续发展之路，切实避免在精准扶贫精准脱贫过程中对生态环境造成破坏，影响区域贫困人口的社会福祉①。

★专栏 7-4★

易地扶贫搬迁后续的生态恢复规定

按照《土地管理法》的相关规定，对全县易地扶贫搬迁农户安置后的旧房屋、宅基地及院坝等附属设施进行拆除和复垦。拆除旧房将宅基地和附属设施占地进行工程复垦和生态恢复，充分使用土地资源，促进城乡建设用地增减挂钩、缓解人地矛盾、改善环境、促进经济社会可持续发展。在工作方法上坚持耕地优先原则，农户搬迁后，旧宅基地、院坝圈舍等附属设施占地复垦按照复垦相关规定，优先复垦为耕地；不适宜耕作的要进行生态保护修复。强化迁出区的后续管理，依托东兰县国家生态环境保护与建设示范区建设，制定最严格的生态红线管理办法，加强迁出区的生态修复重建、水源涵养林保护与建设，推进封山育林和退耕还林、小流域水土保持、农村能源建设和森林防火等措施，提高森林覆盖率，促进生态系统结构与功能恢复；严格执行天然林保护政策，实施水源地涵养与保护工程，保护和改善水源地生态环境。建设“美丽东兰·生态乡村”，加强对迁出区和安置区绿化建设，构筑稳定可靠的生态安全屏障。通过易地扶贫搬迁，有力地促进了迁出地的生态环境恢复和保护，巩固迁出区的生态保护成果，反映绿色发展理念，有力地回应了东兰县“生态立县”发展战略。

---

① 王宾、于法稳：《基于绿色发展理念的山区精准扶贫路径选择——来自重庆市的调查》，《农村经济》2017 年第 10 期。

2. 整体视角推进城乡融合

易地扶贫搬迁是精准扶贫“八有一超”中任务最重、难度最大的头号工程，把贫困人口集中安置到地理环境好、生计资源丰富的城镇周边是易地扶贫搬迁工作的重要方式。东兰县紧紧围绕精准锁定搬迁对象和谋划安置方式，切实保质保量加快易地扶贫搬迁的步伐，让各项惠民政策真正落到实处，按照“一次规划到位、逐年搬迁建设”的思路和“三十年不落伍，五十年不拆迁”的标准，集中力量打造向阳新城等集中安置点，把集中安置点的建设规划到县城的发展规划之中，经过县四家班子领导的多次考察，一致同意在县城东北部的东兰镇那亨村的缓坡上，划出一块 2 平方公里的地块，再建一个东兰，在这种背景下，向阳新城应运而生，向阳新城建设是东兰县实施“大县城”战略的关键一环。

图 7-2　东兰县向阳新城鸟瞰图

东兰县以把向阳新城打造成一个生态之城、高效之城、人文之城、创新之城为目标，在规划设计时就把新城建设作为城市发展的有机组成部分和东兰风采的城市名片展示。向阳新城位于东兰县城东北部，距县城中心城区约 4 公里，距东北面的隘洞镇约 7 公里，西靠大山，东临九曲河和 323 国道，南起汽车总站，北至东兰县看守所。东兰县把向阳新城规划设计为一个功能齐全的新城区，其规划总面积为 2.1 平方公里，南北向长 2080 米，东西向宽约 600 米，新城内部设有商业中心、文化体育中心、医疗康养中心、中医医院、幼儿园、小学、初中、高中等。向阳新城设计规划合理，基础设施完善，具备完整的城市社区功能。向阳新城规划是东兰县把新城建设纳入总体城市发展规划的有力展示，促进了东兰县城的有效扩容和城市发展。

图 7–3　东兰县向阳新城居民楼

3. 粤桂扶贫协作促发展

搬迁是手段，脱贫是目的，发展是才是最终目标。在精准扶贫期间，东兰县在极度贫困地区，以脱贫攻坚统领经济社会发展全局，实现县域经济社会发展。易地扶贫搬迁工作，在解决易地扶贫搬迁移民的生计发展问题的各类举措上，重点解决了移民在安置区“稳得下，能致富”的问题，同时以易地扶贫搬迁为契机，借助粤桂帮扶项目和帮扶单位的支持，实现县域经济的发展。以向阳新城为平台，加强创业平台的建设，优化县域的营商环境，搭建创业服务平台，配合推进创业园区建设，相关部门切实抓好向阳新城农民工创业孵化基地、东兰县食品移民创业园、东兰县红水河移民商贸中心等创业平台建设，分别安置农民工2000人、3000人和2000人。做好电子商务进农村综合示范县建设，抓好电商创业服务。在深圳市的帮扶下，建设起了东兰汉科电子科技有限公司扶贫车间项目，该产业园项目由三石镇扶贫大车间、13个乡镇扶贫车间和广西职业技术学院（东巴凤）分院组成，已引进东兰俊宏精密电子有限公司、东兰汉科电子科技有限公

图7-4　东兰深圳龙华小学

司，预计总投资 3 亿元。整个产业园项目建成后，可安排东兰易地安置点附近群众约 5000 人就业，带动脱贫贫困人口 3300 人，每年实现产值约 10 亿元，实现劳务收入约 3.6 亿元。在 2018、2019 年分别实现外汇 60 万美元、130 万美元，实现东兰历史外汇零的突破。有力地促进了县域经济的发展。为解决易地搬迁贫困人口子女的教育问题、同时为提升东兰县教育水平，深圳市将 2018 年帮扶东兰县的 1000 万元资金用于东兰县深圳小学的建设，促进了东兰县教育事业的发展。以易地扶贫搬迁为契机，东兰县在城市建设、产业工业发展、社会事业等诸多方面得到进一步的发展。

二、扶持有效：东兰县易地搬迁的创新实践

东兰县在粤桂扶贫协作大格局的基础上，巧借深圳龙华技术资金支持，一举解决了“一方山水养不活一方人”和搬迁群众家门口就业“顾家赚钱”的难题。建成以向阳新城、红水河商贸城安置小区、板逢扶贫移民家园为代表的 27 个集中安置点，真正实现了“搬得出、稳得住、能发展、能致富”的目标。“十三五”时期东兰县计划易地扶贫搬迁规模达到 21742 人（建档立卡搬迁对象 20090 人，同步搬迁对象 1652 人），易地搬迁人口占 2015 年年底全县建档立卡贫困人口的 32.7%。

（一）双轨推进：民生工程与基层治理

1. 基础设施配套建设

2016 年到 2020 年，根据搬迁计划，东兰县在易地扶贫安置点的基础设施建设上主要围绕着住房建设、道路建设、饮水管网、电网建设等方面进行，在新建住房上，完成每年计划搬迁总数的搬迁户数，

包括集中安置和分散安置点的共 4140 套住房建设，保障了易地搬迁移民的住房。在道路建设上，建设完成 34 公里的安置点道路，极大地方便了易地扶贫搬迁移民的出行问题。在饮水管道建设上，完成 98.5 公里供水管道建设，保障易地扶贫搬迁移民的用水。完成电网建设 48.6 公里，保障易地搬迁扶贫移民的用电。在其他方面，完成场地平整 50 万平方米、建设变压器 18 台、进行街道硬化 8 万平方米、建设挡土墙 1.8 万立方米、建设排水沟 6.6 公里。通过基础设施建设，改善移民生产生活条件，为安置点的发展建设奠定了条件，加强了移民在安置点生活的信心，有效提高了群众满意度，促进了搬迁工作的完成。

表 7–1　东兰县易地搬迁基础设施建设情况

年度 / 建设项目	2016 年	2017 年	2018 年	2019 年
住房建设（套 / 栋）	1155	1897	67	21
道路建设（km）	13	—	11	—
引水管道建设（km）	70.5	—	28	—
电网建设（km）	42.1	—	7.7	—

资料来源：东兰县扶贫办公室。

2. 社会支持和帮扶

社会支持主要体现在易地扶贫安置点提供的公共服务上。东兰县推进安置点与城镇一体化建设，统筹考虑安置点规模、周边设施和今后一个时期人口发展情况，集约建设安置点水、电、路等配套设施和生活设施，打造安置点“社区 10 分钟服务圈”，探索安置点低成本管理模式。在向阳新城，2020 年 8 月底前要完成建设便民利民“九个中心”服务工程：一个社区综合服务中心（站），提供“一站式”服务；一个新时代文明实践中心，运用图书室、广播电视全媒体信息室、乡愁馆、微信群等载体，开展形式多样的宣传教育活动；一个就业社保服务中心，动态管理培训需求和就业信息，为社保参保人员服务；一个文体活动中心，满足社区居民文体休闲娱乐需求；一个老年服务中心，为老年人特别是空巢老人、留守老人、高龄老人等提供关爱服务；一个儿童之家，为儿童提供集中活动场所和关爱服务；一个平价购物中心（农贸市场），为搬迁群众提供价廉物美的生活用品和副食品；一个社会治安综合治理中心，强化社会治安综合治理、矛盾调解、警务服务，为群众提供法律服务和援助；一个物业服务中心，为搬迁群众的生活提供管理服务，切实满足移民群众的各项社会需求。

在移民都低保障方面，落实社会兜底确保应保尽保。原先已获得政策享受的搬迁户，搬迁后仍予以建档立卡贫困户同等待遇享受。未享受的搬迁户可根据《广西壮族自治区社会救助兜底脱贫攻坚三年行动计划（2018—2020年）》文件精神，对于易地扶贫搬迁后的建档立卡贫困对象暂时无就业和产业支撑导致生活困难，且家庭财产状况符合规定的，可以在迁入地申请6个月的低保救助，6个月后按照低保动态管理机制进行管理（符合享受低保则继续享受，家庭经济状况改善的则退出低保）。除此以外，易地搬迁户如是原属极度贫困村和极度贫困户的低保对象，且未迁户口的，仍可以享受每人每月额外增发20元低保补助金的政策，从政策上保障易地扶贫搬迁人口的权利。

★专栏7-5★

易地扶贫搬迁主要项目

东兰县向阳新城易地扶贫搬迁工程、三石镇纳桑易地扶贫搬迁工程、三石镇公平村六轩、纳展易地扶贫搬迁工程、三石镇长峒村弄撒易地扶贫搬迁工程、三石镇弄英村弄英易地扶贫搬迁工程、武篆镇红里村弄介易地扶贫搬迁工程、巴畴乡巴畴新村易地扶贫搬迁工程、泗孟乡城区易地扶贫搬迁工程、东兰县生态食品移民工程、切学乡板烈村纳累易地扶贫搬迁工程、武篆镇丘乐移民工程、兰木乡定桃村巴亨易地扶贫搬迁工程、长乐镇华享村弄牙拉件移民工程、兰木乡同仕移民工程等。

（二）生计转型：后续帮扶的有力支撑

为确保易地扶贫搬迁人口“搬得出、稳得住、能发展、可致富”，东兰县结合搬迁群众实际情况，出台《东兰县易地扶贫搬迁后续扶持实施方案》和《东兰县易地扶贫搬迁就业扶持工作实施方案》，按照“一户一策”“一户一帮”“一户一档”等要求，扶持与搬迁贫困户签订产业就业扶持协议、就业培训协议，帮助搬迁户科学制定后续产业扶持和促进就业创业计划。从产业扶持、就业扶持和公益岗位扶持三方面，解决搬迁户就业难题。

1. 产业扶持脱贫

积极引导扶贫移民参与特色产业发展实现脱贫。针对就近搬迁的扶贫移民，在区域内大力发展特色种养业。推动特色产业覆盖建档立卡搬迁户，让搬迁出来的贫困户在迁入区有特色产业分红，缓解易地扶贫搬迁贫困人口的生计困难。激励贫困人口自主发展扶贫产业，在做法上鼓励搬迁户立足自身资源，发展优势农产品，鼓励组建合作社等新型经营主体，充分利用复垦宅基地，引导支持易地搬迁户种植核桃、板栗、油茶、桑蚕、优质稻等特色产业。鼓励组建合作社等新型经营主体，搬迁户通过利益联结机制参与产业分红。在养殖业方面，要因地制宜引导分散安置的搬迁户在当地原有养殖业基础上加大投入，引进优良品种，如优质黑山猪、羊、生猪、肉鸡等提质增效；充分利用红水河库汊天然的水资源发展绿色生态网箱养鱼、大力发展稻田综合种养和池塘养虾产业；鼓励贫困户利用房前屋后的空地林地、溪流水渠散养鸡、鸭、鹅家禽等获取受益。大力发展乡村旅游业。充分利用坡豪湖、红色旅游等景区，打造集餐饮、住宿、娱乐、山货贸易等于一体的特色旅游村寨，方便贫困对象就近就业增收。

对集中无土地安置的搬迁移民，健全移民安置点商业网点和综合服务网点设施配套，新建社区商业和综合服务设施面积占移民安置点总建筑面积比例不得低于10%。移民安置点的商铺、厂房、停车场等营利性物业产权量化到搬迁户，推行物业合作社，指导有经营能力的移民自己经营，没有经营能力的移民对外发包经营，移民按股分红，增加移民财产性收入。

2. 就业扶持脱贫

一是积极引导易地搬迁贫困人口外无务工就业，大量收集区内外各类用工单位招聘信息，充分利用县、乡、村公共就业服务平台和办事大厅、网站、手机客户端、微信公众号及时发布招聘岗位信息、招聘会信息和就业政策，确保搬迁劳动力及时获得招聘信息、及时实现转移就业。深入推进粤桂劳务协作，加大搬迁劳动力往广东省转移就业的扶持力度，加强对口帮扶城市在搬迁劳动力方面的数据共享。依托“就业援助月”“春风行动”“民营企业招聘周”“金秋招聘月”等专项活动，在县城中心广场、乡镇政府所在地举办现场招聘会，为用人单位和搬迁劳动力搭建供需平台，对与用工企业达成就业协议的人员，免费输送其到就业地上岗。在深圳龙华区对口帮扶东兰县2018年第一场劳务协作招聘会上，富士康科技集团等5家企业前往东兰县招工，共提供52130个就业岗位。

二是建设扶贫车间引导易地扶贫搬迁贫困户实现本地就业。主动与对口帮扶单位深圳龙华区企业对接，由东兰县无偿提供地皮，县财政出资建设好厂房，引进龙华企业到东兰县投产运营电子产品生产。其中，投资2000万元建设东兰俊宏精密电子厂和东兰县易地扶贫搬迁后龙山就业基地，2018年6月投产，解决搬迁群众等200多人就业问题；投资近5000万元建设东兰长寿生态食品加工园区一期工程，为搬迁群众提供1000个就业岗位；投资6800万元在三石镇建设东兰龙华高科技产业园（扶贫大车间），打造电子加工产业园区，为搬迁群众提供2000个就业岗位。同时在13个乡镇建设扶贫子车间，着力解决有劳动能力的搬迁家庭实现1人以上稳定就业。目前，6个“乡镇扶贫车间”已经建成，7个在建，安排就业1072人。13个乡镇扶贫车间项目完成后，每个车间可安排就业岗位400个，共安排就业岗位5200个。此外，正在试产的村级小车间有6个，规划建设村级小车间143个。

图7-5　三弄瑶族乡深洞村易安户在扶贫车间上班

3. 公益岗位扶持脱贫

公益岗位扶持贫困人口脱贫是我国近年来精准扶贫工作的一种创新扶持形式，针对的主要对象为弱劳动力家庭，这一类家庭劳动力特征主要为年龄偏大、体能下降、缺乏劳动力技巧等，他们因缺乏发展能力陷入能力贫困之中，只能通过外部扶持实现脱贫。公益岗位扶贫的实质是政府集体购买具有公益性质的就业岗位，按一定的标准供给扶贫对象，一方面解决相关公共领域的发展和管理问题，另一方面增加扶贫对象的就业收入，促进脱贫，易地扶贫搬迁尽管基本解决了搬迁人口的住房和公共服务问题，但在安排搬迁对象的生计上仍面临较大挑战，为部分具有劳动能力的扶贫搬迁对象提供公益岗位，是解决移民生计问题的一种有效方式[①]。

东兰县易地扶贫搬迁采取集中安置为主分散安置为辅的方式，集中安置主要包括依托县城、重点镇、产业园、乡村旅游区、中心村安置等，分散安置主要包括插花安置、投亲靠友等。搬迁对象均享受易地扶贫搬迁补助政策，迁出地和迁入地人民政府应在户籍转移、社会保障、就业培训、公共服务等方面给予支持。东兰县贫困面广、贫困程度深、贫困人口众多，除了县城集中安置之外，安排在中心村的易地扶贫搬迁安置点数量也比较众多，相应的公益岗位就业需求大，结合实际，东兰县在全县易地扶贫搬迁安置点设置 100 个安保、保洁等公益性岗位，解决 100 户“零就业户”的稳定就业问题。

三、高质量脱贫：东兰县易地搬迁的脱贫成效

在脱贫攻坚工作中，东兰县按照解决贫困群众“两不愁三保障”

---

① 吴国宝:《用好公益岗位扶贫这一政策工具》,《人民论坛》2018 年第 29 期。

底线任务，有条不紊地开展易地扶贫搬迁工作。目前，东兰县住房保障已达标 73931 户，住房安全保障率达 99.86%，如期完成脱贫攻坚住房保障工作任务。东兰县巧借深圳龙华区技术资金支持，发挥易地扶贫搬迁安置点人力资源优势，构建起“对口合作、优势互补、互利共赢”良好格局，彻底改变贫困群众的生活空间、生产条件和生存状态，推动了当地的社会经济发展。

（一）移民生计升级

东兰县通过引导搬迁群众就业、发展特色产业、提供公共岗位等多种方式促进搬迁群众生计发展。“十三五”期间，对居住在自然环境恶劣、生态环境恶劣、不具备基本发展条件的农户进行因地制宜实施易地扶贫搬迁工程。东兰县因地制宜实施易地扶贫搬迁工程，其中建档立卡贫困户 2529 户 10003 人，同步搬迁 243 户 1012 人。累计完成搬迁入住 2411 户 9939 人，其中建档立卡贫困户 2332 户 9616 人，同步搬迁 79 户 323 人（如表 7-2 所示）。依托粤桂协作帮扶，吸引东部实力雄厚的企业进驻东兰，发展劳动密集型产业，提供充足的就业岗位，使搬迁人口获得足够的非农就业机会。经过核算，东兰县整个项目建设完成后，预计可安排 14 个乡镇 1 万人以上在家门口实现就业，带动约 3300 人脱贫，总受益群众将达到 1 万户，4 万人以上。通过深圳市、龙华区等社会各界的鼎力帮扶，使东兰县易地扶贫搬迁工作形成了“政府引进产业、群众就近就业”的良好格局。搬迁群众从生态环境脆弱的大石山区搬迁出来实现了非农就业。就发展效果而言，通过易地扶贫搬迁及后续发展扶持，搬迁群众的生计条件得到改善，收入水平得到提高，易地扶贫搬迁贫困人口实现生计的升级。

表 7-2 “十三五”期间易地扶贫搬迁工程

易地扶贫搬迁工程	计划搬迁		已完成搬迁	
搬迁户类型	建档立卡	同步搬迁	建档立卡	同步搬迁
搬迁户数（户）	2529	243	2332	79
搬迁人数（人）	10003	1012	9616	323

资料来源：东兰县扶贫办公室。

（二）社区管理有序

科学谋划易地扶贫安置点的社区建设，统筹规划建设安置点生产生活配套设施。安置点规划和住宅户型图样设计要结合当地特色和民族文化特点，在充分征求群众意见的基础上，统一规划、统一设计、统一风格、统一建设。在移民社区的后续管理上，县城、产业园安置点引入社区建设和管理。加强社区软硬件设施建设，配套建设水

图 7-6　板逢村易地搬迁安置点

电路、绿化亮化、科教文卫、学校、医院、菜市场、商业店铺、安保等基础设施和社区服务设施；组建社区党组织，帮助搬迁移民党员向社区服务党组织转化；成立社区居委会，成立物业、文化、计生养老等服务中心，对符合条件的安置点安排公安、民政、社保、教育等单位进点帮扶。实施“社区管房、管人、管社会事务，原村委管林、管地、管惠农补助”的“人地分离”管理方式。

居住在社区的主体是易地扶贫搬迁移民，他们从一个地理区域迁移到另一个地理区域，身份发生转化，就需要完善移民的户籍管理。针对这个问题，东兰县按照全区的统一标准，对搬迁移民实施免准迁证。对暂时不想把原户籍户口迁入城镇的移民，允许保留农村户口，支持他们继续享受原来的政策待遇，属本县范围安置的，凭原籍户口簿、本人第二代居民身份证及移民搬迁安置协议享受城镇居民待遇。这些举措，有力地推动了移民在安置社区的稳定生活和发展，推动了社区管理有序。

（三）社会经济发展

易地扶贫搬迁是一项系统化的社会工程，包括了城镇规划、社区建设、后续产业扶持等各个方面的工作，对区域经济社会发展产生了重大深远的影响。在城市规划上，把易地扶贫安置点规划到整体的城镇发展规划中，提高了城镇化的科学行和合理性，发挥乡镇作为区域中心的带动能力，拓展乡镇功能范围，带动区域的发展。在接受帮扶上，东兰县以易地搬迁扶贫为契机，依靠深圳龙华区的帮扶，引进劳动密集型企业，优化县域内产业结构，提高工业化的水平，通过企业引入，大扶贫车间的建设，县域内劳动力资源得到充分开发利用，并实现了东兰县首次出口创汇零的突破。在特色产业发展方面，为建立稳定长效的脱贫机制，巩固脱贫攻坚的成果，东兰县对搬迁到中心村的贫困户，实施依托本县特色农业扶持，落实以奖代补政策，提高特色产业组织化、规模化发展水平的举措，形成“5+2”和“十大”特色扶贫产业健康发展长效机制，这对于增加产业发展地的村集体经济收入贡献巨大，同时也拉动消费扶贫水平，对于县域经济发展产生积极影响。为了让搬迁群众“稳得下”，东兰县从解决安置点的水、电、路、通信、广播电视信号“五通”问题入手，确保安置点附近有小学、有卫生所，以方便群众生产生活，完善经济发展的基础设施建设。根据搬迁的实际情况组织贫困户进行职业技能培训、发展科技扶贫项目、组织劳务输出等，为县域经济发展奠定基础。为东兰县经济社会的可持续发展创造条件。这些举措，不仅促进了贫困人口稳定脱贫增收，在安置地“稳得下”，同时也促进了东兰县经济发展水平的提高，促进地区经济社会的发展。

四、城乡融合：东兰县易地扶贫搬迁的经验启示

东兰县通过加强搬迁安置点的后续扶持，完善公共服务配套，帮助搬迁群众融入新社区、适应新生活、快步奔小康，进一步增强了搬迁群众的归属感、获得感，提高了群众满意度，为进一步推动当地的城乡融合奠定了基础。

（一）社区融合：移民社区是移民融入城市的有效载体

社区是居民、社会组织在地点相近的基础上由于共同生活、交往，接受共同的管理、服务、保障而形成的社会内部模块，它是这一地区居民生活的落脚点，是其日常生活的最小范围，是社会生活的补充，也是人类生活的本质。它的特点是共同的管理归属、共同的社区

服务、共同的基础设施。[①] 易地扶贫搬迁工程不仅仅是自然居住空间的改善，更是经济空间、政治空间、文化心理空间和社会空间的消解与再造过程。按照精准扶贫的目标识别移民在社区空间再造过程中的区隔，以空间正义为价值诉求，通过多维空间的形塑与协调，构建移民社区共同体，才能使移民真正融入新社区，实现社会融合。[②] 移民社区是易地扶贫搬迁移民能够顺利融入的有效载体。社区发挥着社会空间营造的功能，贫困移民个体能力是一种建构在贫困移民的社区适应与融入、生计安全基础之上的自我发展能力提升。其中，贫困移民的社区适应与融入、生计安全可以通过易地扶贫搬迁空间生产中的社会空间营造获得实现。[③] 易地扶贫移民依托社区，获得搬迁后续扶持保障，政府通过工业企业的引入，给易地扶贫移民提供非农生计的就业岗位，促进生计的升级，实现经济融合。同时依托社区，获得农村人口向城市人口身份转化的平台，促进了身份融合。移民搬迁后社区社会环境较迁出去更为优越，能提供更好的生存发展条件，提高贫困人口应对贫困的能力。通过移民社区功能的发挥，促进易地扶贫搬迁人口更好地融入城市。

（二）生计融合：非农就业是移民生计转型的主要方式

实现搬迁的贫困人口生计升级发展是易地扶贫搬迁工作的目标。现阶段易地扶贫搬迁工作主要方式是采取城镇集中安置。在这种安置方式下，贫困人口在很大程度上脱离农业生产，生计方式由“农业＋非农就业”的方式逐渐转向非农就业的方式，移民脱离农业生产在城

---

① 沙颂:《试论社区在中国城市社会整合中的作用》,《新视野》2000 年第 2 期。

② 郑娜娜、许佳君:《易地搬迁移民社区的空间再造与社会融入——基于陕西省西乡县的田野考察》,《南京农业大学学报（社会科学版）》2019 年第 1 期。

③ 王蒙:《后搬迁时代易地扶贫搬迁如何实现长效减贫？——基于社区营造视角》,《西北农林科技大学学报（社会科学版）》2019 年第 6 期。

市中寻求发展机会，依赖于与城市生计方式进行融合。东兰县的具体做法，依靠帮扶单位的资金投入，在产业和就业上下功夫，引导易地扶贫移民从事特色产业的发展和就近进行非农就业，进而实现易地扶贫搬迁移民非农生计的发展。东兰县在鼓励扶贫车间的发展上也下了很大功夫，通过工业企业的发展壮大来提高移民就近就业的积极性，发挥企业对劳动力的吸引力。

在政策优惠上，对企业（个体工商户）在乡镇（村）建设、购买或租用厂房从事生产加工活动，建筑面积在100平方米以上，吸纳5名以上（含）建档立卡贫困家庭劳动力就业，与建档立卡贫困家庭劳动力签订劳务协议或承揽合同，在1年内累计工作不少于6个月并给付不低于6000元劳动报酬的，按1000元/人的标准给予生产经营主体一次性带动就业奖补。对经营主体自主建成并正常运营6个月以上、带动贫困人口就业6个月以上，吸纳就业30人及以上（含一般农户劳动力），实际发放总工资不低于6000元/人的就业扶贫车间，给予3万元的一次性建设补助。在此基础上，对超过30人部分，每多吸纳1名贫困人口就业再给予3000元一次性建设补助，每个就业扶贫车间的建设补助总额最高不超过20万元。通过冠名、表扬等形式对援助建设就业扶贫车间的投资者给予奖励，吸引更多的社会资金投资建设就业扶贫车间。对就业扶贫车间实行星级评比，以常年能正常运营、带动就业的贫困人口年人均工资不低于2万元为评比主要标准，带动5—25名贫困人口就业增收的，评为一星级就业扶贫车间；带动26—50名贫困人口就业增收的，评为二星级就业扶贫车间；带动51—75名贫困人口就业增收的，评为三星级就业扶贫车间；带动76—100名贫困人口就业增收的，评为四星级就业扶贫车间；带动101名及以上贫困人口就业增收的，评为五星级就业扶贫车间。金融机构根据就业扶贫车间星级评定情况给予差别化信贷支持，激发就业扶贫车间发展壮大的积极性。在促进移民就业培训上，对符合条件的易地搬迁建档立卡劳动力参加培训后取得证书的给予一定的经济补助，激发移民参与培训的热情，形成参与非农就业的内源动力，通过扶贫车间建设产生的拉力和移民自身向往非农就业的推力，促进贫困人口参与非农生计发展中，促进移民的生计转型，实现生计融合。

（三）服务融合：居民委员会是移民身份融合有效举措

搬迁的发生，搬迁人口由原来的农村人口转变为城市人口，会伴随着身份转换的问题。在实施城镇搬迁移民过程中，来自不同村庄的移民组成了新社区，在社区事务的管理上以及移民在城市公共服务的获取上发生困难，为让搬迁群众实现“搬得出、稳得住、可发展、能致富”的目标，确保搬迁群众户口迁移、计生、医保、社保、综治等各项工作正常开展，根据搬迁属地管理需要，经东兰县人民政府批准，2019 年 12 月，向阳社区居民委员会成立。居民委员会的成立，让搬迁群众有了在城市社区的基层群众性组织，群众能够在社区居民委员会办理本居住地区的公共事务和公益事业，方便了对公共服务的获取，满足了搬迁群众多样化的服务需求，同时大大降低了搬迁群众的服务获取成本，使搬迁群众在城市居民的身份上获得更多的归属感，促进了身份的有效融合。

第八章

粤桂协作与对口帮扶：打造社会扶贫共赢局面

习近平总书记在决战决胜脱贫攻坚座谈会上强调："长远看，东西部扶贫协作要立足国家区域发展总体战略，深化区域合作，推进东部产业向西部梯度转移，实现产业互补、人员互动、技术互学、观念互通、作风互鉴，共同发展。"①

东西部扶贫协作和对口帮扶，是推动区域协调发展、地同发展、共同发展的重大战略，是实现先富帮后富，最终实现共同富裕目标的重大举措，为加快西部贫困地区的减贫进程，促进政治稳定、民族团结、边疆巩固和区域协调发展起到了重要作用。实践证明，20多年的东西部扶贫协作和对口帮扶充分体现了我国的制度优势和政治优势，是邓小平同志共同富裕和两个大局战略思想最生动的实践。粤桂两省区山同脉、水同系，人缘相亲，习俗相近。20年来，粤桂扶贫协作充分发挥广西广东两地的地理区位优势、产业结构优势、人力资本优势，扶贫协作内容由初期的单向帮扶向双向互动转变，参与主体由政府全程主导向社会共同参与拓展，实现了从西部受益到东西部互

---

① 习近平:《在决战决胜脱贫攻坚座谈会上的讲话》(2020年3月6日)，中共中央党校网，2020年3月6日。

利的转变。特别是十八大以来，两省区继续深入携手扶贫协作，在八桂大地上吹响了脱贫攻坚号角，谱写了共奔小康的新篇章，并走在全国前列，2017—2019 年，广东连续 3 年、广西两年在东西部扶贫协作考核中获得了“综合评价好”的等次。而东兰作为广西 20 个深度贫困县之一，在深圳龙华区的扶贫协作、南方电网的对口帮扶中，同样奏响了改革先锋红色锤炼、共和国长子感恩回报、革命老区跨越发展的交响乐，生动践行了习近平总书记“坚持全国一盘棋，调动各方面积极性，集中力量办大事”东西部扶贫协作重要指示精神，创新书写了“聚焦精准，深化帮扶，长期合作，实现共赢”的典范故事，交上了一份把“产业合作、优势互补作为深化供给侧结构性改革的新课题、大胆探索新路”可圈可点的的“东兰答卷”，为东兰这片革命热土决战脱贫攻坚决胜全面小康奠定了坚实的基础。

一、时代强音：红色土地上共奔小康

广东广西山同脉，水同系，古时同属岭南。以岭南山中段分界，岭东为广南东路，是为“广东”，岭西为广南西路，而为“广西”。无论是左江右江，还是红水河邕江，最后均汇入西江和珠江，哺育了生机勃勃的南粤大地。在历史性消除绝对贫困的脱贫攻坚号角下，东兰作为左右江革命老区的核心区域和珠江—西江经济带延伸区上一颗璀璨的明珠，与扶贫协作对口地区深圳龙华区和国企对口帮扶单位南方电网，共同携手，无问东西，在八桂大地上发起了决战脱贫攻坚的冲锋，叩响时代强音，共奔小康。

（一）构建社会扶贫协作格局

粤桂山水相连，扶贫协作源远流长。中央确定广东对口帮扶广西，在脱贫攻坚道路上，粤桂两省区携手前行。特别是党的十八大以来，粤桂扶贫协作全方位加速推进，充分彰显了无可比拟的中国特色社会主义政治优势和制度优势。两省区先后签订《“十三五”时期粤桂扶贫协作框架协议》，印发《关于进一步加强粤桂扶贫协作工作的意见》《粤桂扶贫协作规划（2016—2020年）》，签署《2018年粤桂扶贫协作重点工作备忘录》，制订《粤桂扶贫协作三年行动方案（2018—2020年）》，建立扶贫协作联席会议制度，不断完善扶贫协作机制，大力推动产业合作、劳务协作、人才交流支援等重点项目，全面落实“携手奔小康行动”任务。在政策文件和制度框架的指导下，完善了由党政主要领导为组长的领导机构，建立了党政高层联席会议制度，广泛开展高层互访、调研规划、签署协议等多种形式对接，取得粤桂扶贫协作新成效。

在明确深圳市龙华区、南方电网对口帮扶东兰县之后，近年来，东兰逐步形成了多层次、多形式、全方位的扶贫协作和对口支援格局，革命老区扶贫开发取得了重大进展，缩小了东兰与其他区域发展差距，在县域层面上，推动了国家区域发展总体战略的有效落地，进一步增强了区域发展协调性，开创了优势互补、长期合作、聚焦扶贫、实现共赢的良好局面。东兰的协作和帮扶实践，是粤桂扶贫协作乃至东西部扶贫协作的生动折射和缩影，充分彰显了党和国家的政治优势和制度优势。

（二）社会扶贫谋长远

习近平总书记强调：“长远看，东西部扶贫协作要立足国家区域发展总体战略，深化区域合作，推进东部产业向西部梯度转移，实现产业互补、人员互动、技术互学、观念互通、作风互鉴，共同发展。”[①]东兰扶贫协作已经不再单纯的满足于输入广东地区的产业、资金、项目等，更重要的是要立足长远，坚持产业互补、人员互动、技术互学、观念互通、作风互鉴的“五互”理念，在促进区域合作，实现共同发展，接续推进脱贫攻坚与乡村振兴有效衔接上持续用力。

一是立足组织机制创新。龙华区、南方电网和东兰协作三方始终以高度的政治站位，着力构建政府主导、多元参与的立体帮扶体系，建立完善“市、区、街道、社区＋企业＋社会组织＋个人”结对帮扶体系，形成“市县乡村”全覆盖的帮扶格局。二是立足产业结构升级。协作三方坚持市场导向，充分发挥双方产业优势，以引进大企业、大项目，建设产业园为抓手，促进东部产业向西部梯度转移，实现产业从“小散乱”向全产业链打造转变，确保了产业的可持续发展。三是立足要素渠道畅通。协作三方不仅发挥先进地区在人才、资金、技术、管理、信息等资源要素方面的较大优势，还建立健全有利于城乡要素合理配置的体制机制，为乡村振兴赋能，为区域发展赋利，为推动“双循环”新发展格局的良性互动注入新动力。四是立足动力能力激发。在推进粤桂扶贫协作中，始终注重激活“人”这一最重要、最关键的要素，通过加大人才交流力度，开展教育扶贫和技能培训，促进贫困地区自我发展能力提升，实现技术互学、观念互通。

（三）精准搭建协作桥梁

习近平总书记指出：“西部地区特别是民族地区、边疆地区、革命老区、连片特困地区贫困程度深、扶贫成本高、脱贫难度大，是脱贫攻坚的短板，进一步做好东西部扶贫协作和对口支援工作，必须采

① 习近平：《在决战决胜脱贫攻坚座谈会上的讲话》（2020 年 3 月 6 日），中共中央党校网，2020 年 3 月 6 日。

取系统的政策和措施。”[①] 脱贫是目标，协作是手段，为此，东兰的扶贫协作采取了一系列超常规的措施，聚焦精准，深化帮扶，长期合作，实现共赢。深圳市龙华区、南方电网和东兰人民一道，始终坚持“精准”思想，协作举措真正瞄准贫困人口，因地制宜，因户因人施策，确保资金投入、项目合作、人员支援等方面精准向贫困地区倾斜，提高扶贫协作的有效性。深化结对帮扶关系，在完善省际结对关系的基础上，推动县乡村结对帮扶，使结对帮扶关系更加具体、扎实，帮扶责任进一步明确。

二、脱贫同心圆：协作与帮扶的“东兰样本”

做好新时代粤桂扶贫协作工作，构建政府、行业、社会互为支撑的“大扶贫格局”，既要加强领导、增强组织推动力，又要深化帮扶、提高脱贫精准度，更要互利共赢，实现协作可持续。2016 年以来，东兰县把粤桂部扶贫协作作为打赢脱贫攻坚战、聚力建成全面小康的重大举措，全面落实粤桂两地扶贫协作框架协议，通过引进深圳企业项目、深圳扶贫资金，在产业发展、扶贫车间、劳务输出、人才交流等协作领域精准发力，与深圳市龙华区形成了全方位、深层次的协作合作关系，东兰粤桂扶贫协作取得了显著性的成效。

（一）链条共建：深耕绿色产业

发展特色产业是实现脱贫摘帽、奔康致富的物质基础，是打赢脱贫攻坚战的核心关键，是彻底消除贫困现象的根本保证。习近平总书记强调，“要因地制宜，把培育产业作为推动脱贫攻坚的根本出

① 中共中央党史和文献研究院：《习近平扶贫论述摘编》，中央文献出版社 2015 年版，第 56 页。

路”“要加快推进产业扶贫，为贫困地区和贫困户培育持久增收致富的产业发展长效机制”。[①] 2016 年来，东兰与龙华区、南方电网紧紧抓住产业协作这个牛鼻子，通过更加规范化、制度化、市场化的合作发展，促进贫困地区扶贫产业发展壮大，为贫困群众稳定脱贫和逐步致富提供坚实支撑。2020 年 9 月 8 日至 11 日，2020 年中央单位定点扶贫和广东省扶贫协作挂职干部培训班暨产业扶贫工作现场会在东兰召开。

1. 企业入驻延长产业链

正所谓“栽好梧桐树，引得凤凰来”，产业协作不仅能促成本地产业兴旺，形成自我发展能力，更是通过系好扶贫协作的“产业纽带”，以高质量营商环境推动县域经济发展新动力。近年来，龙华区助力东兰县积极开展招商引资，不断优化营商环境，承接产业转移，主动对接粤港澳大湾区，先后引进东兰校园文化用品有限公司、东兰汉科电子科技有限公司等深圳企业进驻东兰，为解决周边易地扶贫搬迁安置点、贫困群众就地务工，对加快东兰县贫困农民脱贫致富步伐、促进东兰经济社会发展起到了重要作用。一是做足前期招商调研。为吸引更多企业进驻园区，东兰县以“企业落地即可投产”为目标，完善基础设施建设，加强服务，为“引得进、留得住”企业打下坚实基础；县委县政府主要领导还带队到深圳、东莞、佛山等珠三角地区，有重点、有目标，带项目、带任务开展重点项目招商活动。通过深耕项目资源，密切关注大企业的投资意向，定向搜索信息，做到第一时间了解项目信息，第一时间落实招引措施，确保招商有效性。二是积极开展招商引资。按照“招大商、招好商”的思路，东兰县与龙华区加大支持与协作，到广东大力开展招商引资活动，已引进东兰

① 王念、史竞男、向志强:《八桂大地起春潮——以习近平同志为核心的党中央关心广西发展纪实》，新华社，2018 年 12 月 8 日。

汉科电子科技有限公司、东兰县永茂电子有限公司等东部企业进行投资，并打造三石镇“扶贫大车间”、14个乡镇“扶贫车间”和广西职业技术学院（东巴凤分院）。其中，东兰汉科电子科技有限公司经营手机充电线等，截至2020年11月，共有300名工人。同时，公司正在引进新的战略投资，准备投产生产太阳能电视机、太阳能机器人等，可以解决700名工人就业，合计可以解决1000人就业。而广西东兰县永茂电子有限公司在东兰镇、兰木乡设有两个就业扶贫车间，公司经营范围是电子元件加工销售，现有300名工人。三是加强政策倾斜。为了更好地留住企业，促进企业发展，东兰县还整合本县投资环境资源，充分发挥劳动力资源丰富且薪酬价格低、土地流转价格相对较低、税收政策灵活、电价便宜、立体交通网络比较完善等优势，

图8-1　东兰龙华高科技产业园

减轻引进企业初产阶段成本压力，吸引更多深圳企业到贫困地区投资兴业。

2. 产业协作新模式做强供应链

近年来，深圳龙华区与南方电网创新扶贫模式，整合协作资金与帮扶资金，创新发展模式，加快提升东兰县特色优势农产品供给水平和质量，重点开展设施建设、供应链服务、生产基地建设，发挥示范企业引领作用，逐步推动形成农产品从田间到餐桌的全链条联动。一是做优食用菌产业。投入粤桂帮扶资金 1000 万用于东兰县食用菌田园综合体开发项目，占地面积为 430 亩，基地提供 360 个以上就业岗位，其中建档立卡贫困户近 180 人，贫困户每年务工增加收入 1.2 万元以上，通过食用菌栽培带动 3000 户以上贫困户脱贫致富。积极推广“东兰板栗低产改造”项目，就地取材，充分利用东兰板栗老树枝杆，加工有机食用菌棒，提高 32.5 万亩东兰板栗单产，群众增收 1000 万元以上，同时实现菌棒原料本地化，促进东兰扶贫产业转型升级。基地为 14 个乡镇 149 个行政村提供优质的菌棒和食用菌栽培技术服务，带动全县食用菌产业发展，巩固拓展全县脱贫攻坚成果。二是做大乌鸡产业。粤桂帮扶资金 800 万元用于三石镇纳合乌鸡养殖繁育中心项目，完善基地建设，做强育雏产业，每年孵化小鸡约 4000 万羽。粤桂帮扶资金 1000 万元用于建设东兰县冷链中心，强化产销对接，使养殖、流通、加工及销售等环节有机联系起来，形成产业发展链条。三是做精油茶产业。探索油茶基地共建模式，挖掘江洞村作为全县油茶第一村的资源优势，推动东兰恒康商贸有限公司与江洞村油茶农民专业合作社达成合作，共同打造茶油品牌，2020 年 6 月，江洞油茶农民专业合作社在东兰恒康商贸有限公司的东兰县长寿生态食品加工园 5 号车间开始生产茶油，整洁光亮的现代化厂区采用德国先进生产设备，日生产 600 斤茶油，东兰恒康商贸有限公司负责包装、宣传推广、销售。四是做实山泉水产业。引进东兰恒康商贸有限公司，深入生产车间、水源地进行实地考察，详细了解水源环境情况和饮用水的过滤设施、生产环境、产品检验等环节。建立东兰山泉申报“圳”品攻坚小组，积极申报“圳”品品牌，提升东兰山泉美誉度。

图 8–2　东兰乌鸡繁育中心基地

3. 消费扶贫新机制提升价值链

有渠道，才能打开致富门。习近平总书记指出：“要切实解决扶贫农畜牧产品滞销问题，组织好产销对接，开展消费扶贫行动，利用互联网拓宽销售渠道，多渠道解决农产品卖难问题。”[①] 消费扶贫是精

① 习近平：《在决战决胜脱贫攻坚座谈会上的讲话》（2020 年 3 月 6 日），中共中央党校网，2020 年 3 月 6 日。

准扶贫的创新举措之一，是社会力量参与脱贫攻坚的重要途径。2019年1月，国务院办公厅印发《关于深入开展消费扶贫助力打赢脱贫攻坚战的指导意见》，消费扶贫的概念在国家层面被正式提出。正所谓“酒香也怕巷子深”。由于流通渠道不畅、缺乏品牌化营销思维和物流条件限制，东兰许多名特优产品，如板栗、山油茶、三乌鸡等好货土货藏在深山人不知。为确保东兰的农产品产得出、卖得好，东兰县与龙华区想好法子、走新路子，动员社会各界多方参与消费扶贫，帮助贫困群众鼓起钱袋子。一是多形式助力消费扶贫。消费扶贫作为东兰产业扶贫的延伸和补充，通过政策推动，定向购买贫困地区农产品，扩大了消费群体，以直接明了的方式帮助东兰贫困地区解决了农产品销售问题。在消费扶贫开展中，龙华区将东兰县农副产品纳入职工慰问物品采购清单，鼓励党政机关、企事业单位、学校、医院的食堂、餐厅优先采购，引导各级工会组织按照有关规定，每年将工会节日慰问品经费中的50%用于购买消费扶贫产品。南方电网以“远近结合”的方式，既发挥属地优势，将扶贫点所在的市县供电局作为消费扶贫主力军，同时又发挥南网“一盘棋”优势，整合该公司系统内资源，聚合系统内力量，多措并举实施消费扶贫，大力采购扶贫农产品，解决扶贫农产品生产的后顾之忧。二是多举措强化产销对接。强化产销对接，拓宽贫困地区农产品销售渠道是推动消费扶贫的重要举措。东兰县充分发挥粤桂扶贫协作交易市场“广西馆”和深圳消费扶贫中心平台作用，积极开展东兰乌鸡、山茶油、山泉等优质农产品“圳”品认证，推动东兰优质农产品融入大湾区市场。东兰县还建成660平方米龙华对口帮扶东兰消费扶贫展示中心，展示扶贫产品100多种，销售农产品530万余元。为加强产销对接，使养殖、流通、加工及销售等环节有机联系起来，形成产业发展链条，在政府、企业、社会的共同努力下，建设东兰县冷链中心，发挥冷链物流对消费扶贫的带动。

依托全新的冷链物流，满载东兰县扶贫农副产品的大货车首次开往深圳，累计采购东兰农产品120万元。越来越多的东兰特色农产品将进入深圳百姓的“菜篮子”，也会有更多广东甚至全国的老百姓吃上来自广西大山里的生态食品。2020年12月16日，深圳首个以消费扶贫为特色的街区——龙华区“消费扶贫特色街区”举行揭牌仪式，这是集购物、美食、休闲、观光于一体的消费扶贫综合体，也是龙华积极探索消费扶贫新模式的又一生动实践。街区各门店通过采购扶贫产品、带动贫困人口就业、定向捐赠等多种形式，创新“经营主体＋贫困户”利益联结模式，既有助于实现城市“菜篮子”“米袋子”“果盘子”的有效供给，满足城市居民消费升级的需求，又能促进贫困地区扶贫产业的健康发展，带动贫困群众增收脱贫。三是多平台加强宣传力度。东兰县充分运用报刊、电视、网络等传统媒体和新媒体平台，加快提升东兰扶贫农副产品的品牌效益和市场知名度，把消费扶贫成效作为脱贫攻坚宣传的重要组成部分，加大激励引导力度，努力营造消费扶贫的浓厚氛围。如在贫困地区农副产品网络、深圳公交候车亭广告灯箱、深圳地铁灯箱等平台和载体，以及微信、直播等新媒体渠道，直接推销东兰农产品300多万。其中东兰县在“粤桂扶贫协作”公众号发表文章165篇占比30%，在广东对口广西33个县排名第一。通过央视媒体平台，先后在中央电视台新闻频道“新闻30分”节目播出东兰县扶贫车间帮扶成效，中央电视台综合频道《中华民族》栏目播出《同饮一江水——粤桂扶贫协作纪实》，展现东兰县粤桂帮扶成效。

4. 产业转型升级重塑生态链

习近平总书记指出，“发展扶贫产业，重在群众受益，难在持续稳定。要延伸产业链条，提高抗风险能力，建立更加稳定的利益联结机制，确保贫困群众持续稳定增收。”[1] 自 2016 年开展脱贫攻坚以来，东里村坚持以产业扶贫为思路，红色共耕有了明显的成效，通过创新长、中、短三种模式[2]，实现产业全面覆盖。一是产业带动绿色持续脱贫。在东兰县东里村，建成总投资 600 万元的村级集体经济项目——阳光玫瑰葡萄产业示范基地，基地总面积 300 亩，采用“公司 + 基地 + 农户 + 科技”的模式建设经营，即贫困户（农户）出租土地，村委和企业、贫困户投资入股，公司负责经营管理，区农科院负责提供苗木、技术指导、产品底价回收，成为村级集体经济的重要来源，农户通过入股分红、劳务工作获得可观收入。据统计，阳光玫瑰葡萄盛产期年亩产约 1600 公斤、产值达 9 万元、纯收入达 6 万元，经济效益显著。该项目的实施使 59 户入股的贫困户每年获得 5.3 万元的分红，120 多个农田出租户（其中贫困户 25 户 98 人）获得租金 9 万元，村委会获得 1.29 万元的分红。另外，项目每年还创造了 4000 多人次的务工机会、解决了 30 户贫困户的就业，实现了户年均增收 6000 元以上。通过该扶贫项目，既保障了当地贫困户的基本收入，又让贫困户劳有所得，实现真正的脱贫致富。同时，村集体推进“村社企合一”模式，村“两委”、村供销合作社和村级建筑劳务公司创新共建机制，实行资源、班子、业务合一，大大提升了村“两委”班子的执行力和凝聚力，提高了村供销合作社的服务能力和服务水平，发挥了村级劳务公司的带动作用，为该基地解决了人力、物资、营销等问题，阳光玫瑰葡萄产业不断发展壮大。二是推进红色乡村旅游。东里村阳光玫瑰葡萄示范基地还开发了现场采摘生态游等活动，实现特色产业与红色旅游的有机结合，达到以短养长、长短结合、增加收入的目的。在

---

① 《习近平在陕西考察》，人民网，2020 年 4 月 24 日。

② 长、中、短三种模式：长期产业有特色农业，中期产业有黑山猪养殖，短期产业有种桑养蚕。

基地的示范带动作用下，2019 年，东里村阳光玫瑰葡萄种植规模扩大至 300 亩。政府将加大力度完善园地基础配套设施，将东里村阳光玫瑰葡萄园打造成集观光休闲、田园采摘、乡村体验等为一体的乡村旅游景点，与东里村红色资旅游源相结合，推进东里村旅游事业新跨越，切实将基地建成“党旗引领、红色共耕”系列脱贫示范项目。

图 8-3　东兰县武篆镇阳光玫瑰葡萄种植示范园

（二）平台共筑：硬件软件双管齐下

脱贫攻坚，基础为先。要做到精准脱贫、脱真贫，切实提高贫困地区居民生活水平，就要搭建好“硬件”“软件”平台，夯实生活生产的“硬件”基础，提升贫困群众创收增收的“软件”实力，实现由“打赢”向“打好”转变。

1. 农配网升级改造为乡村振兴赋能

电，是解决“两不愁三保障”问题的基础，是脱贫攻坚战赢得全胜的基本保障。作为中央企业的中国南方电网公司，脱贫攻坚战打响以来，南方电网把党中央的好政策，通过电这个媒介传递到千家万户，人民电业为人民的宗旨，在脱贫攻坚的伟大事业中得到彰显。2013年以来，作为东兰县对口帮扶单位，南方电网公司持续发挥行业优势，深入开展“一落实六保障”，进一步改善了东兰县农村供电条件，提高供电可靠性，促进农村经济发展，让群众真正用上放心电、舒心电。一是为群众生活注入新动力。结合山区群众分散居住的特点，南方电网公司精准规划东兰配网，翻山越岭架线路，石头缝里“种”电杆，对东兰电网实施全面改造。“十三五”以来，南方电网公司累计完成东兰电网投资10.48亿元，改造了35千伏及以上变电站10座，改造和新建1887个配电台区（其中扶贫台区797个），新建和改造400伏及以上线路3090公里，全面升级东兰县主电网及农村电网建设，相当于再造一个东兰电网，实现了贫困户户户通电。得益于逐年递增的电网建设投入，东兰县用电质量得到大幅度提升，农村供电可靠率提升到99.74%，综合电压合格率提升至98.93%，户均配变容量提升至2.13千伏安，动力电实现了行政村全覆盖。30多万老区人民从“用上电”升级成了“用好电”，东兰整县提前1年达到国家农网建设标准。在农网改造升级的基础上，南方电网公司重点推进东兰县电力行业扶贫示范县创建工作。截至2019年年底，初步建成行业扶贫示范县，东兰县农村电网“两率一户”指标优于国家新一轮农网改造升级标准，配电自动化覆盖率达到84%，客户响应效率提升50%。二是为县域产业发展赋能。“电足百业兴”，电要走在扶贫产业前面才能给产业赋能。近年来，东兰县大力发展乌鸡、食用菌等特色种养产业，产业种养规模越来越大，用电需求也水涨船高，如果没有可靠优质的电力保障，产业发展将成为空谈。为满足贫困群众脱贫攻坚及未来乡村振兴对电力的需求为目标，南方电网对全县产业发展的供电需求全方位支持。近年来，南方电网积极围绕东兰县特色产业布点，投入电网建设资金 4000 多万元，针对产业发展尤其是扶贫产业对相关配网进行精准规划调整增加，把电线架到扶贫产业基地门口。脱贫攻坚产业大多在偏僻偏远，条条电线架到深山老林的养猪场、养羊场、养鸡场，充足电能送到扶贫企业的围墙边，减少扶贫企业的一大笔开支，推动东兰打造出东兰乌鸡、东兰墨米、东兰黑山猪、东兰黄金菇、东兰方解石等一系列扶贫拳头产品。电给力，不仅使深山里的扶贫产业收益，特色种养业、农产品深加工、特色旅游等产业蓬勃发展，更让乡村振兴未来可期，呈现出“电足百业兴”的蓬勃景象。

2.“一十百千万”工程为扶贫产业赋能

加快推进产业扶贫，为贫困地区和贫困户培育持久增收致富的产业发展长效机制，为稳定农户后续发展和巩固脱贫成果奠定基础。东兰县与龙华区积极发挥产业扶贫的聚合作用，将扶贫车间创新模式作为解决包括易地搬迁群众在家门口就近就业的重要举措，在全县 14 个乡镇、149 个村及社区建立扶贫车间，形成县、乡、村大中小三级的扶贫车间体系，通过实施“一十百千万”工程，连接东兰与粤港澳大湾区生产线，成功闯出了一条东西部协作扶贫和有效防止返贫的新路子。一是培植一个向阳新城扶贫移民家园扶贫母车间。易地扶贫搬迁是脱贫攻坚“五个一批”中投入最大、难度最大、风险最大的系统工程，做好移民搬迁后的持续帮扶措施（后续扶持）是实现易地搬迁群众脱贫的关键环节。为了保障搬迁群众就近就业，龙华区对口东兰县扶贫协作工作组（以下简称工作组）通过实地调研，将东部地区的劳动密集型产业转移到东兰县，动员深圳企业在当地成功建立服装等产业的母车间，选准选好后续扶持产业。为实现企业“拎包”入驻，2020 年工作组使用粤桂帮扶资金 109 万元支持向阳新城扶贫母车间建设标准厂房，确保企业快速开工投产。扶贫母车间从签约到投产仅 8 天，展示了“深圳速度、加速东兰”的感人精神。二是打造十个乡镇扶贫子车间。为了让百姓“搬得出、稳得住、能就业、可致富”，龙华和东兰提前布局，结合当地劳动力较为富裕的实际，在推进易地搬迁工程的同时进行产业扶贫项目，易地扶贫搬迁安置点建成10个乡镇[①]级扶贫子车间，以一个母车间带动十个子车间：从粤港澳大湾区接收订单和采购原材料，通过大物流将原料运往东兰县母车间进行加工，再通过小物流将半成品运往子车间，最后回到母车间完成总装并销往全世界。县城和乡镇的“扶贫车间”分批次拔地而起，再加上职业技术学院和技能培训中心，真正实现了送车间到村、送岗位到户、送技能到人，让贫困户就近工作。在三石镇东兰汉科电子科技有限公司“扶贫车间”，忙着加工电子产品的流水线工人们一个月能挣2000多块钱，工资虽然比在外打工少点儿，但是离家近、可以照顾家庭，让车间内300多名工人非常满意。不算太复杂的电器零部件加工工作，对员工文化程度要求不高，就算是刚从深山搬出的农夫、农妇，经过培训也能快速上手，顺利完成从庄稼人到“新产业工人”的转型。三是发展一百个村级集体及企业。为做优做强村级集体经济，通过“企业+合作社+农户”模式，龙华区90个机关企事业单位结对帮扶贫困村，支持东兰汉科科技有限公司、广西东兰校园文化有限公司等10个企业发展，90个贫困村集体经济收入均超过5万元，电子、服装、现代农业等产业蓬勃发展、引领乡村振兴，促进强村富民。四是培养一千个创业致富带头人。为了保证村民脱贫后不返贫，围绕子母车间和产业链，建设1个职业技术学院促进“工学”有机结合，建设1个东兰龙华技能培训中心，推动农民转型“新产业工人”。委托当地子母车间“以工代训”培养1000名贫困群众成为生产骨干，熟练掌握技术成为创业致富带头人，形成了“技能+产业+就业”

① 10个乡镇：泗孟乡、大同乡、金谷乡、切学乡、花香乡、巴畴乡、武篆镇、长江镇、隘洞镇、三石镇等。

的新型造血式扶贫机制。五是提供一万个就业岗位。随着东兰校园文化用品有限公司、东兰汉科电子有限公司等大批企业进驻，以及东兰恒康油茶基地、东里村葡萄基地等基地的建设投产，子母车间吸纳了大量的搬迁劳动力和周边贫困户从事手工劳动，带动贫困户在家门口就业，创新了区域合作产业扶贫的模式。“一十百千万”工程以移民的生计发展作为工作重心，结合东兰县资源条件采取“输血”“造血”后续扶持，促进了搬迁群众脱贫致富与安居乐业。

（三）创新共赢：科技引领激发脱贫新动能

脱贫攻坚离不开科技支撑。用科技助力脱贫攻坚和乡村振兴，为贫困地区带来显著的扶贫红利。

1. 全国首个县域智能电网赋能咨政决策

习近平总书记强调：“国有企业是中国特色社会主义的重要物质基础和政治基础，是我们党执政兴国的重要支柱和依靠力量。”[①] 作为南方电网公司创建电力行业扶贫示范县规划重要项目试点，随着 101 个由南方电网公司在东兰县投资建设的新型智能台区竣工投运，标志着老区电网“智能化”建设迈上新台阶。东兰智能电网建设成果对于提供未来惠及全广西的农村智能电网建设范本，形成能够广泛普及的农村地区技术标准和管理模式，从根本上解决贫困地区供电保障能力问题具有深远意义。一是发挥社会效益。东兰智能电网项目在夯实东兰电网网架的基础上，因地制宜实施覆盖配网“线路、台区、客户”三个维度的的智能化和自动化改造，构建集运行、监视、管理、服务于一体的智能应用系统，实现配电网及其服务可观可测。东兰智能电网建设通过重点抓好配电自动化实用化提升、智能台区试点、电

① 《习近平在全国国有企业党的建设工作会议上强调：坚持党对国企的领导不动摇》，2016 年 10 月 11 日，新华网。

压质量综合治理，解决农村地区供电的难点痛点问题，为全县用户带来全新稳定的用电环境。二是创造经济效益。东兰智能电网建设中除了充分考虑信息化和自动化，还通过技术管理创新兼顾了建设和运营效益，确保带来实实在在的降本增效。通过配电自动化实用化提升专项整治，结合东兰农村地区配网线路特点，选用针对性极强的馈线自动化配置模式，加强台区电气量监测力度，能够主动提前地消除设备隐患故障。智能电网减少停电次数、改善电压质量的优势也为企业效益带来良性提升。项目实施以来，东兰智能电网先行先试，以满足普及推广条件之一的经济适应性作为切入点，创新性叠加运用成熟技术管理成果，使项目经济效益发挥最大化。三是发挥咨政决策功能。为将电网智能化转型成果持续深化应用，东兰智能电网项目为脱贫攻坚产业建立用电负荷在线实时分析决策，为扶贫资金投入的有效性提供数据参考；为全县所有企业提供负荷分析，为政府掌握企业生产经营实时提供决策数据。东兰智能电网项目中探索建立的一系列规范和标准，以及结合智能电网系统台区运行数据分析形成的解决措施和套路，成为党委政府经济社会发展决策打造咨政平台。

2.“智能灶具”引爆厨房革命

“良好生态环境是最公平的公共产品，是最普惠的民生福祉。”[①] 良好生态环境是提高人民生活水平、改善人民生活质量、提升人民安全感和幸福感的基础和保障，是重要的民生福祉。党的十九大报告提出要实施乡村振兴战略。2018 年中央一号文件又指出：乡村振兴，生态宜居是关键。随着东兰县“两不愁三保障”的逐步解决，让老百姓安居乐业，不断提升群众的获得感、幸福感，是打赢脱贫攻坚战后摆在东兰人民面前的命题。一是破解农村厨房隐患。当下，东兰不少农

---

① 《习近平在海南考察：加快国际旅游岛建设　谱写美丽中国海南篇》，2013 年 4 月 11 日，人民网。

村厨房大部分采用地锅灶，少部分使用煤气罐，燃料普遍为薪柴、秸秆、煤炭，部分采用沼气和罐装气，这些燃料的燃烧效率低，大部分热量散失，能源浪费比较大。因厨房空间较大，厨房堆积较多较杂物品，且柴灶燃烧不充分，烟尘大，明火燃烧，厨房环境较差，存在明显污染和安全隐患。生态环境问题归根到底是经济发展方式问题。党的十九届四中全会通过的《中共中央关于坚持和完善中国特色社会主义制度 推进国家治理体系和治理能力现代化若干重大问题的决定》进一步提出："推进能源革命，构建清洁低碳、安全高效的能源体系。"系统推进能源革命已成为坚持和完善生态文明制度体系的重要内容和重要任务。因此，要给老百姓一个干净的居住环境，这就包括了家庭厨房的厨容厨貌需要提高，厨灶和配套设备也需要改进和升级。二是推动新能源厨房革命。改变厨房布局及厨房灶具及配套电器、管线等都成为势所必然的"新能源厨房革命"内容。东兰的农村电力资源已具备推行新能源厨房革命的条件，引进一家实力企业推动

图 8-4　新能源厨房革命

实施迫在眉睫。通过深入企业、村屯和群众调研，将一家致力于厨房智能电磁灶具研发与生产的高新技术企业——深圳市金肯科技有限公司引进东兰。双方通过探讨共同提出“新能源厨房革命”发展战略，完成《广西壮族自治区乡村振兴“新能源厨房革命”推广方案》，脱贫攻坚与乡村振兴有序衔接迈出坚实步伐。在东兰县委县政府的支持下，金肯公司在东兰县长寿生态食品加工园5号扶贫车间注册公司，将智能炉灶生产线搬至东兰，开拓西南新能源厨房市场。金肯公司自启动广西乡村振兴“新能源厨房革命”推广计划后，捐赠6套灶柜一体化橱柜合计3万元给大同乡弄彦村和花香乡弄兰村的6户贫困户，改变贫困家庭厨房环境，降低用气用电开支，巩固脱贫攻坚成果。

图 8–5　新能源厨房革命—农户家一体化橱柜

新能源厨房革命以绿色发展引领乡村振兴，以科技创新支撑乡村振兴，既能提升农村百姓厨房用灶和生活品质，加快其转变生活方式，又能避免乱砍滥伐，保护东兰秀美山川和地质生态环境，实现了人与自然和谐共生。

（四）人才共育：以“三互”培育培优“三才”

治国经邦，人才为急。习近平总书记指出：“鼓励引导人才向边远贫困地区、边疆民族地区、革命老区和基层一线流动，努力形成人人渴望成才、人人努力成才、人人皆可成才、人人尽展其才的良好局面。”[①] 决战决胜脱贫攻坚，人才是第一资源，人才支撑是必不可少的基础保障。东兰县依托龙华区在党政、教育、卫生、农业、科技等领域的人才优势，加大人才交流力度，促进技术互学、观念互通，有效增强贫困地区可持续发展内生动力。

1. 党政人才互派

东兰龙华两地坚持持续完善干部挂职双向交流机制，实施人才支援，鼓励支持各类党政管理人才到两地开展交流活动，有力提升了东兰县干部人才干事创业的能力水平。2016 年至 2019 年年底，选派干部 9 名，其中驻县干部 5 名，驻村干部 4 名。在人才交流中，促进了两地干部观念互通，不仅提升了受援地管理人才的素质能力，还留下了敢担当、善作为的特区精神。两地各选派优秀干部的双向挂职，形成了东兰—龙华干部人才观念思路互通、资源信息互享、技术技能互学、能力作风互促的良好交流学习格局，确保了两地扶贫协作实现携手奔小康目的，在干部思想源头上确立区域协调发展、协同发展、共同发展的思想保障。

2. 教育人才互动

按照中央扶贫先扶志、智，以及关注民生的要求，持续深化东兰龙华两地教育、医疗部门协作，通过跟岗交流加强人才培养，提升贫

① 《习近平在中国共产党第十九次全国代表大会上的报告》（2017 年 10 月 18 日），人民网，2017 年 10 月 28 日。

困地区教育“造血”功能。一是支教力量助力教育发展。根据要求，深圳市龙华区教育局派出一支共16人的支教队伍和4名驻村工作队员，分布在全县6所学校。其间，支教队教师在东兰开展各类培训讲座18次；教师公开课、示范课累计30节；校际交流调研活动9次；各类送教培训5次；在龙华东兰两地政府、教育局及社会各界的大力支持下，积极推进各项工作，扎实开展教育帮扶。二是组建校际联盟提升帮扶内涵。通过东兰深圳龙华小学与深圳市龙华区鹭湖外国语小学、龙华区和平实验小学等多所优质学校开展合作交流，实现“多帮一”的新局面。两地将通过跟岗交流、名师送教、远程教学等多种途径将先进教学管理、教学理念输送到东兰深圳龙华小学。三是倡导积极教育理念。2020年7月，深圳龙华、河源紫金、广西东兰、广西凤山、西藏察禺五地教育局成立了“积极教育研究联盟”。通过实施积极教育，实现积极教育理论共享、资源共用、信息共联、人员共通，推动各成员间的教育交流促进各区、县教育共同发展。在东兰支教工作中，支教队将“积极教育”理念付诸实践，尝试用积极心态对待工作，用积极手段改变学生，将学生改变、学校改变作为教育帮扶的最终目标，并在实践中逐步取得良好成效。

3. 医疗人才互融

龙华区卫计局始终坚持贯彻“因地制宜、技术帮扶为主”的原则，以“带出技术团队，提升医疗水平”为目标，通过建档立卡贫困人口健康扶贫帮扶、“1+N”医疗机构组团式医疗卫生对口帮扶、人才交互培养等手段，为东兰县培养一支“永不走的医疗队”，而龙华区的医疗人才也在帮扶过程中得到了锤炼与提升。从2017年1月开始，双方重点围绕医疗资源帮扶、公共卫生服务项目帮扶、远程医疗平台建设帮扶、贫困地区乡镇卫生院和村卫生室标准化建设帮扶等方面，深化、细化、实化协作方案，建立了一套“真管用”的长效机制。龙华区帮扶医疗队采用“导师制”模式为东兰县人民医院培养技术人才，通过组织查房、手术示教、疑难病例和死亡病历讨论、专题讲座等形式，提升东兰县人民医院临床医生诊疗水平和服务能力。据统计，对口帮扶期间，医疗队在东兰县人民医院全院及科室累计开展医疗技术理论讲座112场次，培训5670余人次；临床带教、教学查房次数300余次。同时龙华区中心医院还免费接收受援单位来院进修学习，专业包括妇科、耳鼻科、心电图ICU护理、内科护理等，促进受援单位人才队伍建设。

三、融合发展：东西部协作的经验启示

东兰县深入贯彻习近平总书记在决战决胜脱贫攻坚座谈会上的重要讲话精神，全面构建和完善社会扶贫大格局，在产业、教育、劳务协作、人才支援等方面，充分发挥了粤桂扶贫协作的扶贫力量，推动了当地人民脱贫的脚步，完美融合了东兰红色革命精神和深圳精神，高质量的粤桂扶贫协作成为东兰的一张名片，深刻体现了先富带动后富的实践成果。

（一）时代共耕与共享的思想融合

东兰作为一片红色的土地、英雄的土地，是全国著名的革命老区，是广西农民运动的发祥地、右江革命根据地的腹心地，是农民领袖韦拔群的故乡，这里留下了一代伟人邓小平宣传革命真理、领导农民革命的光辉足迹，被誉为“没有围墙的革命博物馆”。1930年4月，邓小平、韦拔群、雷经天等起义领导人在东兰县开展土地革命试点，成立了右江地区第一个共耕社——东里共耕社，制订了《土地法暂行条例》和《共耕条例》，实现东里人民“耕者有其田”。当时东兰大

旱，红军带领群众修建一条“共耕渠”，战胜了旱灾。战争年代，东兰作为广西农民运动的发祥地，百色起义的策源地，右江革命的根据地，有9000多革命志士参加了红军、赤卫队和地方游击队，1600多人走上二万五千里长征，锻造成长了韦国清、韦杰、覃健、韦祖珍、覃士冕5位共和国开国将军；有6300多人为中华民族的解放事业献出了宝贵生命。新中国成立后仅登记在册的东兰革命烈士就达2266人，居广西之首，功垂史册。特别是韦拔群带领东兰人民开辟了新民主主义革命农民武装夺取政权的先河，毛泽东同志高度评价韦拔群是“壮族人民的好儿子、农民的好领袖、党的好干部”。“韦拔群是个好同志，我过去搞农运，有些东西还是从韦拔群那里学来的。”东兰老一辈无产阶级革命家的家国情怀和救亡图存精神，体现了一个深穷山沟同样有着抵御外侮的责任气魄，也同样走出了惊天地、泣鬼神的人物。他们以国家利益为重、不顾个人安危的优良品质传承在东兰人民的血脉中，涌动为一脉像红水河一样强悍而坚韧的激流，激励着一代又一代老区人民。

实现老区繁荣昌盛、人民安居乐业，这是先烈先辈们的夙愿，也是当代人的心愿。新中国成立以来，党和政府高度重视革命老区扶贫开发，持续加大政策倾斜力度，老区面貌发生深刻变化，老区人民生活水平显著改善。但由于长期受到自然、历史等多重因素影响，一些革命老区脱贫攻坚任务仍然繁重，东兰县则是这些脱贫任务艰巨革命老区的代表之一。正如习近平总书记指出，老区和老区人民为我们党领导的中国革命做出了重大牺牲和贡献。加快老区发展步伐，做好老区扶贫开发工作，让老区农村贫困人口尽快脱贫致富，确保老区人民同全国人民一起进入全面小康社会[①]。

① 《习近平：把革命老区发展时刻放在心上》，2015年2月16日，新华网。

在这场彻底改变东兰革命老区贫穷面貌的脱贫攻坚战当中，一方面既发挥出了东兰人民的主观能动性，以红色共耕精神激发东兰人民挪“穷窝”拔“穷根”换“穷业”的坚定信心决心，另一方面又以乘数效应激发了深圳龙华区的改革先锋精神、南方电网的共和国长子新担当精神，凝聚了强大的社会扶贫优势，从而以共享理念推动了东兰的跨越发展，实现了区域间协调共进。可以说，携手共奔小康的东兰实践，是东兰人民家国情怀、奋发坚韧的共耕精神与龙华区感恩回报的政治自觉、南方电网“共和国长子”人民情怀生动演绎的深度融合，形成了宝贵的精神财富，必将在全面建设社会主义现代化国家的新征程中继续闪耀着精神的光芒。

（二）市场化导向下的合作与共赢融合

习近平总书记指出：“脱贫攻坚既要扶智也要扶志，既要输血更要造血，建立造血机制，增强致富内生动力，防止返贫”。[①] 东兰作为国家级贫困县，因长期受到地理条件劣势、交通基础薄弱、人力资源缺乏等因素制约，整体经济、产业发展落后，人民生活水平困难，缺乏基于现代市场逻辑的产业发展所需的自然地理条件和要素禀赋，从而长期陷入外部发展机会不足和内在可行路径狭窄的“双向抑制”困境，如果简单以“助”的单向形式移植产业扶贫项目模式，必定难以打破这一发展困境。而在东兰决战脱贫攻坚的对口帮扶与扶贫协作当中，无论是产业扶贫强链补链，还是产业园区迭代升级，无论就业市场双向清单，还是消费扶贫产品高标准融入大湾区，不难发现，龙华区、南方电网与东兰县都在致力于长效持续多边共赢的架构设置，以寻求拓展的切入角度，创新举措超常运作的推进模式，构建从输血

① 《习近平在河南考察时强调 坚定信心埋头苦干奋勇争先 谱写新时代中原更加出彩的绚丽篇章》,《人民日报》2019 年 9 月 19 日第 1 版。

到造血、从造血到合作的发展路径。通过注重坚持市场化导向下的合作共赢，努力促进深圳等发达地区各类要素更多向东兰流动，培育打造东兰强县富民绿色产业链，逐步推进全产业链与全要素链的市场融合，创造持续稳定的生产要素报酬，加强以点筑面的农民增收和以面带点的县域经济绿色发展之间的统筹协同，健全产业扶贫协作到贫困户稳定脱贫的内在传导机制，将龙华区、南方电网和东兰县的“助”与“受”关系重塑为“互助”“共赢”关系，既夯实了东兰县脱贫致富的产业支撑、激动内生发展动力形成内生自觉，也促进了龙华区的产业转移和产业升级，共同服务于国内经济大循环。

一是产业扶贫协作效益日益突显。加强全局性谋划，始终把特色产业作为扶贫协作的关键领域。立足东兰独一无二的康寿资源，发挥东兰将军之乡、铜鼓之乡、长寿之乡、乌鸡之乡、板栗之乡“五乡”美誉的比较优势，坚持绿色跨越发展，把产业扶贫协作纳入全县总体发展布局，探索建立扶贫产业链全生命周期支持机制，推动产业扶贫协作纵深发展，通过做优食用菌产业，做大乌鸡产业，做精油茶产业，做深文旅（农旅）融合产业，逐渐实现了从传统种养领域延伸到产前产后各环节，从传统一产拓展到一二三产融合的多业态模式，打响了“风物还是东兰好”金字招牌。同时，创新全产业链招商模式，精准招引标杆性企业和引擎性项目，做强科技产业，做好服装企业，逐步构建起差异化发展模式和带贫机制，有效破解了结构同质、融合度低、资源禀赋弱等约束。据统计，截至 2019 年年底，全县“5+2”扶贫产业覆盖率已高达 99.19%，比广西全区高出近 5 个百分点。而产业扶贫协作的良好运行，培育形成了县域经济提档发展的新动能，全县综合实力得到显著提升。据统计，2015 年，东兰县地区生产总值为 23.76 亿元，农民人均可支配收入为 6074 元，到 2019 年分别达 41.51 亿元、8859 元，年均增速分别为 14.96%、9.89%，在全区增速中均排在前列。

二是扭住扩大内需这个战略基本点，提升扶贫农产品流通现代化水平。遵循市场规律，整合龙华区、南方电网等帮扶力量，紧密对接县域农产品流通服务主体，推动农村商贸流通转型升级，补齐农产品冷链物流设施短板，打通农产品内循环关键节点。同时，注重畅通产销对接，探索形成了“粤桂协作 + 对口帮扶 + 供销社 + 龙头企业 + 农户”等多化元的农产品产销对接模式，建立农产品集采集配集销机制，开展农商互助供应链建设，鼓励传统流通企业向供应链服务企业转型。引导深圳、南方电网面向东兰的旅游消费、文化消费和服务消费。依托“圳品”效应，实施扶贫产业品牌提升行动，初步搭建起消费扶贫可持续升级的长效机制。

三是坚持“有为政府、有效市场”，强化资源和要素配置效率。注重处理好政府和市场关系，是东兰产业扶贫协作的一大特点。针对扶贫产业经营模式原子化现状与要素聚合市场化需求之间的矛盾，东兰以协作发展、共同聚力为纽带，通过发挥市场在资源配置中的决定性作用，畅通生产要素在城乡、区域之间的流动，初步建立起产业配套体系，土地流转、产销衔接、资本联结、劳动力畅通等要素市场化配置体制机制，在贫困乡村形成了人才、土地、资金、信息等汇聚的新局面，逐步培育壮大扶贫产业自我循环迭代增长、衍生带动欠发达县域关联产业的内生发展能力。

（三）先发经验与后发优势的区域融合

发展是解决一切问题的关键，也是从根本上解决贫困问题的关键。习近平同志指出：“要把东西部产业合作、优势互补作为深化供给侧结构性改革的新课题，大胆探索新路”。[1]而深化扶贫协作，就需要在优势互补的基础上把握好“供给”与“需求”良好对接，深度挖掘、精准匹配供需，从经济援助到多领域深度合作，实现“东兰所需，龙华所能”“龙华所需，东兰所能”的良好协作状态。

深圳市作为改革开放的实验田、前沿阵地，在市场经济体制改革方面的大胆探索和成功实践，极大地解放和发展了社会生产力，创造了世人瞩目的“深圳速度”。深圳发展不仅取得了举世瞩目的辉煌成就，也积累了十分宝贵的实践经验。相比而言，东兰由于长期受经济基础薄弱、自然条件较为恶劣、集中连片特困区域广、资源要素严重匮乏等因素影响，在资金、技术、人才、资源等方面的严重落后，贫困县尤为突出。为此，深圳市龙华区充分发挥“窗口”优势，把各种资金、技术、信息、管理、知识、政策等大量向内地转移、传递和推广，大力开展经济技术交流与合作，对东兰县经济发展起到了有力的辐射和带动作用。东兰粤桂扶贫协作将深圳资金、技术、人才等要素和东兰贫困县生态、资源、劳动力等要素调动和结合起来，建立健全优势互补、互惠互利的有效机制，发展适应市场需求的产业，以东部先发优势促西部后发效应，推动贫困地区的加快发展，有效激发贫困地区发展潜力，形成互利双赢的关系。

---

① 《习近平：认清形势聚焦精准深化帮扶确保实效，切实做好新形势下东西部扶贫协作工作》,《老区建设》2016 年第 13 期。

第九章

公共服务均等化：构建民生安全网

2020年中央一号文件指出："2020年是全面建成小康社会目标实现之年，是全面打赢脱贫攻坚战收官之年，完成上述两大目标任务，脱贫攻坚最后堡垒必须攻克，全面小康'三农'领域突出短板必须补上。"长期以来，农村地区社会保障和公共服务薄弱，成为城乡发展不平衡、农业农村发展不充分问题的一个突出短板。社会保障和公共服务是发展民生的重要内容，也涉及脱贫攻坚战的核心指标——保障贫困群众基本教育和基本医疗，是脱贫攻坚必须完成的"硬任务"。受限于地理区位、资源条件等因素，东兰县经济发展水平低，社会发展事业长期滞后，社会保障和公共服务水平偏低。脱贫攻坚战打响之后，东兰县委县政府坚决贯彻落实中央、自治区、河池市脱贫攻坚决策部署，把社会保障和公共服务扶贫作为脱贫攻坚的核心内容，高度重视民生问题，以政府为主导力量保障农村基础民生，建立了社会保障、教育、医疗三大扶贫板块，多方筹集资金，通过体制机制创新推进各项政策落地生根，补齐东兰农村发展短板，贫困群众社会保障、公共服务供给水平和保障水平不断提升，加快了东兰脱贫摘帽的速度，为全面推进乡村振兴战略奠定了坚实的基础。

一、社会保障扶贫：规范化运作与兜底的稳定性

党的十九大对社会保障体系建设作出了新的重大部署。要坚持以习近平新时代中国特色社会主义思想为指导，立足职能职责，紧紧围绕新目标新任务新要求，全力推进新时代社会保障工作，社会保障是民生安全网，与人民幸福安康息息相关，关系国家的长治久安。东兰县在提高社会保障兜底扶贫精准性的基础上，整合资源，不断提升农村低保水平，增强兜底保障扶贫的可持续性。

（一）社会保障扶贫的短板

东兰县整体经济发展比较落后，各级政府财政能力比较弱，农村社会保障事业发展滞后。对于低收入的农村群体来说较低的社会保障难以支撑他们的日常生活开支，一旦患病、失业就极容易掉入贫困陷阱。因病致贫与因残致贫现象突出。东兰县致贫原因复杂多样，其中因病致贫占 14.6%，因残致贫占 6.0%。对于大多数因病、因残的农户来说，主要是以下两个原因致贫：一是由于其本人或家庭成员需要长期服药并且所患疾病不在特殊病种门诊范围内，再加上所服部分药物不在《国家基本药品目录》内，一旦药物价格昂贵而又无法报销，且患者因自身疾病无法正常工作，就会因此致贫；二是部分本人或家庭成员有残疾的低收入农户，生活不能够完全自理，虽已经享受低保待遇，但由于需要靠父母或兄弟姐妹照料，导致照料人员无法正常工作，故而致贫。农村最低生活保障水平偏低。地方政府社会保障资金支出情况与地方经济社会发展有着重要的关联。经济发展好，地方财政能力强，才能使用更多财政资源发展农村社会保障事业。东兰整体经济发展比较落后，产业发展水平不高，经济总量不大，各级政府财政能力较弱。东兰县城市居民最低生活保障标准和农村居民最低生活

保障标准分别是每人每月480元和250元，城市低保和农村低保对象月人均补助水平分别是330元和170元，差距较大，且农村最低生活保障偏低。

（二）健全体系：提升社会保障兜底精准性

1. 开展专项治理，提高兜底扶贫精准性

社会保障是民生安全网和社会稳定器，在脱贫攻坚中发挥着兜底作用，与人民幸福生活密切相关，关系着国家长治久安。社会保障包含了失业保障、社会救助、医疗保障以及养老保障等诸多方面。东兰县民政局通过对未脱贫人口以及低收入家庭进行全面排查，把低保兜底精准性作为工作的重点。严格城乡居民最低生活保障审批程序。东兰县依照国务院、区市县相关法律法规要求，开展城乡居民最低生活保障工作。对于满足低保条件的贫困群众统一建立档案，建立健全低保对象认证体系。东兰县对于新申请低保对象会严格执行低保审核审批程序，组织工作人员100%入户调查、组织民主评议、公示和提出审核意见，最后县级民政部门按30%以上的比例进行入户抽查。加强动态管理，建立完善低保审核审批长效机制。东兰县全县城乡低保对象全部通过《城乡低保信息管理系统》进行管理，建立健全了民政部门审核批准、财政部门核拨资金、金融机构发放的三位一体的最低生活保障资金发放监管体系。制定了科学合理的低保认定标准和程序，定期对低保对象资格进行复审，落实动态化管理，保障扶贫精准度。加强核对平台和社会监督平台建设。首先在核对平台建设方面，东兰县坚持“凡进必核”的原则。东兰县在2020年下半年开始试行低保网上审批，无异议才可以纳入低保范围。其次加强社会监督平台建设，实行贫困群众就诊管理标准化，严禁冒领和顶替住院等。通过强化定点医疗监管、完善医疗对象的住院管理和诊疗药品管理来加强对各个环节的监督和责任追究。最后是通过资料宣传、电视电话、网络、乡村（镇）公开栏公开公示等方式，全方位接受社会监督，确保公平、公正、公开、透明，提高了低保在社会和群众中的可信度。

2. 强化督查排查，提高兜底保障扶贫精准性

扶贫政策由区域治理、县域治理到精准识别转变，贫困政策由大水漫灌转变为精准实施，关键在于精准识别，为了加强兜底保障扶贫的精准性得以落实，让贫困户切实收益，统一排查居民生活状况必不可少，扶贫路上一个也不能少。一是广排查，不遗漏。根据东兰实际情况，稳抓落实，东兰县政府全面开展贫困人口调查工作，对贫困人口信息进行地毯式排查，对建档立卡农村贫困人口因病致贫、因病返贫动态信息进行调查工作，并且对全区患病贫困人口的基本信息、患病病种、病情进展等信息进行核准更新，不遗漏不忘记，让兜底式保证保障更具精准性。2019 年东兰县组织两次门诊特殊慢性病“地毯式”筛查行动，组织多批次专家到乡镇开展现场集中鉴定。东兰县卫生、扶贫部门实现系统平台对接，精准识别贫困人口身份，保证贫困人口均能享受到健康扶贫政策。二是强督查，信息化管理更便捷。通过建设广西全民健康信息平台、开发设立广西健康扶贫动态管理信息模块，实现了东兰县与广西系统的互联互通，以及区内各系统的有效连接，使东兰县可以更加精准地掌握全县贫困患病人口患病、救治进展等情况；实行健康扶贫的动态管理，将已经治愈、好转并恢复劳动能力、且医疗费用明显减轻的为脱贫家庭取消“因病”标识，并调整为其他致贫原因。此外，通过对全县所有贫困户因病致贫进行核实与动态调整，进一步精确了因病致贫的贫困户和贫困人口数据。

（三）整合资源：确保兜底保障扶贫的可持续性

整合资源，多重保障，兜底式扶贫政策更有力。东兰县为保障

低保兜底工作顺利开展，明确了各职能部门职责和角色，整合资源组建精准扶贫工作领导小组，负责社会保障扶贫的综合管理和协调。其中，民政和人社部门保障贫困群众的兜底脱贫，完善特困群众的基本生活保障制度，健全贫困地区的群众养老保险和基本医疗保险制度；财政部门加强对社会保障扶贫资金的管理，严格监督资金的分配、拨付等环节；各乡镇主要领导或分管民政领导、民政办工作人员召开座谈会，详细了解低保工作情况、存在的困难、提出解决的办法和措施，督促各乡镇严格按照未脱贫人口、2019 年国家扶贫信息系统人均纯收入低于 5000 元的脱贫人口及边缘户等三类人员进行排查，做到应纳尽纳。东兰县通过实施兜底保障，将农村居民最低生活保障标准由每人每年 3800 元提高至每人每年 4300 元，超过 2019 年国家每人每年 3700 元的扶贫标准，实现农村低保线与贫困线“两线合一”。东兰县通过宣传引导、结对帮扶、政府兜底、财政补助，全县建档立卡贫困户医疗保障率达到 100%，落实贫困人口住院报销比例提高 5% 和大病费用实际补偿比例提高到 90% 以上的优惠政策，落实建档立卡贫困人口区域内“先诊疗、后付费”医疗服务模式及住院报销“一站式”服务工作，同时成立 14 个家庭医生签约服务团队，家庭医生签约率达 100%。

多措并举，防止因病返贫，保证健康扶贫质量。东兰县政府针对监测户和边缘户制定申请因病返贫保障措施。监测户指家庭收入低于 5000 元，因病产生大额支出的建档立卡贫困人口，经认定后被重新定性为监测户；边缘户则是收入 5000 元以下，因病产生大额支出的普通农户，评定后可为边缘户。一是落实“198”政策指标[①]，建

① “198”政策指标：确保 2020 年贫困人口参保率达 100%；扶持期内建档立卡贫困患者住院个人实际报销比例均达 90%；扶持期内建档立卡贫困患者门诊特殊慢性病就医个人实际报销比例均达 80%。

档立卡贫困户经政府代缴，实现参保百分百，医疗保障百分百，监测户、贫困户大病住院医疗报销90%，重病、慢性病集中救治，报销80%，医疗费用的大额减少极大地降低了因病致贫、因病返贫风险的发生。二是医疗救助有保障，边缘户在产生大额医疗费用以后，还可以享受医疗救助政策，如果使因为大病住院，基本医疗保险报销后超过6000元支出可以报大病保险，大病的费用要是继续发生了超支，个人不能负担自己影响正常生活，可以向政府申请进行医疗救助，医疗救助的限额是3万，此外也可以申请民政的临时经济补助。三是民政低保可兜底，以医保报销、大病救助等政策为主体，民政低保为补充，建设全面防贫体系。对重大疾病治疗后产生大额支出，致使家庭无以为继、生活陷入贫困的家庭，东兰县实行民政低保兜底，给予家庭低保保障，维持其正常生活开支，全体系上杜绝因病致贫、因病返贫情况的发生。

（四）政策融合：加快推进农村低保与扶贫开发衔接

中国探索扶贫与社会保障制度相结合是从2002年中共十六大报告提出“有条件的地方，探索建立农村最低生活保障制度”开始的。2015年《中共中央 国务院关于打赢脱贫攻坚战的决定》中明确指出要坚持扶贫开发与社会保障有效衔接，尤其要发挥农村最低生活保障制度的兜底作用。东兰县自脱贫攻坚以来，加强了农村低保制度与扶贫开发政策的有效衔接，将建档立卡贫困户中完全或部分丧失劳动能力且无法依靠产业扶持和就业帮助脱贫的家庭纳入农村低保范围。对于低保家庭中的老年人、未成年人、重度残疾人和重病患者这些特殊困难群体，采取增发低保金等多种措施提高救助水平。

一是在政策衔接方面，将符合农村低保条件的建档立卡贫困户纳入低保范围，按照家庭人均收入低于当地低保标准的差额发给低保金；将符合扶贫条件的农村低保家庭纳入建档立卡范围，并针对不同致贫原因予以精准帮扶。二是在对象衔接方面，完善了农村低保和建档立卡贫困家庭经济状况核查机制，确保符合条件的农村贫困人口都能获得相应的救助帮扶。三是在标准衔接方面，东兰县逐步提高农村低保标准和农村低保补助水平，使农村低保标准达到国家扶贫标准。通过加强贫困地区低保群体帮扶工作，切实推进低保制度和扶贫政策的精准衔接，充分发挥了低保的基础保障作用。

二、教育扶贫：精准资助与巧用外部资源

“扶贫先扶智”决定了教育扶贫的基础性地位；“治贫先治愚”决定了教育扶贫的先导性功能；“脱贫防返贫”决定了教育扶贫的根本性作用。自脱贫攻坚战打响以来，东兰县立足县域实际，认真学习习近平总书记关于教育脱贫工作重要论述，坚持“政府主导、部门主抓、社会参与”的原则，以改善农村学校办学条件、提高基础教育的普及程度和办学质量、增强职业教育促进脱贫致富的能力为重点，扎实推进教育扶贫工作，取得了显著成效。

（一）教育扶贫的主要挑战

教育是民生之基。东兰地处大石区，经济社会发展滞后，在脱贫攻坚前，教育投入少、基础教育发展整体滞后、城乡教育发展不均衡等问题比较突出。乡村教育发展滞后。一是东兰县对教育发展的投入不足。表现为办学经费投入不足、办学条件不好、学校数量少、质量不高等方面。二是乡村教师的整体福利待遇和生活条件相对较差，难以吸引和长期留住优秀教师，导致教师数量不够、整体实力不强，从而影响了教育的质量。城乡教育发展不均衡。东兰县城乡教育发展

不均衡，主要体现在城乡中小学教育资源配置不合理、优质生源不均衡、师资力量不均衡等方面。一是农村教育资金需求缺口大。2014 年至 2018 年，东兰县共新建 13 所乡镇中心幼儿园，仅新建乡镇中心幼儿园资金缺口 4300 多万元；在新建东兰县深圳小学时，虽然东兰县通过争取上级、部门援助、投融资方式解决了 3610 万元，但目前项目资金缺口尚达 4119 万元。二是农村师资力量薄弱。东兰县乡村学校教师学历、学科、年龄构成和调配分布不够合理，尤其缺少英语、音乐、美术、心理健康教育等学科教师。乡村教师招聘难。2019 年，东兰县计划补充义务教育阶段学校教师 143 人，招到了 125 人，但仍缺额 18 人。

（二）教育扶贫的创新实践

1. 严格落实各项教育扶贫资助政策

俗话说“十年树木，百年树人”，所有的脱贫最终都要从教育开始抓起，学生资助工作也是一项重大的民生工程，这关系到每一个家庭经济困难学生未来的成长和成才，也关系到国家强盛及社会的公平公正和谐。为提升学生资助工作质量，东兰县着力落实党中央政策和国家资助政策，使建档立卡贫困户子女从学前教育到高等教育阶段教育资助全覆盖，保障家庭经济困难学生享有平等接受教育权利，确保全县没有一名学生因家庭贫困而失学，努力实现教育“有保障”。东兰县采取多种教育扶贫形式，根据学生的不同条件，采取免、减、奖、贷、助等多种扶贫政策，确保每个贫困学生在各个教育阶段都能“有学上”。

一是开展“一帮一联”工作。东兰县要求帮扶干部进村入户宣传学生资助政策，通过严格落实各级各类学生资助政策，确保从学前到高等教育学生资助全覆盖，没有学生会因为贫困而失学。

二是精准资助。为了深入贯彻党的十九大精神，确保符合资助政策的每个家庭经济困难学生都享受到精准资助。东兰县落实“两免一补”“农村义务教育学校营养改善计划”和对家庭贫困学生给予资助以及教育系统精准扶贫惠民政策，同时将所有在义务阶段的在校学生纳入“一补”保障，让他们优先享受生活补助。并且对符合资助政策的残疾学生和残疾人子女优先给予资助，残疾学生特殊学习用品、教育训练、交通费等补贴资助政策不断完善。对高中阶段和高等教育资助政策是免除公办普通高中建档立卡等家庭困难学生学杂费。2016 年以来，东兰县共落实各类学生资助资金 27524686 元，惠及学生 244743 人次。同时，落实跨省区就读的义务教育阶段家庭经济困难学生补助共 506 人和家庭经济困难漏资助学共 324 人，做到了应助尽助（如图 9-1 所示）。

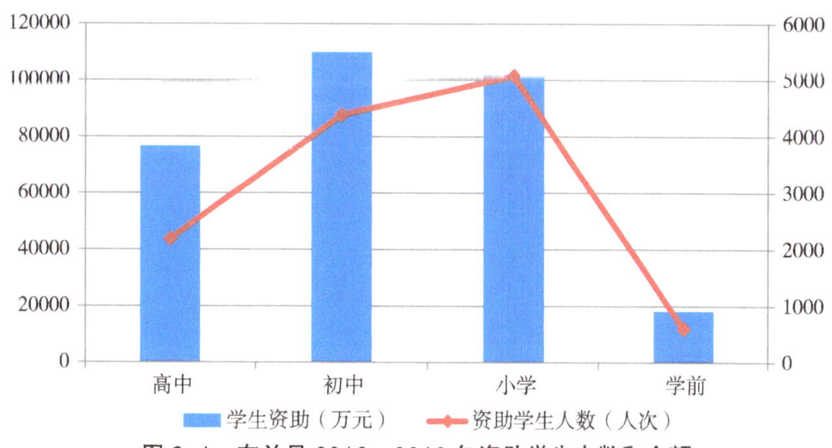

图 9-1　东兰县 2016—2019 年资助学生人数和金额

三是受理建档立卡大学新生“泛海助学行动”相关工作。此项活动是由泛海集团在 2016 年发起的活动，集团向广西等地每年捐赠 5000 万元，每年向广西壮族自治区无偿资助 1 万名建档立卡贫困家庭应届高考大学新生，其中每人 5000 元。目前东兰县共有 108 名建档立卡大学新生符合该资助项目，保障贫困家庭学生顺利完成学业。该项目的落实有利于深入提升教育内涵发展，健全保障机制，使学生共享教育公正和公平。

东兰县在教育扶贫工作中做到“应助尽助”，确保适龄儿童不因贫失学、辍学。实行建档立卡的贫困家庭学生资助、教育扶贫结对帮扶全覆盖。通过政策的扶持让学生通过教育改变命运，并且在之后的日子里能够有途径、有机会反哺家乡。在一系列的实践中，东兰县教育事业取得了长足发展，各项指标位居河池市中上水平。

2. 充分运用对口帮扶完善教育基础设施

教育基础设施建设是提高贫困地区教育质量和水平的物质前提和重要保障。东兰县近年来持续加大对教育事业的投入，从学校基础设施建设差、师资配置弱等方面入手，聚焦群众对教育事业最关心的热点难点问题。按照“撤、并、建、扩、改”的工作思路，撤并了一批办学规模小、办学效益差的教学点，新建国清中学、东兰深圳龙华小学等一批中、小学校，推进学校布局调整。

一是南方电网公司援建东兰县。2013 年以来，在改善东兰县教育基础设施方面，南方电网已累计投入 1700 万元。援建了东兰县国清中学 1 号楼，目前该中学已成为河池市中现代化程度以及教学条件最好的中学之一。并且建设 30 个“南网知行书屋”，建成之后学生受益面达到了 16630 人，覆盖全县 75% 小学生，改善了东兰 14 个乡镇的中心小学教育状况，更帮助东兰学校教育事业向好发展。

二是通过借助粤桂帮扶资源建设项目，不断改善教育基础设施建设，使得教育硬件达标。在乡镇中加快建设中心幼儿园，扩大学前教育资源，加快公办幼儿园建设，支持在城区、乡镇建设一批公办幼儿园并予补助。自 2016 年来，东兰县在维改、改薄、幼儿园建设等投入资金 18662.65 万元。其中设备购置资金 4118.5 万元，土建工程投资 14544.15 万元（如图 9–2 所示）。新建了东兰深圳龙华小学，这所学校是由深圳市龙华区对口帮扶援建的一所完全制、寄宿制小学，位于东兰镇那亨村向阳新城扶贫生态移民安置区北侧，目前已经开设 31 个教学班，在校生 1700 人。在办学之初，学校只能满足师生基本教学工作。经过近一年的发展，学校的各种功能室、体育馆、多媒体室已基本完成建设，完全可以满足全校师生日常的教学活动所需。东兰深圳龙华小学被东兰县作为九年义务教育阶段示范性学校，它的建成缓解了区域之间、城乡之间、学校之间办学水平和教育质量差距。东兰县政府通过对口帮扶资源，还不断加大对国清中学等学校的基础建设、教学设备、图书仪器等的投入。全力支持学校班子建设、师资配备、培训学习等工作。目前还通过积极牵线搭桥，让深圳民治中学帮扶国清中学。整体上提升了东兰县学校管理水平和教育基础设施的完善。

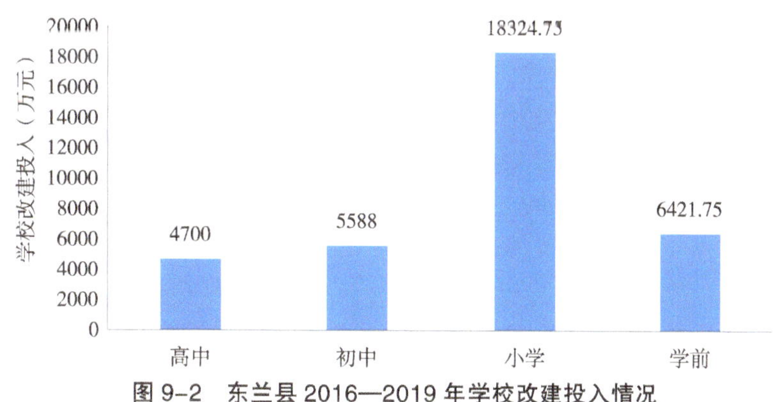

图 9–2　东兰县 2016—2019 年学校改建投入情况

3. 创新教育模式提升教育质量

教育模式对教学方向以及教学水平有着决定性的影响。东兰县委、县政府始终把教育摆在优先发展地位，深入实施“科教兴县”“人才强县”战略。随着教育体制不断进行改革，东兰中小学教育理念也在不断变化，由传统的“填鸭式式”教育转变为以学生为主导的教育理念，不断推动着东兰县中小学教学朝着正确的方向发展。

近年来东兰持续加大教育投入，调整优化学校布局，全面深化教育改革，不断探索教育改革新路，统筹发展各级各类教育，教育的综合效益不断凸显，从而整体上提升教育教学质量。2017年以来，龙华区教育局多次组织骨干教师、名师及名校长千里送教，通过名师主题教育讲座、同课异构、送教示范课等方式赴东兰县深入开展教育援桂系列活动，充分发挥特区学校的辐射示范作用，聚力教学，造好课堂这一“支教主阵地”。

主要创新之举在于成立了扬帆班和海安班。一是民建广西区委从2019年投资10万元组建了两个扬帆班。扬帆班建设的宗旨是“办好一个班，培养好一个学生，造福一个家庭”。在开班的过程中，扬帆班的学生一个学期以来都取得了良好的成绩。两个班级的月考、期考成绩优秀，每次有70多人进入全校前100名，并且班级成员已经成为全校的学习榜样。二是成立海安班。海安班是东兰县长2020年下第二学期开始策划的，建立海安班的原因是他认为中国先进的教育在江苏，而江苏省教育强市是南通，南通市最好的教育资源在海安。所以，东兰县直接从海安请十位老师过来教学，带一个初中班和一个高中班，每个班有50个学生，直接带三年。其目的是把这两个班建成东兰县的标杆班，以海安的教学模式和理念给其他班做一个表率作用，以此带动东兰县课程改革。

东兰县与名校结对共建，不断注入优质教育资源，使学生同享优秀师资。在2019年和2020年，东兰县通过创新教育模式取得了一定的成绩，其中全县高考成绩上一本线分别为40人和47人；中考成绩获A+等次为157人和166人，教学成果得到显著的成效。学校艺体工作先后获得广西青少年科技创新大赛一等奖1个、二等奖2个，东兰县民族中学和国清中学分别获得2017年、2018年河池市中学生“千里杯”足球赛第一名。东兰县通过创新的教育模式和教育理念，更好地契合学生的情感思维特点，不仅为学生提供丰富的知识获取途径，还让教师摆脱了以往教学工作中存在的局限，从而使东兰县实现整体教学质量的改善。

（三）教育扶贫的典型经验

1. 借助对口帮扶资源，完善教育基础设施

基础设施建设具有的“乘数效应”，即能够带来投资额几倍的社会总需求和国民收入。一个国家或地区的基础设施是否完善，决定了其经济是否可以长期持续稳定发展。同理而言，教育的基础设施是教育发展的硬实力，也是促进当地经济可持续发展的重要力量。

一是保障学校的维修改造计划。此计划涉及学前教育项目、农村中小学校校舍维修改造、新建校舍、农村义务教育薄弱学校改造、教师周转房建设等项目。东兰县新建、改扩建一批学校，通过帮扶资源加大了对寄宿制学校建设力度，改善义务教育办学条件，推进农村义务教育学校标准化。同时对县级中专加强建设，重点支持中专改善办学条件，支持部分中专建设示范特色专业及实训基地，支持一批中等职业学校软硬件设施的完善。二是注重设备采购项目，完善教育基础设备。对贫困村庄保留的村小学和教学点的基础设备进行采购补充，及时购买补充办公消耗用品及类似物品。重点对教学基本设施、学生宿舍、学生食堂等方面进行完善提升。2016年为17所学校配备多媒体教学设备185套、双层床架1620张，增设计算机教室4个。

东兰县以“办好人民满意教育”为目标，以教育扶智为抓手，坚持义务教育发展、均衡发展优先，把教育公平纳入全县经济社会发展规划中，坚持把教育资源整合起来，向农村学校和薄弱学校倾斜，确

保教育经费的优先支出，进而提升了义务教育均衡发展水平和质量。

2. 外引名师团队，促进教育水平提升

习近平总书记多次强调，“治贫先治愚。要把下一代的教育工作做好，特别是要注重山区贫困地区下一代的成长。下一代要过上好生活，首先要有文化，这样将来他们的发展就完全不同。义务教育一定要搞好，让孩子们受到好的教育，不要让孩子们输在起跑线上。古人有‘家贫子读书’的传统，把贫困地区的孩子培养出来，这才是根本的扶贫之策”①。教师是教育发展的第一资源，是优质教育均衡发展的核心资源，更是教育的灵魂。打赢教育脱贫攻坚战，既需要教育基础设施这一“硬实力”，又需要师队伍建设和教育能力建设这一“软实力”。近年来，东兰县的教育基础设施等“硬件”日趋完善，但在教育管理等方面的“软件”建设依然是东兰教育发展的短板。东兰聚焦“义务教育有保障”，持续推进学校教师队伍建设，补齐学校教师发展短板，不断促进教师队伍整体提升，乡村师资队伍在规模上、结构上、质量上都有了长足的进步。

为完善和加强教育师资力量建设，实施贫困县教育帮扶工程项目，东兰县创新教育模式、优化城乡学校对口支教机制。与深圳龙华、江苏海安和南宁三中等学校结对以及引进教师团队，共享优质教育资源。解决了乡村紧缺学科教师结构性缺员的问题，发挥了名师在东兰整体教师队伍中的传帮带以及示范辐射作用，他们以优秀的教学业绩和扎实的教学作风影响本地教师，从而引领了师资队伍的整体提高。

一是发挥名师的个人能力，成立名师讲师团。通过展示名师在课堂教学、科研、素质等方面的内容，开展在教学现场观摩名师活动，

---

① 《在河北省阜平县考察扶贫开发工作时的讲话》(2012 年 12 月 29 日，30 日),《做焦裕禄式的县委书记》，中央文献出版社 2015 年版。

通过听课上课磨课等方式帮当地教师寻找到符合自身的教学方法。比如学校开展的“高效课堂展示课”等，通过现场观摩的模式，使每一位老师近距离感受名师授课风采，零距离接受名师指导，形成良好的教学互动活动，提高了教师队伍整体教学水平。二是发挥名师的个人创造力，开展师徒结对帮扶。名师的作用还表现在对教师的人才培养上，东兰县通过名师培养机制，将优势地区的优质教育资源向东兰县迁移，让教学经验丰富的教师和刚参加工作的年轻老师师徒结对，以提高教学质量，从而促进资源倾斜式帮扶。其中国清中学建成三年来共调配教师 236 人、东兰深圳龙华小学 2019 年教师 30 人。教师在经过后期与名师的交流互动学习以及培训后，每位教师都充分发挥了各自特长，互相取长补短，整合形成了执教能力很强的教师团队，为东兰县农村学校培养人才奠定了坚实基础。

为吸引和留住教师，东兰县出台了《东兰县教育工作激励暂行办法》，规范提高教师待遇政策，教师工资甚至可以高于公务员的工资水平。其中每年对教育新增投入约 1000 万元，并且除了为教师购买基本的“五险一金”之外还会购买意外险。通过招聘、委培、引进等措施补充义务教育学校教师，利用绩效工资、职称评定、职务晋升等多种激励机制，引导校长、教师更加合理的流动。构建了一整套保障体系，使教师安心从教，在乡村留得住。提升教师的社会地位，使广大乡村教师在岗位上有幸福感，在社会上有荣誉感。县里根据教师缺额情况公开招聘录用专业教师，合理去调配学校领导班子和学科教师，通过政策措施，吸纳、用好优秀教育人才，不断提高师资队伍整体水平和教育教学质量。东兰县通过这一系列的教育创新举措，最终形成了“招得来、留得住、教得好”的良好局面。

三、健康扶贫：政府差异化救助与医疗要素一体化

习近平总书记强调："推进健康中国建设，是我们党对人民的郑重承诺。各级党委和政府要把这项重大民心工程摆上重要日程，强化责任担当，狠抓推动落实。"[①] 东兰县在不断克服现实困境的过程中，积极推进健康扶贫，强化基层医疗卫生设施建设，完善医疗报销机制，加强基层医疗队伍的建设，提高卫生健康水平，实现从"好看病"到"看好病"的巨大转变。

（一）东兰县健康扶贫的制约因素

由于东兰县经济基础薄弱、县级财政收入水平较低等原因，健康扶贫起步较迟且发展较慢。基层医疗卫生设施薄弱。脱贫攻坚前医疗卫生建设投入不足，基层医疗卫生设施建设滞后。据统计东兰县2011年共建设有147个村级医务室，能正常开诊的医务室全县仅有50个左右，东兰县较为偏远的长江乡、巴畴乡、今古乡一线的27所村卫生室中，处于撂荒状态的就有14个。基层医务人员流失与能力不足。发展才是硬道理，而在发展的过程中，人是主体，发挥着主导作用，是制约发展的关键因素。东兰县基层医务人员的流失和能力不足制约东兰县医疗卫生事业的发展。农村医务室的设施水平低下、发展环境缺乏、业务能力发展受到限制，医疗人才不愿意向乡村医院流动。2016年东兰县147个村中有98个村是没有村医坐诊的。基层医务人员老龄化，素质参差不齐，村医没有执业医师证。东兰县2011年134位村医中，仅有10余人有执业助理医师资格证。

① 2016年8月19日至20日，习近平总书记在全国卫生与健康大会上的讲话。

（二）政府主导下的差异化救助

以政府为主导，施政更精准。在《广西壮族自治区人民政府办公厅关于调整完善脱贫攻坚8个实施方案有关政策的通知》《关于印发广西健康扶贫工程“三个一批”行动计划实施方案的通知》《广西健康扶贫攻坚行动计划（2017—2020年）》《中共广西壮族自治区委员会广西壮族自治区人民政府关于打赢脱贫攻坚战三年行动的实施意见》等文件指导下，东兰县政府要求逐步降低大病保险起付线、提高大病保险报销比例等，实施更加精准的支付政策；对突发重大疾病暂时无法得到家庭支持、基本生活陷入困境的患者，加大临时救助帮扶力度，进行贫困户医保差异化补助，实施政策更加具有针对性。

以民为本，差异化补助精准到位。发展为了人民，发展依靠人民，发展成果由人民共享，东兰县立足实践，明确要打好医疗保障战役，人民健康更有保障，全面落实“198”政策，做到人民群众应保尽保，应享尽享。做到所有建档立卡的贫困户全参保、全资助、待遇全享受的目标。所有建档立卡的贫困户人口参保率要达到100%，东兰县医保局要求每天都要监测，不能落下一个人，所有的人要100%参保。

差异化补助，资源投放更有效率。东兰县实行医保差异化补助，做到参保补助是应补尽补，对两年扶持期内未脱贫的建档立卡贫困人口进行全额代缴，全额代缴资金250元每人。对于不在两年扶持期内贫困人口进行差异化补助，对于2016年、2017年的贫困户进行参保补助缴纳医保费用的60%，凡是所有建档立卡的贫困人口，患者都能享受“198政策”——两年扶持期内和未脱贫的贫困户，如果出现疾病住院，产生费用可以实行“先诊疗后付费”，住院无需先付押金，先办理手续即可进行治疗，出院时只需要支付全部医疗费用的10%，另外 90% 由东兰县政府结算；对于全区定下的 29 种慢性病，可以报销医疗费用 80%，个人支付 20% 即可出院。差异化补助的“198”政策，极大减轻了贫困人口医疗负担，解决了贫困人口的基本医疗保障问题。截至 2019 年 11 月 30 日，贫困人口患病住院共 18086 人次，医疗报销 9188 万元，发放医疗救助金 299.13 万元，政府兜底 467 万元，实际报销比例均达 90%。落实差异化补助，使扶贫政策更加精准，政府资源投放更加精确有效率。

（三）完善基层医疗卫生的硬件与软件

1. 强化基层医疗卫生设施建设

基础医疗卫生设施的建设对于医疗体系建设，医疗改革有着全局的影响，直接影响到医疗扶贫的成效。针对东兰县基层医疗设施落后，人才不能回流等问题，东兰县立足实践，实施基层医疗卫生机构能力建设行动计划。通过医疗扶贫工作以来转向资金的投入，优先提高县、乡两级医疗卫生机构基本医疗和公共卫生服务的有效供给主体能力，以加强县乡的主体医疗设施的建设，形成县、乡、村内部协调发展格局，从而带动整体卫生医疗水平的提升。

建设标准化的卫生室和卫生院，统筹城乡医疗发展。县城至少建设有 1 所二级以上县级公立医院，每个乡镇有 1 所标准化乡镇卫生院，每个行政村有 1 个标准化卫生室。通过东西部扶贫协作中针对健康扶贫的措施，加大资金投入，加强信息化的流通程度，加快推进县域医疗共同体建设，实施以县级医院为龙头、乡镇卫生院为枢纽、村卫生室为基础的县乡村三级一体化管理，并与乡村一体化有效衔接，形成县乡村三级医疗卫生机构分工协作机制，提升基层医疗机构的医疗服务水平。

图 9-3　三石镇纳腊村卫生室

加强村级医疗的基础设施建设，改善服务环境。对于村卫生室建设进行统筹规划，对选址和布局不合理的村卫生室进行改造，对产权不明的及时予以确认；科学合理配置医疗卫生资源，提高补助标准，改善村医的待遇，完善村医保障体制，解决村医后顾之忧，稳定村医队伍，调动村医的工作积极性。2017 年以来，东兰县共投资 1725 万元，新建或改建卫生院 7 所；投资 650 万元，用于添加乡镇卫生院医疗设备；投资 412 万元，用于村卫生室新建、扩建、改建、维修村卫生室。

完善标准化药品配置，便民更加惠民。进一步落实国家基本药物，提高集中配送速度，以满足基层群众用药的需求；为通过乡村一体化建设，标准卫生室配备信息化手段，投资专项资金为卫生室安装“村医通”，实现“村医通”结算服务，打通服务百姓的“最后一公里”。

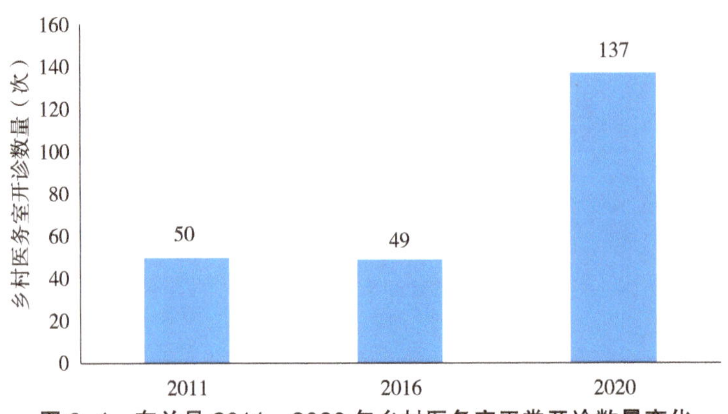

图 9-4　东兰县 2011—2020 年乡村医务室正常开诊数量变化

2. 加强基层医疗队伍建设

开展东西部扶贫协作，提高基层医疗队伍的能力建设。东兰县实施医疗机构对口帮扶，通过东西部扶贫协作即粤桂扶贫，龙华区中心医院帮扶东兰县，从 2017 年以来，龙华区总共派出了 31 名专家，前往东兰县进行医疗帮扶，指导大病救治，并且培训当地医疗人员；东兰县也派出多名医护人员到龙华区进修学习、培训。通过实地式手把手地教，现场教学，东兰医务人员的诊疗水平有所提升；在物资设备药品方面也给予支持，无偿捐赠了心电监护、呼吸机、牙片机、电脑等设备，使巧妇不再为无米而捉襟见肘。通过龙华区的医疗精准帮扶，提高了东兰县县一级、村一级的医疗质量，提高了基层的医疗服务水平，通过先进带动落后，直观上改变基层地区医疗服务水平长期落后的状况，助力健康扶贫工作的有序推进。

加大学习、培训力度，促使医务人员素质化发展。定期开展县乡村三级医务人员培训，将原有的民间村医统一进行培训，强化医疗基础知识、业务技能培训，使之前缺乏村医证的老村医通过培训能够拿到从业资质，学习到现代化的治疗手段、新的治疗方法，拓展了视野，提高基层医务人员实践、坐诊能力。进行电脑信息化操作培训，使村医能够掌握现代化诊疗技术，提高信息化办事能力，能够正常开诊。通过以上政策的实施，人才结构得到改善，基层医务人员素质得到极大提升，现在的县医院已具备独立开展外科手术能力，乡镇级医院能满足群众基本医疗服务，大大缓解了县医疗卫生治理压力。医务人员素质得到提高，学历层次主要集中在本科，大专等专业型上面（如图 9-5 所示）。安排资金用于村医的继续教育和医疗卫生技术培养，采取村医定向、订单式培养模式，通过统一的村医定向培养，村医的整体素质得到提升，促进人才队伍建设可持续性和长效发展，有利于长期医疗的人才培养和储备。

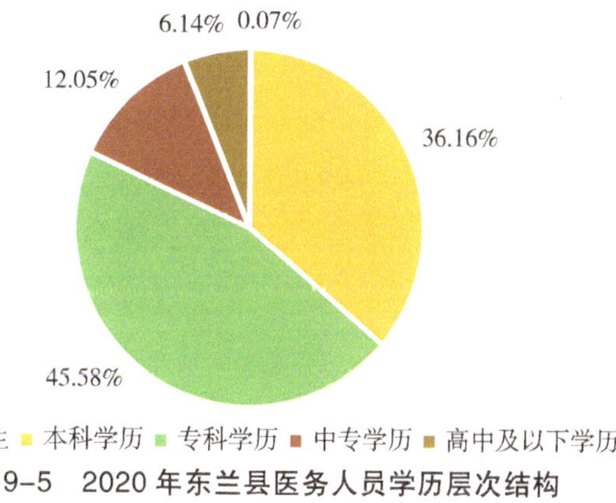

图 9-5　2020 年东兰县医务人员学历层次结构

落实基层村医待遇提升措施，促进优质的人才回流。村医人才的流失和村医待遇水平低下一直是全区的“老大难”，东兰县通过健康扶贫政策落实以来，深入调研，不断改进村医人才待遇方案。从制度上解决基础医疗队伍待遇问题，真正使人才留得住，扎根基层。东兰县从 2020 年开始解决所有村医的待遇问题，使村医能享受和基层公职人员一样的待遇，由固定的财政拨款发放工资待遇，并将其固定成了机制方案，解决了村医的后顾之忧。东兰县政府设立财政固定拨款，使基层村医可以享受政府发放的五险一金福利，能够享受基层公务员福利待遇，极大地提高了村医的积极性。乡村医生的待遇福利得到提高后，极大地促进了人才回流，医生稳得住，乡村医生队伍逐渐年轻化（如图 9-6 所示），基层医疗队伍建设更加合理，既方便了村民看病，也解决医疗人才缺口问题，逐步提高了乡镇卫生院的临床医疗服务技术和管理水平，有效提升贫困地区基层医疗服务水平，促使城乡医疗更加公平，为之后的乡村振兴做好铺垫。

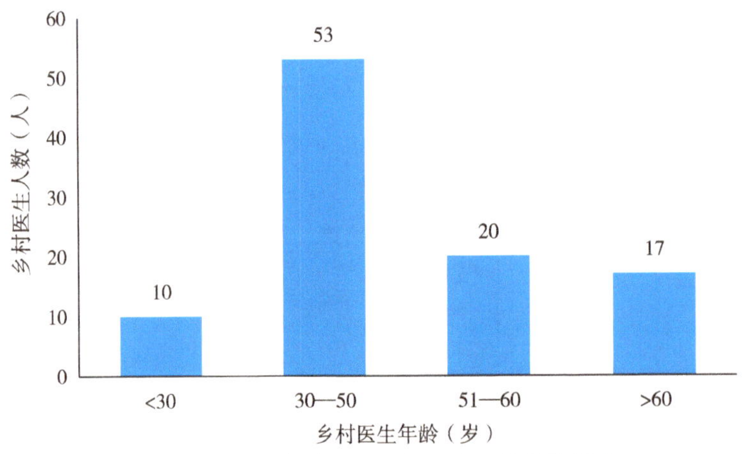

图 9-6　2020 年东兰县乡村医生年龄结构层次

（四）建立健全健康扶贫保障机制

1. 完善贫困人口医疗付费报销机制

小康不小康，关键看老乡。施行脱贫攻坚以来，党中央高度重视健康扶贫工作，坚持人民的主体地位，使贫困人口不仅可以病有所医，而且让贫困人口能医得好，安得住，让党的政策真正的利民、惠民、便民。立足东兰县实践，完善贫困人口医疗付费报销机制是东兰县健康扶贫的另一举措。

施行先诊疗后付费，实现病有所医。东兰县的“先诊疗、后付费”就医模式瞄准参加了城乡居民保险的农村贫困户住院患者，是包括建档立卡贫困户以及非建档立卡农村低保对象、孤儿、特困人员而实施的健康扶贫措施。贫困患者在县域内定点医疗机构看病住院时，符合城乡居民基本医疗保险规定疾病住院条件的参保患者，持有效身份证、医保卡、建档立卡贫困户证明或民政部门出具的低保、农村特困人员证明等有效证件在县域内医疗机构办理入院手续，并与医疗机构签订《"先诊疗后付费"住院费用结算协议书》，无需缴纳住院押金就可直接住院治疗。贫困患者出院时，定点医疗机构即时结报城乡居民基本医疗保险补偿部分，补偿后个人应承担的费用由患者结清。对于的确有困难、出院时无法一次性结清自付费用的贫困患者，可通过与定点医疗机构签订《"先诊疗后付费"住院费用延期（分期）还款协议书》，明确还款时间，即可办理出院手续。这种模式充分发挥了各类医疗保险在贫困户就医过程中的费用产生问题，极大减轻贫困人口的就医压力，促进扶贫工作的开展，并有效地减少贫困人口怕看不起病的心理负担，提升贫困人口看病信心。

完善县级"一站式"结算服务，解决贫困人口"跑腿"难。为了彻底解决贫困患者过去多部门"跑腿"申请医疗补偿的难题，东兰县于2018年开始医疗系统改革，推行"一站式"服务。采取将全县的医保系统和人工相结合的办法，进一步优化业务经办流程，提升经办业务水平，在全县的定点医疗结构全面推行"一站式服务、一窗口办理、一单制结算"，建档立卡贫困户出院时只需要交纳个人自付费用，其他费用由各部门按规定在"一站式"信息系统内结算，原先的贫困户"拿资料多部门跑，资料不齐全来回跑"的现象得到了彻底的解决，大大减轻了人民群众的负担，也提升了医疗救助的水平和整体医疗服务体系质量。此外，为打通"最后一公里"，"一站式"服务推行到村一级单位，村卫生室推行"村医通"结算模式，贫困户小病可以不出村，建档立卡贫困人口在村卫生室就诊取药时只需要缴纳其个人自付费用，其他费用由各部门按规定在“一站式”信息系统内结算，彻底解决贫困患者过去多部门“跑腿”申请医疗补偿的难题。

2. 推进贫困人口大病和慢性病分类救治

落实大病慢病监测防控工作。一是加强特殊慢性病的培训，提高大病慢病防控意识。通过对基层医疗医务人员以及相关工作人员培训，提升对大病和慢性疾病的认识，重视大病慢病的危害，规范大病慢病上报的工作程序，使其做到及时发现，及时上报，及时治疗。二是全面开展特慢病诊断筛查和认定发卡工作，防控更精准。东兰县医疗卫生机构联合专家学者，在全县进行排查，进行“集中诊断、集中认定、集中发卡”工作；指导乡镇干部，家庭签约医生、第一书记、帮扶干部对辖区内所有疑似慢性病患者再次进行拉网式排查，做到人人都知晓、病种都入库。三是加强贫困人口大病、慢病数据库管理，做到及时跟踪、及时记录。对于患有常见的门诊特殊慢性病患者，依靠基层卫生计生服务网络，进一步核准农村贫困人口中因病致贫、因病返贫家庭数及患病人员情况，建立农村贫困人口因病致贫、因病返贫管理数据库，为分类救治提供基础数据和决策参考；加大慢性病、传染病、地方病防控力度，加强贫困地区严重精神障碍患者筛查登记。系统性地管理、系统性地防控，使大病、慢病无死角，全面可记录，防控更及时。

落实大病慢病救治工作。一是扎实家庭医生签约服务工作，实现大病慢病早干预、早治疗。对建档立卡贫困户实行家庭医生签约服务，整合医疗资源，聚集专家团队对贫困人口进行定期上门服务，对大病、慢性病进行随访服务，指导用药，及时治疗。尤其对于长期患有慢性病、行动不便患者，家庭医生团队季度上门为其检查身体，送药上门极大地便利了贫困户。二是开展大病集中救治，预防要及时，救治要落实。明确定点医院，制定出台新增病种临床路径，确定单病种费用及报销比例，组建专家组，建立救治台账，加强责任落实、加强质量管理，保证贫困患者对大病集中救治政策的知晓和提供转诊服务。东兰县根据特殊大病特殊治理的要求，定点开展大病救治工作，提高大病治疗效率，此外扩大农村贫困人口大病集中救治病种，将大病病种 9 种扩大到 30 种，从而扩大了贫困救助的群体与范围，正是由于这种重点防治，至 2020 年年底东兰县人民医院（县定点医院）确定集中救治大病贫困患者 755 人，得到有效救治 755 人，大病集中救治率达 100%。三是开展大病分类救治行动。特殊问题特殊处理，在具体问题上要抓住事物的主要矛盾和矛盾的主要方面，东兰县在贫困人口大病救治方面不仅实行集中救治政策，而且要求进行分类诊疗，根据医院的技术条件和患大病人群的疾病特征，分别明确专家咨询人员，让问题更加具有针对性。从众多疾病中筛选出疾病负担较重、疗效确切的大病和慢性病开展分类救治、实施靶向治疗，使大病、重病患者得到优质的治疗环境和治疗手段，实现了政府资源的有效利用。四是重病兜底保障，解决贫困人口大病救治费用难问题。对于患有慢性病重病建档立卡贫困户，实行“先享受待遇、后备案”政策，加快重病救治效率，降低贫困户住院门槛，解决住院困难问题；进行大病兜底保障，只要是建档立卡贫困户，发生大病慢病住院治疗，只需要支付个人门诊费用 20%，剩下的部分由政府兜底，并且对于特殊大病，建档立卡贫困户可以申请大病补偿，较大程度地解决贫困户的住院难问题，费用有保障，老百姓治疗也更安心。

第十章

脱贫攻坚成效：全面建成小康社会

消除贫困，改善民生，逐步实现共同富裕，是社会主义的本质要求。我国作为典型的城乡二元经济结构国家，始终坚持把解决好“三农问题”作为全党工作重中之重，坚定不移深化农村改革，坚定不移加快农村发展，坚定不移维护农村和谐稳定。习近平总书记立足于新时代中国特色社会主义实践，根据时代要求，提出了精准扶贫伟大战略，是新时代改善民生的必然要求，是决胜全面建成小康社会的必要选择。随着精准扶贫战略在全国范围内高质量、高效率的推进与实施，我国脱贫攻坚取得决定性成就。广西东兰县作为深度贫困地区的典型代表，其脱贫攻坚的深度和难度不言而喻。自脱贫攻坚战打响以来，东兰县聚焦“两不愁三保障”突出问题，打好脱贫攻坚“四大战役”“五场硬仗”，乡村发展取得了显著成效。2020 年 5 月，广西壮族自治区人民政府批准东兰退出贫困县系列，千百年来戴在老区头上的“贫困帽”终于摘下，东兰县实现了“村村有产业、屯屯通好路、户户住楼房、人人奔小康”的脱贫目标，提高了东兰人民的幸福感、获得感、满意感。东兰县的脱贫攻坚历程为其稳妥推进乡村振兴战略奠定了坚实的基础，也为我国深度贫困区的发展提供了范式参考，东兰县是深度贫困地区脱贫攻坚战的一个缩影，总结其脱贫攻坚成效具有极大的现实价值和意义。

一、直接效应：全面解决民生生计困境

自打响脱贫攻坚战以来，东兰县在减少贫困人口数量、降低贫困发生率、增加贫困人口收入、改善基础设施条件、加大基本公共服务有效供给等方面均取得显著成效，社会各界对东兰县脱贫攻坚工作的满意程度不断提升。

（一）把握机遇，摘掉“贫困帽”

脱贫攻坚以来，东兰县贫困人口大幅减少，贫困发生率大幅降低。2015 年年底东兰县精准识别建档立卡贫困人口 17195 户 66441 人，全县贫困发生率为 23.27%，贫困村 90 个，其中 50 个深度贫困村（含 8 个极度贫困村）。2016 年至 2019 年，全县累计实现 16690 户 66888 人脱贫、71 个贫困村村摘帽，贫困发生率从 2010 年年底的 53.7% 下降到 2019 年年底的 1.66%（如图 10-1 所示）。2020 年 5 月，广西壮族自治区人民政府批准东兰县退出贫困县序列，千百年来戴在头上的“贫困帽”终于摘下。东兰县脱贫攻坚取得历史性成效的根本原因是牢牢把握了历史性机遇。自中央做出精准脱贫攻坚决定以来，东兰县把脱贫攻坚作为最大政治责任、最大民生工程、最大发展机遇，聚焦重点领域，做好精准文章，全力攻坚拔寨，终于实现了“村村有产业、屯屯通好路、户户住楼房、人人奔小康”的脱贫目标。

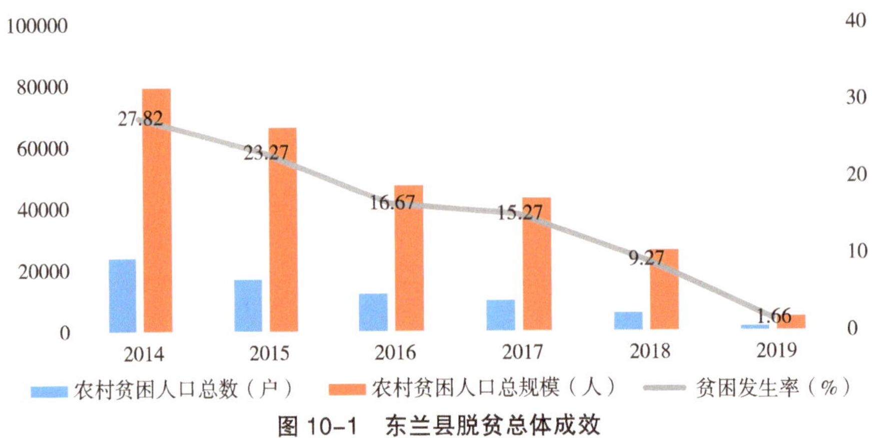

图 10-1　东兰县脱贫总体成效

（二）“挖”产业 +“引”产业，促贫困户增收

1. 特色产业全覆盖

东兰县自然条件恶劣、土地资源匮乏，人均耕地仅 0.6 亩，不适合机械化生产，培育发展规模化产业困难较大。东兰县在石头缝里挖掘产业文章，实现种植核桃 28.9 万亩，“三特水果”2.3 万亩；在贫瘠的土坡上开荒肥土，实现油茶种植 26.4 万亩，板栗 32.5 万亩，桑园 4.61 万亩，实现全县特色产业覆盖贫困户比例达 100%。同时全面实施特色产业扶贫以奖代补政策，2019 年东兰县落实产业以奖代补 3501.7 万元，贫困户户均增收 1787 元，实现贫困户产业全覆盖。

同时，东兰县重点引进广西立腾农牧发展有限公司、广西东兰贵隆生态农业科技有限公司、广西渝桂农业开发有限公司，积极探索“公司 + 农户 + 基地”的运作模式，依靠资金入股、托管托养、反包倒租等方式带动建档立卡贫困户发展肉鸡、食用菌、花椒等特色种养产业。2019 年，全县肉鸡养殖达 280 万羽，年产值 1.12 亿元；2020 年肉鸡养殖 49.26 万羽，产值 4000 万元，栽培食用菌 1000 万棒，产量 500 万公斤（鲜品），产值达 300 万元，2019 年至 2020 年全县新增花椒种植面积达 15300 亩；成立农民专业合作社 497 个，带动辖区内建档立卡贫困户 8630 多户发展，实现增收 1500 多万元，户均增收 1738 多元。

2. 农村居民稳增收

在脱贫攻坚政策的带动下，2014—2019 年东兰县农村居民人均可支配收入持续增长，农村居民收入增速显著高于城镇居民收入增速。2019 年全年城镇居民人均可支配收入 25692 元，比上年增长 7.7%，城镇居民家庭恩格尔系数为 36.0%，比上年降低 0.4 个百分点；全年农村居民人均可支配收入 8859 元，比上年增长 11.1%，农村居民家庭恩格尔系数为 31.9%，比上年降低 0.6 个百分点（如图 10-2 所示）。

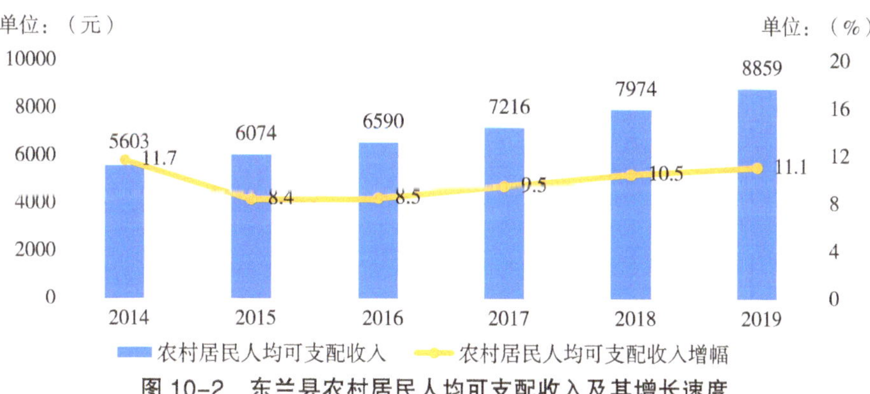

图 10-2　东兰县农村居民人均可支配收入及其增长速度

（三）实施基础设施"大会战"，改善生存发展条件

对于一个地区而言，基础设施建设是撬动经济发展的有力杠杆，是县域经济的重要物质基础，支撑着现实的发展，并体现着未来发展的后劲。近年来，东兰大力实施民生、民心工程，不遗余力建设农村道路、水电、文化等基础设施，加大改善了群众生产、生活条件，突破脱贫攻坚的瓶颈，促进农村经济快速发展。

交通方面。东兰县掀起"村屯道路建设大会战"，先后投入

79884.07万元，完成村屯道路建设1811条2619.7公里（含产业路），于2015年年底在全区率先实现村级公路全部硬化目标。此后，东兰县近年来坚持“连接对外大通道、畅通城乡大循环、立体交通促发展”的总体思路，以大交通带动大发展，推动老区实现新跨越。据统计，自2016年至2019年9月，东兰县已投入资金9.13亿元，完成道路硬化1201条1603.9公里，建成国、省、县、乡、村公路里程超1000公里，解决了16万人出行难问题。目前，全县3613个自然屯中，20户以上自然屯1432个已全部通公路，路面硬化率达99%；2181个20户以下自然屯的通达率达95%，解决了近20万人的行路难问题，实现了“屯屯通好路”的小康愿景。

饮水安全方面。从2016年至2020年，东兰县投入资金4.19亿元，实施脱贫攻坚农村饮水安全战役工程和大石山区农村饮水安全巩固提升大会战工程，共建成农村集中供水工程1198处、家庭水柜4359座，所有的工程已经全部投入使用，受益人口17.4万人，其中贫困人口5.3万人，占全县贫困人口的78.6%。此外，截至2020年6月底，全县饮水安全达标户数74031户，饮水安全达标率占农业户籍人口74031户的100%，农村自来水普及率达85.5%。

两网建设方面。在电网建设方面，东兰县积极对接南方电网，成为广西第一个农村智能电网示范县。“十三五”期间东兰县已累计完成投资建设5.83亿元，实现村村通动力电、户户通生活用电。与此同时，东兰县信息通讯网络覆盖面积进一步扩大，4G和光纤网络基础进一步夯实。东兰县移动电话年末用户由2014年的147820户增加到2018年的214454户，相应的固定电话年末用户由2014年的17085户减少到2018年的6313户。而互联网宽带接入用户由2014年的24460户增加到2018年的45275户，增加了85%。借助一根网线，电子商务也走进东兰，越来越多的居民尝试乃至习惯网络购物，特色农产品也借助电商飞出大山，优质教育、医疗等资源借助互联网走进居民生活，城市和乡村均触网升级、焕发出新生机。

住房方面。为解决“一方山水养不活一方人”和搬迁群众家门口就业“顾家赚钱”的难题。东兰县巧借深圳龙华技术资金支持，一举建成以向阳新城、红水河商贸城安置小区、板逢扶贫移民家园为代表的 27 个集中安置点，确保全县“十三五”期间搬迁建档卡贫困对象 2429 户 9831 人全部搬迁入住。

（四）从深度贫困到脱贫典范，攻坚成效受多方好评

东兰县脱贫攻坚工作连年获得国家、自治区脱贫攻坚考核组以及社会各界的充分肯定。东兰县获评“全国革命老区旅游扶贫典范县”，先后代表广西接受国家第三方评估、省际交叉检查、脱贫攻坚问题整改回头看督查巡查、中央第二巡视组脱贫攻坚专项巡视等，并获得好评。东兰县坚持每个村至少投入 100 余万元，全县新建面积不低于 360 平方米标准的公共服务中心 101 个，走在了全市、全区前列。全国深度贫困地区抓党建促脱贫攻坚工作经验交流座谈会在百色召开并把东兰县列为现场观摩考察点。2019 年，东兰县龙华高科技产业园（扶贫大车间）、武篆镇东里村“阳光玫瑰”葡萄示范基地等被列为广东省党政代表团来桂考察现场观摩点之一，得到高度肯定。中宣部、国务院新闻办大型扶贫纪录片《中国向贫困宣战》曾在东兰取景拍摄，东兰县成为全国仅有的 8 个案例之一。东兰县委主要领导撰写的《浅谈驻村第一书记选准派强问题及对策》被评为学习习近平总书记关于扶贫工作的重要论述的优秀论文，并作为唯一县级代表获邀在中央宣传部、国务院扶贫办举办的理论研讨会上作交流发言。此外，东兰县还多次在各种主题的经验交流会上作为代表发言。

二、间接效应：增强社会经济发展内生动力

东兰县脱贫攻坚的做法较为典型，在带动贫困人口减贫脱贫的同时，间接推动了经济社会的高质量发展，内循环动力有效增强，基础设施日益完善，公共服务均等化水平显著提升，生态保护效益日渐凸显，红色文化印记更加鲜亮。

（一）增强发展内循环动力

在脱贫攻坚的过程中，扶贫的相关措施也产生了溢出效应，在一定程度上推动了经济社会的高质量发展。从2014—2019年东兰县地区生产总值及增长率情况，可以看出在脱贫攻坚的同时，东兰县域经济规模也不断扩大，经济增速保持在较高水平。2019年东兰县实现地区生产总值415122万元，比上年增长5.8%（按2015年不变价格计算）。其中，第一产业增加值97803万元，增长10.6%；第二产业增加值39600万元，增长9.7%；第三产业增加值277719万元，增长3.6%。第一、二、三产业增加值占地区生产总值的比重分别为23.6%、9.5%和66.9%，对经济增长贡献率分别为43.5%、15.5%和41.0%。按常住人口计算，人均地区生产总值18376元，比上年增长5.1%（如图10-3所示）。

农业快速发展，农产品供给能力不断提高。2014—2019年，东兰县粮食产量稳定在5万吨以上，粮食安全保障能力显著提升。重要农作物生产能力显著增强，糖料、园林水果等高值农产品产量以更快的速度增长，农产品市场供给取得了较大进步。同时，随着城乡居民消费不断升级，对猪牛羊肉消费需求持续增加，东兰县畜牧生产快速发展，2019年年末生猪存栏3.36万头，牛存栏4.05万头，羊存栏5.61万只，家禽存栏271.75万只。渔业方面，东兰县遵循国家提出的“生态

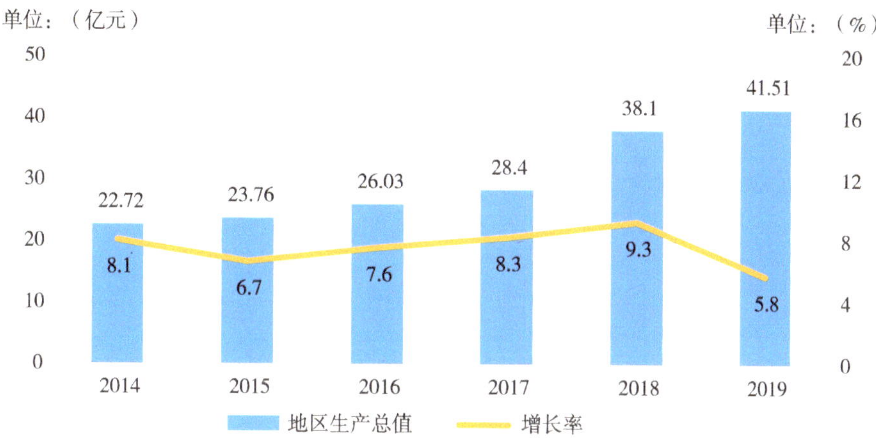

图 10-3　2015—2019 年东兰县地区生产总值及增长速度

优先、养捕结合、以养为主”的发展方针，进入绿色发展时期。2019 年年末全县淡水养殖面积 1048 公顷，全年水产品产量 4888 吨。农业的快速发展，为东兰县加快推进工业化、城镇化进程提供了重要支撑。

工业高质量发展。2014—2019 年东兰县规模以上工业增加值增长率总体呈现上升趋势。2019 年东兰县工业增加值增长 7.2%，其中规模以上工业增加值增长 14.4%（如图 10-4 所示）。

图 10-4　规模以上工业增加值的增长率

固定资产投资强劲有力。2014—2019 年固定资产增长率均保持较高水平，6 年平均增长率为 26.32%。2019 年全年固定资产投资比上年增长 8.4%。其中，民间固定资产投资增长 96.8%，占固定投资的比重为 12.9%（如图 10-5 所示）。

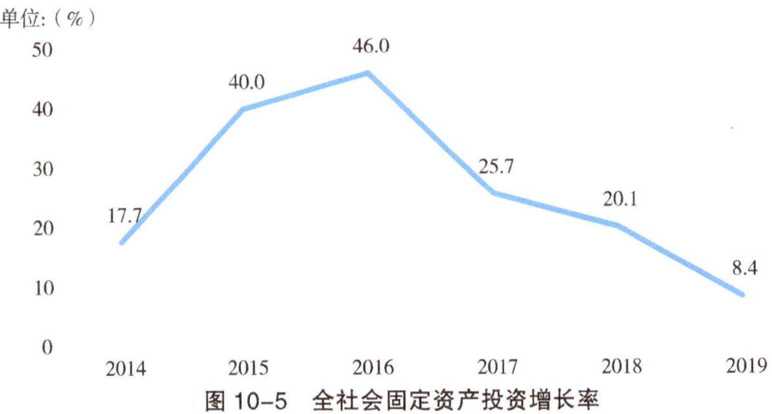

图 10-5　全社会固定资产投资增长率

消费市场平稳发展。2014—2019 年，社会消费品零售总额从 11.9 亿元跃升到 18.94 亿元，保持较快增长速度。2019 年，全县社会消费品零售总额完成 18.94 亿元，同比增长 7.6%。按销售单位所在地分，城镇消费品零售额完成 15.26 亿元，增长 7.6%，乡村消费品零售额完成 3.68 亿元，增长 7.6%。按消费形态分，餐饮收入完成 2.28 亿元，增长 13.6%；商品零售额完成 16.66 亿元，增长 6.8%（如图 10-6 所示）。

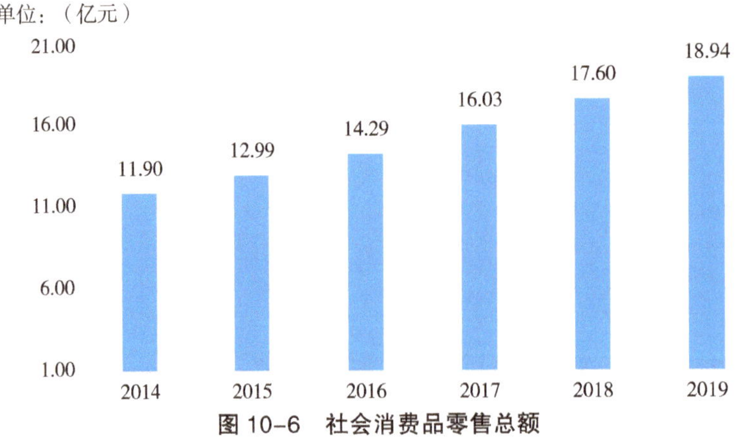

图 10-6　社会消费品零售总额

（二）推进基本公共服务均等化

相对滞后的公共服务一直是限制贫困地区人口生存和发展的主要

障碍之一，因此，推进贫困地区基本公共服务均等化是东兰县开展脱贫减贫工作的重要方面。2016 年以来，东兰县不断加大基本公共服务投资力度，强化政策护航，完善贫困地区及贫困人口的医疗、教育、就业、社会保障以及公共文化服务，基本公共服务覆盖面不断增大，服务质量及效益显著提升，对巩固东兰县脱贫攻坚成果、推动实现乡村振兴打下了坚实的基础。

医疗健康服务日益完善。“看病难、看病贵”一直是贫困地区人口面临的一个重大困扰，也是制约贫困人口改善贫困状况、实现自身发展的一个主要障碍。2016 年以来，东兰县积极贯彻落实党的十八大、十九大精神，推进健康东兰建设，加强全县医疗保障工作，从扩大医保覆盖面、完善医疗结算及报销服务以及强化村医能力建设等方面多管齐下，提高基本医疗保险、大病保险和医疗救助“三重保障”能力，对特困群体医疗保障进行兜底，有效遏制了因病致贫、返贫现象，在助力全县脱贫减贫工作的同时，有效提升了东兰县的医疗健康服务水平和能力。第一，开通与完善“一站式”结算服务系统有效减轻了患者的垫资压力并简化了服务流程。东兰县医疗保障局相关数据显示，截至 2019 年 10 月底，建档立卡贫困人口患病住院共 16591 人次，报销医疗总费用 6132 万元。第二，健全和完善全县村级卫生室，强化县乡村三级医务人员培训，实现乡镇卫生院执业医师全覆盖、全科医生全覆盖，村卫生室乡村医生全覆盖。在 2018—2019 年，东兰县培养村医学生 54 名。第三，加强和落实慢病签约服务管理，对常住建档立卡贫困人口提供家庭医生签约服务，签约率达到 100%。第四，加大县乡村三级医疗机构阵地建设，县级医院、乡镇卫生院以及村卫生室均达到标准化建设要求，让农民群众在家门口就能享受到更优质的医疗服务。

教育扶智能力与水平持续提升。教育是提升贫困人口生存与发展能力、阻断贫困代际传递的根本之策。东兰县在开展脱贫攻坚工作的过程中，一直将教育置于重要位置，在解决适龄贫困人口上学难以及贫困家庭因学致贫问题的同时，也实现了全县教育水平和能力的有效提升。首先，东兰县不断加大对家庭困难学生上学的资助与扶持力度，对家庭贫困学生应助尽助。2016 年以来，东兰县落实各类学生资助资金 27524.686 万元，惠及学生 52.67 万人次；补助跨省区就读的义务教育阶段家庭经济困难学生 506 人，资助家庭经济困难学生 324 人。实现建档立卡贫困户子女从学前教育到高等教育阶段教育资助全覆盖，保障家庭经济困难学生平等接受教育权利，确保全县没有一名学生因家庭贫困而失学。另外，东兰县针对学生辍学问题精准施策，加大人力财力投入力度，确保劝返工作开展并取得良好成效。具体通过建立“控辍保学”机制，定期对全县义务教育阶段学生流失情况进行通报，及时分析和查找流失原因，针对存在问题，执行“双线四包”机制，督促学校、乡镇府落实人员做好劝学、返学工作。截至目前，共劝返建档立卡户辍学学生回校 236 人；全县九年义务教育巩固率均达到 95% 以上，学前三年毛入园率 91%，实现动态双清零。

2016 年以来，东兰县采取降低门槛，落实教师与公务员同等待遇，提高发放乡村教师生活补贴，落实获得中高级职称未聘人员奖励资金，为教职工办理意外保险等政策，通过公开招聘、特岗计划等充实中小学、幼儿园教师 1071 人，切实解决了东兰县学生“谁来教”的问题。为有效改善办学条件、为学生创造良好的学习环境，东兰县不断加大校园建设投入，有效改善了乡镇寄宿制学校、乡村小规模学校基本办学条件。2016 年以来，东兰县新增各类校舍建筑总面积 60347 平方米，同时新增体育运动场（馆）面积 27400 平方米，涉及 91 个单体项目。东兰县新建东兰深圳龙华小学，于 2019 年 9 月正式招生办学，现开设 31 个教学班，在校学生 1634 人，其中建档立卡户子女 671 人；新增幼儿教学及教学辅助用房 20613 平方米，共 8 所新建幼儿园，实现每乡镇一所公办幼儿园的目标。

社会保障体系日趋健全。社会保障体系建设关系到群众养老、就业、医疗等各个方面，关系到地区经济社会的长远稳定发展。东兰县在推进脱贫攻坚工作过程中，不断完善社会保障体系，完善本地区居民的养老保障体系，落实社会保障政策，推进残疾人救助及特困人员供养，发挥了社会保障体系的兜底作用。到 2020 年城乡居民养老保险符合参保条件的建档立卡贫困人员参保率达 100%，全县 60 周岁以上（含）符合领取待遇条件的人员 100% 享受养老保险待遇。农村低保户筛选日益精准化，建立了动态的进出机制，最低生活保障标准逐年提高，有效保障了特困人群的生存和发展需要。与此同时，东兰县积极落实贫困残疾人生活补助，保障其基本生活。残疾人两项补贴由每人每月 50 元提高到每人每月 80 元。2016 年 1 月至 2019 年 10 月，累计发放残疾人生活补贴资金 193898 人次 1093.72 万元。

公共文化服务覆盖面不断扩大。提升公共文化服务效能是推进公共文化建设的重点，对于提升群众公共文化素养、丰富群众文化生活具有重要作用。东兰县大力实施文化扶贫，推进农村公共文化服务建设，在发挥脱贫减贫带动作用的同时，为推动乡村振兴奠定了良好的文化基础。到 2020 年 10 月，全县已整合资金 1 亿多元，建成办公场所达 300 平方米以上村级公共文化服务中心 107 个，在建 17 个，行政村（社区）覆盖率达 82.7%，年底预计实现贫困村全覆盖。村级公共文化服务中心配套建设齐全，综合服务效能高，为群众文化活动提供了场所，极大地丰富了当地群众的精神文化生活，打通了公共文化服务“最后一公里”。与此同时，东兰县有效改善了农村基层组织办公条件，提升了农村基层党组织“硬实力”，全面助力脱贫攻坚。具体是以贫困村为重点，每个村投入 120 万元左右重点建设 1 栋建筑面积不少于360平方米的综合办公楼，以及1个标准篮球场、1个舞台和1个宣传栏等。贫困地区百县万村综合文化服务中心示范工程建设扎实推进，全县13个示范点基本完成并投入使用。建成农家书屋147个村点，收藏图书9万余册，并根据农民生产实际需要，不断对出版物进行补充更新。东兰县将广播电视“村村通”工程建设落实到各级党委、政府的工作目标和脱贫攻坚工作中，不断加大投入，到目前为止，全县已建成县级转播台1个、乡镇发射台8个，统筹有线电视、地面数字电视、直播卫星等覆盖方式，消除信号覆盖盲点，实现数字电视“户户通”。全县电视综合覆盖率由2008年年底的63%提高到2017年的99.3%，广播综合覆盖率由62%提高到99.2%。此外，东兰县在贫困村还逐步开展“数字文化驿站”建设，全面助力脱贫攻坚。

（三）拓宽农户增收渠道

增加就业机会、拓宽就业渠道能够有效提升脱贫攻坚工作成效，巩固脱贫成果。东兰县在就业扶贫方面取得了显著成效，在促进贫困人口就业的同时，也推动了县域产业发展，为县域内群众创造了更多的就业岗位。第一，东兰县积极开展职业技能培训，提升待业者就业技能。2016年至2019年10月，共开展职业技能培训5926人，其中建档立卡贫困户参训3093人。第二，东兰县积极落实劳务输出组织服务政策，2016年以来共举办专场招聘会26场，帮助466名建档立卡贫困劳动力实现就业。第三，通过创造公益性岗位为贫困人口创造更多就业机会，截至2019年10月底，东兰共开发公益性岗位1944个，其中护林员1014人，乡村公益性岗位930个。第四，东兰县大力发展扶贫产业，建设扶贫车间，为贫困人口提供了大量的就业岗位。全县共建设就业扶贫车间65个，认定扶贫车间13个，发放扶贫车间奖补资金 6.5 万元。第五，东兰县鼓励具有能力的贫困户自主创业，从 2016 年到 2019 年 10 月，共发放创业贷款 186 笔 1271.9 万元。以上五大措施共同发力，促进东兰全县城镇新增就业 4959 人，城镇失业人员再就业人数 1367 人，就业困难人员就业人数 734 人，农村劳动力转移就业新增人数 19545 人，城镇登记失业率控制在国家宏观调控目标 4.5% 以内，城乡就业局势保持基本稳定。

（四）增强脱贫内生动力

东兰县坚持产业扶贫与文化扶贫并重，以产业为本，以文化为根，充分发挥文化扶贫特殊功能，通过实施文化惠民工程，不断完善基层文化基础设施建设，提升群众思想素质，发展文化旅游等一系列措施，在助推老区人民“精神脱贫”中取得明显实效，与此同时，有效传播和保护了东兰的红色文化基因。

1. 文化传播惠民

东兰县通过实施文化惠民，提供更多优质的文化产品，进一步丰富了贫困居民的文化生活。2019 年，东兰县投入资金 16 万元，组织县文艺队下乡进村巡回演出脱贫攻坚专题文艺晚会、山歌会等，通过开展文艺演出，展示老区人民精气神，同时将脱贫攻坚方针政策以群众通俗易懂的方式进行宣传，让脱贫攻坚深入人心、家喻户晓。2019 年，东兰县投入资金 16 万元，组织县文艺队下乡进村巡回演出脱贫攻坚专题文艺晚会、山歌会等，通过开展文艺演出，展示老区人民精气神，同时将脱贫攻坚方针政策以群众通俗易懂的方式进行宣传，让脱贫攻坚深入人心、家喻户晓。开展科教文卫“三下乡”活动，共赠送文化读本、科普卫生读物上万余册。同时鼓励民间文艺团队发展，通过辅导培训、提供展演平台等方式，鼓励他们上台演出，实现从“送文化”向“种文化”的延伸。

2. 文明创建强民

东兰县通过培育和践行社会主义核心价值观，使党的富民政策如春风化雨般滋润东兰大地，有效助推老区干部群众增强“四个意识”，坚定信仰、凝心聚力。通过深化群众性精神文明创建，深入开展传承良好家风家训活动，以良好的家风家训推动形成文明和谐的社会民风，推动形成“知荣辱、讲正气、作奉献、促和谐”的良好社会风尚。东兰实施的“远教助推扶贫工程”，充分利用改版升级后终端站点、高清互动电视、广场显示屏等远教服务网络体系，大力宣传中央、自治区、市、县有关精准扶贫政策、措施以及各地和本县的先进经验、先进做法和先进典型，让贫困户和困难群众及时了解和掌握相关脱贫政策，增强脱贫致富的信心。同时，创新开办《东兰壮语新闻》《壮语故事汇》和《话说东兰》三档自办节目，结合农村公益电影放映平台，将自办的壮语节目与电影下乡有效结合起来，通过壮话山歌、壮话小品、壮话电影等形式，大力宣传党的惠民政策、脱贫攻坚路上的先进典型，开展感恩教育，培育和激发农民的脱贫积极性。

3. 文化旅游富民

东兰还大力发展文化旅游助脱贫。将传统文化资源转化为旅游产业，在带动村民致富的同时，促进红色文化保护与传播。东兰是全国著名的革命老区，红色文化底蕴厚重、民俗文化多彩多姿、铜鼓文化积淀深厚。通过大力挖掘本地独特的文化资源，依托绿色生态资源，打好“生态牌”“民俗牌”“名人牌”，东兰发展形成了以民俗文化、农家乐、生态养殖等为主的乡村民俗文化旅游产业。如以地域特色民族文化蚂拐节为重点内容，在巴畴乡巴英村投资 700 万元着力打造蚂拐文化旅游特色村；以铜鼓文化为主要内容，对外开放东兰民间铜鼓收藏馆、三弄原生态瑶族铜鼓民俗村，每年吸引大批游客慕名前来参观。东兰还加快推进县体育中心和文化艺术中心、县红水河民俗文化展示中心、电影大厦等文化项目建设，有力助推老区文化扶贫事业发展。此外，依托“红水河第一湾”发展旅游产业获得了良好收益。“红水河第一湾”旅游项目2018年建成运营，带来数百个就业岗位，附近村镇外出打工的青年有机会返乡就业，收入也得以增加，餐饮等行业也逐渐在景区兴起，有效带动了当地人口就业创业。

三、溢出效应：现代化治理水平显著提升

脱贫攻坚任务的艰巨性和困难性对东兰县贫困治理提出了更高的要求。在东兰推进精准扶贫工作的过程中，始终坚持以习近平总书记为核心的党中央的统一领导，充分发挥我国社会主义制度优势，在促进减贫脱贫的同时，产生了巨大的溢出效应。

（一）提高贫困治理现代化水平，拓展基层治理现代化空间

1.“一包干”+“两体系”，构建贫困治理制度基础

东兰县坚持中国共产党对脱贫攻坚工作的全面领导，不断加强组织建设，建立起了职责明确、各司其职的责任体系，精准识别、精准帮扶的工作体系，全流程、多方位的监督及考核体系，为脱贫攻坚提供了有力的制度保障。

日益完善的脱贫攻坚责任包干制度。东兰县在脱贫攻坚过程中，形成了“县级领导+帮扶部门+乡镇+驻村干部+村两委”五级联动、上下贯通的责任体系，有效强化了各部门及各领导干部的责任意识，为精准帮扶工作奠定了扎实的基础。

综合协调的脱贫攻坚指挥调度体系。在落实脱贫攻坚工作过程中，东兰县不断加强县级层面脱贫攻坚工作的综合协调、统一指挥，组建了东兰县脱贫攻坚指挥部，有效提升了精准扶贫工作效率。

工作队员脱产驻村体系。按照因村派人、人岗相适原则，选派了驻村工作队员，严格执行驻村帮扶干部坚持吃在村、住在村、干在村，驻村工作队伍不撤、帮扶关系不变、帮扶力量不减等要求，为落实脱贫攻坚工作提供了人员保障。

2. 搭起“架子”，为贫困治理插上政策“翅膀”

东兰县通过实施一系列精准扶贫政策，显著地推动了当地贫困治理的步伐，为未来东兰全面推进乡村振兴战略奠定了坚实的基础。

财政与金融扶贫政策。当地政府制定了一系列鼓励产业企业发展的财政与金融扶持政策，促进东兰县特色产业发展，全面落实“5+2”产业模式，激发脱贫内生动力。

易地扶贫搬迁政策。东兰县积极创造移民搬迁与新型城镇化、现代产业深度融合发展的政策条件，不断完善移民集中安置区域基础实施，并积极创造教育、医疗、养老等配套公共服务，做好安置点后续扶持工作。

教育扶智及医疗救助政策。东兰县将教育扶贫摆在脱贫攻坚的重要位置，全面落实教育扶贫政策，完善定户定人的教育精准帮扶政策体系，对建档立卡贫困户子女从入学到毕业就业进行全程资助和扶持，实施“雨露计划”扶贫培训资助政策。东兰县还逐步提高新农合补偿和医疗救助标准和覆盖率，新农合和大病保险制度对贫困人口实行政策倾斜，完善建立农村和城镇居民重大疾病医疗补充保险制度。

生态补偿政策。东兰县大力探索市场化生态补偿模式，并按照公益林补偿标准实行动态调整，积极贯彻自治区关于易地扶贫搬迁项目城镇生活垃圾处理费、污水处理费等政府定价的经营性服务收费政策。此外，制定并实施退耕还林补助政策，为农户提供资金补偿。东兰县还创造相关公益性岗位，选派生态护林员，并提供劳务补助，在推进生态环境保护的同时，为贫困户提供了就业机会。

3. 政治引领，基层党建促脱贫

东兰县以基层党建引领精准脱贫，始终坚持党对脱贫攻坚工作的绝对领导，积极构建以党建为核心的基层治理格局。严格贯彻落实习总书记系列讲话精神，积极发挥党组织的领导与统筹作用，为基层治理的现代化建设把握住正确方向。2016年以来，在脱贫攻坚战一线中，东兰县基层党组织、党员充分发挥战斗堡垒和先锋模范作用，为打赢脱贫攻坚战贡献了重要力量，为衔接乡村振兴奠定了坚实基础。东兰县通过压实工作责任、开展党性教育、强化督查考评等方式，不断加强思想建设，发挥了基层党组织在脱贫攻坚中的政治引领作用；通过开展星级评定、加强村党组织书记队伍建设、大力实施“头雁”工程等，不断强化基层党组织建设，基层党建水平显著提升；按照“可借鉴、可复制、可推广”标准，着力打造“两纵两横”抓党建促脱贫攻坚示范带，发挥了基层党组织在产业扶贫中的引领作用，打造抓党建促脱贫示范带，最大化基层党建成效。

（二）德法结合，以科技提升基层治理水平

1. 以法治保和谐，以德治助发展

东兰在推进脱贫攻坚工作过程中，形成了法治与德治手段相结合解决民生问题、推进社会发展的良好局面。一方面，法治的思维与工作方式有效保障了社会和谐。例如，推进信访工作法制化、开展吸毒人员及精神病人等重点群体非法行为整治行动、建立县乡村三级矛盾调解中心、开通群众疑问在线解决平台等措施，对解决社会民生问题发挥了积极作用。另一方面，东兰不断推进以德治助发展，有效增强了群众的认同感。领导干部密切联系群众、开展信访接待活动，处级领导积极开展社会调研、就地解决群众问题，领导干部深入基层与贫困百姓同吃同住，深入了解百姓诉求、解决实际问题等一系列措施，

有效拉近了领导干部与群众的距离，增强了群众对政府工作的认同感，提高了政府公信力。

2. 有效激励，参与式基层治理长足发展

东兰县在基层治理过程中，十分重视居民参与治理、自我服务与自我管理的重要作用。一方面，发挥基层党建的引领和推动作用，将基层党组织干部和党员积极分子发展为骨干力量，为其参与村或社区治理创造良好条件，引导群众热情参与。另一方面，东兰县制定了一系列鼓励群众参与基层治理的激励政策，例如党员发展、储备干部培养、基层干部推选以及村代表选举等鼓励机制，有效激发了社会力量参与基层治理的热情。此外，东兰县加大对基层活动的支持与投入力度，发挥基层公共服务中心的载体作用，倡导建立禁毒、禁赌等工作协会，并建立相应的工作补贴与奖励制度，引导居民参与到基层社会事务的治理中。

3. 科技支撑，基层治理实效性日趋增强

日新月异的信息技术手段为基层治理提供了便利，东兰县积极运用现代科学技术，打造各类信息平台及社会服务平台，将互联网思维运用到基层治理中，以智慧化手段为依托，有效提高了基层治理与服务能力。一方面，东兰县积极推进网格管理，建立各地区、各个事务等基础服务网格，实现了群众事务网格办理的新局面；另一方面，东兰县积极推进“互联网+”社会服务，开通了“智慧东兰”服务平台，为群众提供及时的信息更新及管理服务，同时能够实现群众需求与意见及时反馈，推进政府服务的不断改进与优化。

（三）贯彻绿水青山理念，开发与保护共创效益

生态环境保护是实施绿色发展、提高经济社会发展可持续性的重要途径。近年来，东兰县立足自身生态特色，将生态保护与扶贫开发

有机结合，通过实施重大生态工程建设、加大生态补偿力度、创新生态扶贫方式以及发展生态产业等多种方式，在保护生态环境的同时，有效推动了扶贫开发工作，实现了扶贫开发与生态保护相协调，生态效益与经济效益兼收。

1. 稳定农户后续收入

密切农民利益联结。推动新型农业经营主体与镇、村、农户采取多种形式有效对接，以土地、林权、资金、劳动、技术、产品为纽带，开展入股经营、专业合作、产业联盟等多种形式的合作与联合，健全政府购买农业公益性服务机制，探索推广全生产过程、全产业链条、全要素供给的综合性全程化服务模式，为农民参与产业融合创造良好条件，稳定农民收入。

培育提升农业品牌。依托东兰资源优势、地域文化和产业特色，主打“绿色生态、健康长寿”牌，推动区域、企业、产品三位一体品牌发展战略，打造一批叫响广西乃至全国的东兰农业区域公用品牌、企业品牌、农产品品牌。以绿色食品、有机农产品为重点，规范农产品地理标志等区域公用品牌的授权经营，加大农产品品牌营销推介力度，搭建品牌农产品立体宣传网络，扩大品牌农产品的美誉度和影响力，提高农民收入。

落实生态补偿资金及生态保护公益救助岗位，有效助推脱贫工作。实施退耕还林以来，东兰县累计获得国家补助 5.76 亿元，涉及 4.9 万退耕农户 22.5 万人。2016 年以来，东兰县已发放退耕还林补助资金 14108.7 万元，兑现森林生态效益补偿基金 10441.4 万元；户均获得补助 1.17 万元。2018 年，东兰县建档立卡贫困户享受补助 1920.8 万元，惠及 8143 户 3.12 万人。另外，通过选聘生态护林员 5062 人，累计兑现生态护林员劳务补助资金 3791.16 万元，拓宽农民收入渠道。

2. 提供良好的生态资源

东兰县从实际出发，在退耕还林的同时，发展种植及养殖业，为贫困群众增收提供了新的机遇。在第一轮退耕还林中，东兰县从实际出发，在土坡地区以生态林、经济林兼顾的板栗、核桃、喜树等作为主要造林树种，让退耕农户在粮食补助期满后有稳定的经济收入。利用良好的生态资源发展“阳光玫瑰”葡萄种植业，采取“公司 + 基地 + 农户”的现代农业产业化经营模式，贫困民众以土地流转、劳务输出等形式参与产业开发，大幅度提高了当地农民的收入。退耕还林给生态脆弱的东兰县带来一场“绿色革命”，东兰县把生态环境与经济效益有机衔接，生态环境进一步优化，实现了山变绿、水变清的目标。森林覆盖率 62% 提高到 82.76%；石山灌木平均盖度由 22% 上升到 35%。东兰县以修复生态、保护环境、提供生态产品为首要任务，全面开展林草植被的保护与建设、砌墙保土、坡改梯、水资源开发、农村能源建设等建设，把生物措施、工程措施和社会措施有机结合，建设防控水土流失和生态景观为主的生态农田，做到人与自然和谐共生，提高清洁能源的利用效率，倡导简约适度、绿色低碳的生活方式，减少环境污染，增加乡村生产生态空间。因地制宜发展旅游、农副产品加工等资源环境可承载的适宜产业，走出一条生态型的绿色产业发展之路。

（四）创新体制机制，强化乡村振兴制度保障

1. 建立农业转移人口城镇化推进机制

东兰县积极构建粤桂扶贫协作社会大格局，新建易地搬迁向阳新城小区，并不断完善搬迁后居民的基础配套设施，如积极引进外资，开设扶贫车间，解决就业问题。以搬得出、稳得住、能发展为目标，完善农业转移人口、土地、住房管理等方面的政策制度，统筹推进基

本公共服务均等化和城镇化成本分担机制，增强农业转移人口融入城镇、融入社会的能力。东兰县深化人口管理制度改革，创新人口管理，全面放开县城及各建制镇落户政策，取消落户门槛，促进人口有序流动、合理分布和社会融合。通过建立城乡统一的公共就业服务平台，加强企业、职业技校和培训机构联合开展职业教育和技能培训，保障农业转移人口与市民同工同酬、同城同待遇，加强对农业转移人口的人文关怀，提高归属感，增强农业转移人口融入城镇社会能力。

2. 不断扩大城镇基本公共服务覆盖面

东兰县通过易地扶贫搬迁、教育扶贫、实施基础设施大会战等一系列扶贫政策，补齐农村发展短板，不断提升农村的基础设施和公共服务水平，促进城乡发展要素均等化。以增强公平性、适应流动性、保证可持续性为重点，提升城镇基本公共服务水平，逐步实现城镇常住人口全覆盖。东兰县出台相关政策保障农民随迁子女能够平等享有受教育的权利，将农民工随迁子女义务教育纳入各级政府教育发展规划和财政保障范畴；提高保障农业转移人口医疗卫生水平，根据常住人口配置城镇基本医疗卫生服务资源；提高农业转移人口社会保障水平，完善城乡居民基本养老、医疗、就业制度，鼓励农业转移人口积极参加城镇职工工伤保险、失业保险、生育保险，健全商业保险与社会保险合作机制，提高参保率，切实解决好农业转移人口养老、医疗、就业保险转移接续问题，完善针对农业转移人口社会救助社会福利体系。

第十一章

东兰县从脱贫攻坚转向乡村振兴

《中共中央 国务院关于打赢脱贫攻坚战的决定》明确要求“要系统总结我们党和政府领导亿万人民摆脱贫困的历史经验，提炼升华精准扶贫实践成果，不断丰富完善中国特色扶贫开发理论”。2020 年是全面建成小康社会目标实现之年，是全面打赢脱贫攻坚战收官之年，深度贫困地区的发展成为决定脱贫质量的重中之重。东兰县作为我国革命老区、贫困深度县的典型代表，在革命战争时期为新中国的成立做出了杰出贡献。在推进脱贫攻坚的历程中，东兰老区人民以其艰苦奋斗、自强不息的红色精神，走出了一条适宜自身发展的脱贫致富路，为其稳妥推进乡村振兴战略奠定了坚实的基础，也为我国深度贫困区的发展提供了范式参考。全县充分发挥自身资源禀赋优势，打造“五色品牌”定位；构建三位一体扶贫大格局；加强村党支部的建设，发挥党旗引领作用；践行青山绿水理念，推动绿色循环农业发展；以政府为主导，实施安居住房、教育教学、健康医疗、水电路网等社会民生工程，提升人民幸福感和社会认同感。

习近平总书记强调，打好脱贫攻坚战是实施乡村振兴战略的优先任务，乡村振兴从来不是另起炉灶，而是在脱贫攻坚的基础上推进。

十九届五中全会提出实施乡村建设行动，深化农村改革，实现巩固拓展脱贫攻坚成果同乡村振兴有效衔接。随着 2020 年精准脱贫进入攻坚期，我国农村的贫困状况得到了实质性的改变，“后脱贫时代”已然来临，以生存为核心的绝对贫困开始向相对贫困过渡。东兰县要持续推进全面脱贫与乡村振兴战略的有效衔接，立足人才、政策、产业、基本公共服务、村社治理等方面，因地制宜地推动国家战略的平稳转型，促进东兰县农村的整体经济发展水平和综合实力的提升。

一、东兰县脱贫攻坚经验总结

在脱贫攻坚战的决战决胜阶段，回首十八大以来的扶贫开发工作，中央—地方不同层级共同致力于解决绝对贫困这一顽疾，因地制宜地走具有自身特色的扶贫道路，从市、县不同层面对扶贫工作中形成的减贫经验进行系统的梳理，为解决相对贫困提供借鉴思路。东兰县在践行习近平扶贫论述的征程中，从整体视角谋划未来、为社会力量搭建平台、党建正能量带动、绿色循环农业、公共服务均等化等方面展现自身的脱贫经验。

（一）整体视角绘发展蓝图

习近平总书记强调，“要增强世界眼光、历史眼光，提高观大势、定大局、谋大事的能力”[①]。为满足经济社会的实际发展需求，各区域在国家宏观发展战略的指引下，积极谋划契合当地发展要素、统筹城乡资源的整体发展战略。县域经济作为国民经济中最基本的区域经济单元，确立县域经济发展模式是实施县域经济发展战略的重要内

① 孙业礼:《观大势，谋全局——习近平总书记系列重要讲话蕴含的重要思想和工作方法》,《北京日报》, 2017 年 2 月 27 日。

容。东兰县高瞻远瞩、化零为整，从顶层设计角度出发，立足发展基础、资源禀赋、区位优势等“先天性”因素和“确定性”条件，将其县域发展走向定位成“红色老区”“绿色生态”“金色铜鼓”“银色长寿”“黑色物产”五色品牌，从长远考虑谋划县域经济的持续增长发展极，保持发展政策的延续性和稳定性，健全囊括经济、文化、生态三大效应在内的长效政策体系。战略指引和政策驱动一直是县域经济发展不可或缺的影响因素，东兰县在长远发展的思路中，将扶贫开发工作放至社会经济发展的大棋盘中谋划推动，真正描绘出具有当地特色的发展蓝图。

（二）构筑社会扶贫大格局

习近平总书记强调，要坚持不懈推动高质量发展，加快转变经济发展方式，加快产业转型升级，加快新旧动能转换，推动经济发展实现量的合理增长和质的稳步提升。脱贫攻坚不是政府部门的单打独斗，也不是政府与贫困群众的互相扶持，而是一场全民参与的事业，需要全社会积极广泛参与其中。东兰县在打赢脱贫攻坚战的征程中，始终不忘初心，积极借用社会力量，整合配置扶贫开发资源，构建政府、市场、社会三者交叉互补的大扶贫格局。一是以粤桂协作为杠杆，在东兰县以“1+13+1”模式搭建扶贫子母车间、引进高科技产业、加大资金帮扶力度等途径来解决易地搬迁安置点、贫困女性劳动力等就业问题，增加贫困群众收入。二是利用南方电网资源，选驻精兵强将帮扶贫困村，深入基层挖掘贫困的最根本原因，积极帮助贫困群众降低贫困脆弱性，增强其未来可持续发展能力。在东兰县政府力量的牵线下，借用粤桂协作和南方电网的外部力量促进当地内生动力的增长，积极拓展县域发展空间；并借助社会力量引导，使贫困户参与到市场运作中，逐渐形成全员参与的扶贫大格局。

（三）党建正能量改善精神面貌

习近平总书记强调："广西是革命老区，也是边境地区、民族地区。脱贫攻坚工作做好了，边疆稳定、民族团结就有了坚实基础；边境建设搞好了，民族事业发展了，对打赢脱贫攻坚也是极大促进。"红色是引领东兰发展的永恒底色，东兰县委县政府贯彻"党建＋"理念，实施骨干锻造、强基筑垒、党建领航、引才蓄源"四大行动"，构建脱贫攻坚责任包干体系、脱贫攻坚指挥调度体系、工作队员脱产驻村体系、社会帮扶体系等工作机制，并建立横向到边、纵向到底的责任体系；在帮扶贫困户的工作中，踏踏实实地俯下身子沉下心来教导贫困群众转变思想，着力破解制约贫困的无形枷锁，激发贫困群众的内生动力，使其敢于走出贫困圈落。同时充分利用红色资源传承红色基因、弘扬正能量，在积极健康的文化氛围中悄无声息地改善群众的精神面貌。作为 11 个民族的聚居地，东兰县积极打造双拥"老区样板"，为东兰贴上军政军民团结、社会和谐稳定的亮丽名片。在党建正能量的渲染中，少数民族群众以及贫困群众把党的初心、党的主张、党的恩情转化为对党的高度认同，并增强了脱贫攻坚行动自觉和思想自觉。

（四）搭建绿色循环农业体系

党的十九大报告指出，农业农村农民问题是关系国计民生的根本性问题，必须始终把解决好"三农"问题作为全党工作的重中之重。东兰县"九山半水半田"的特性导致该地区耕地资源短缺，而农业又是国民经济发展的基础产业，县委县政府为破解资源的有限性，因地制宜打造"再利用、减量化、资源化"的"3R"循环农业模式，构建循环农业体系。发挥特色产业优势，一方面变废为宝，提高资源利用率，基于生态角度搭建“种桑养蚕—桑枝培育食用菌—废弃菌渣化作肥料还桑田”循环模式，实现节能减排与增收的目的，不断提升农业和农村可持续发展能力。另一方面，基于经济和社会效益搭建“稻田养殖”和“百香果—蜜蜂养殖—林下养鹅”的循环模式，充分利用空间，将空间效用发挥至最佳，通过自然生态平衡的力量减少农业成本投入，建立起立体化式的现代农业，并向市场提供绿色安全产品，提高经济和社会效益。全县打造立体农业循环经济产业链，大大节约农业资源空间，加快了城镇化进程，实现就业结构转变，进一步增加了农民收入，实现乡村产业转型升级，提升农业可持续发展能力。

（五）公共服务均等化

推进基本公共服务均等化，是全面建成小康社会的应有之义，对于促进社会公平正义、增进人民福祉、增强全体人民在共建共享发展中获得感幸福感安全感具有重要意义。东兰县巧借社会力量，发挥自身优势，加大投入提升公共服务建设，取得了积极进展和成效。一是聚焦“两不愁三保障”，巧借社会力量建设“国清中学”和“海安班”等提升整体教学水平，解决移民搬迁点教育保障等问题，促进教育均等化；整合资金提高医疗保障水平，一站式服务减轻贫困户就医负担，提升群众健康状态和生活水平；精准核查，危房改造与易地扶贫搬迁共同发力，打造向阳新城、开发第二个东兰。二是以修路为切入点，统筹规划补短板，建成具有较高服务水平的农村公路网，有效解决农村发展“最后一公里”问题；新建或改造、维修家庭水柜、集中供水工程等，实现所有农村居民都能喝上干净安全水；借南方电网优势，精准规划东兰配网，进行电网改造升级，构建主动、智能、精准、优质的现代化供电服务体系，大大提高了群众生产生活条件，激发群众自我发展动力，为打赢打好脱贫攻坚战注入了动力与活力。东兰县民生工程建设实现了东兰人民从物质脱贫到思想脱贫的伟大跨越，大大提升了人居生活环境，促进产业深度融合，增进民生福祉，有利于推动建立城乡互补、协调发展、共同繁荣的新型城乡融合关系，为巩固脱贫成效和推进乡村振兴保驾护航，实现经济可持续发展。

二、东兰县脱贫攻坚启示

习近平总书记指出："脱贫摘帽不是终点，而是新生活、新奋斗的起点。"[①] 扶贫是一场长久的攻坚战，东兰县地处滇桂黔石漠化片区，推窗就是山，抬眼就是河，平地极其稀罕。资源的贫瘠并不能变为东兰人民对美好生活向往的拦路石，而是紧密联系自身条件，借力发力，打破资源部分属性，探索具有当地特色的绿色可持续脱贫之路，实现老区人民富裕、生态宜居、经济发展，在脱贫攻坚与乡村振兴的交汇点上取得了长足发展，保证了东兰县高质量脱贫的稳定性和可持续性，其开发扶贫的前瞻性具有重要的借鉴价值。

（一）文化资源转化成经济优势

文化是一个国家、一个民族的精神家园，中华优秀传统文化是中华儿女的精神命脉。精神上的"软贫困"，是比物质上的"硬贫困"更加顽固和复杂的难题，也更加考验我们的耐心与智慧。有着深厚文化底蕴的东兰县，如何在脱贫攻坚工作中将红色文化、铜鼓文化、长寿生态文化、山歌文化等文化资源转化成经济优势？东兰依托自身独

---

① 习近平：《在决战决胜脱贫攻坚座谈会上的讲话》（2020 年 3 月 6 日），共产党员网，2020 年 3 月 7 日。

特的文化资源优势，构建以铜鼓文化、红色文化、山歌文化、长寿生态文化等文化要素为一体的文化研究体系，彰显其地域特色并促进老区文化繁荣，推进乡风文明建设。以革命遗址和纪念设施来宣传其红色历史、传承红色基因，带动文旅发展，让更多的人走进东兰、了解东兰、对外宣传东兰。系列措施并举实施，将东兰的文化资源转化为经济优势，综合性挖掘文化资源要素的功能，营造旅游文化氛围，给经济增长带来了巨大的发展潜力。

（二）政府—社会合力推动产业梯度转移

习近平在 2016 年 7 月 20 日东西部扶贫协作座谈会上强调，“加大产业带动扶贫工作力度，推进东部产业向西部梯度转移”。东西部协作是东部带西部、先富带后富显著优势的生动实践，充分展现了中国共产党的强大凝聚力，充分彰显了中国特色社会主义制度的巨大优越性。产业转移其本质是现有生产力在地域空间布局上的优化配置，东兰县为对接大湾区发展，实现东西部共同发展，积极为深圳市龙华区、南方电网等社会力量搭建平台。在南方电网的倾情帮扶下，合理规划、统筹推进东兰基础设施建设，提升其供电能力和供电质量，提高农村电网智能化水平，为粤桂协作进一步推进产业转移打下坚实的基础。南方电网在该地区完善农村电网等系列措施，为吸引企业入驻东兰县提供了良好的外部环境。粤桂协作帮扶东兰打造扶贫车间“1+13+1”模式，创造条件引进东部企业在东兰落地生根，让东兰群众可以在家门口就业，同时改善了以往务工人群与子女的关系，履行了企业的社会责任。东兰社会帮扶合力助推东西部产业梯度转移的经验为全国实现共同富裕提供了借鉴意义。

（三）绿色脱贫下的生态系统平衡

东兰县处于石漠化地区，生态系统比较脆弱，为真正将“绿水青山就是金山银山”理念落到实处，为子孙后代留下丰富的生态资源，东兰县在脱贫攻坚的奋进道路上，大力发展生态产业、生态旅游，并以流域为治理单元，重点实施林业植被建设、草食畜牧业发展和小型水利水保设施等三类工程推进石漠化综合治理工程，提升城市与乡村“造血”能力并树立地域品牌，实现了脱贫攻坚与生态环境保护有机统一的绿色脱贫，防止了生态环境的进一步恶化，极大地增强了东兰人民走上生产发展、生活富裕、生态良好的文明发展道路的信心。在实现贫困群众增收的同时，也塑造了人与自然和谐相处的可持续发展形象。同时打破资源的部分属性，将生态优势转化为经济优势，退耕还林并积极发展油茶、板栗、核桃等经济林产业，同时建立循环农业、立体式农业，大大缓解农业资源压力，改变脆弱的农业生产环境，保护生态环境，增强农业和农村的可持续发展能力。东兰县绿色脱贫是实现城市高质量发展、综合承载力提升的关键要素和基本底色，有效实现了脱贫与生态双赢的有机统一，维持了地区生态系统平衡，为贫困地区实现可持续脱贫、解决相对贫困的长效机制提供了重要思路。

三、巩固拓展脱贫攻坚成果同乡村振兴有效衔接

在当前脱贫攻坚与乡村振兴战略交汇的特殊时期，如何促进二者高效衔接是关键。东兰县作为国家扶贫开发重点县、深度贫困县、革命老区县，其衔接的难度有目共睹。应当根据现实情况，针对深度贫困这一现实问题，做好稳固脱贫攻坚成果，抓好梯度政策帮扶跟进与

优化升级现有成效“双轮推进”。以下就东兰县在未来乡村振兴如何发展提出几点意见，以供参考。

（一）推动政策有效衔接，惠及次贫困群体

一是统筹协调专项财政资金。充分发挥财政资金在乡村建设中的作用，针对已实现稳定脱贫的村、户，东兰县根据实际情况整合安排财政资金的范围和流向，脱贫攻坚资金向乡村振兴专项资金过渡，推进扶贫资金有序转向；政府应进一步加大乡村振兴的资金投入，建立财政投入稳定增长机制，确保乡村振兴专项资金投入有大幅增长，支持东兰县的非贫困村贫困人口脱贫，实现资金在乡村发展中的“普惠制”。二是完善动态防返贫监管体系。东兰县构建了全面的防返贫保障机制，涉及产业、医疗、教育、就业等方面，现有防返贫措施有效但不足，需要进一步巩固和完善。在坚持脱贫不脱政策的基础上，东兰县应全面落实村干部对脱贫户、边缘户的常态化督导责任，建立动态监测预警机制，使脱贫巩固成果与村干部工作考核挂钩，提升脱贫成效的稳定性；充分发挥基层政府工作人员的有效引导，增强贫困户自身的风险管理意识，巩固脱贫成果。三是推进社会基本医疗保险制度关口前移。东兰县继续完善基本医疗保障巩固脱贫成果精准防贫机制，将因病返贫的监测户和因病致贫的边缘户，均纳入基本医疗保障防贫范围，通过实行差异化救助政策，逐步建立以维护全县人民健康为目的、防病和治病相结合的基本医疗保险制度，降低基本医疗保险的准入门槛，即扩大医疗优惠政策的普及面，强化对更多人群的医疗保障力度。

（二）优化村社治理结构，形成长效服务机制

乡村基层组织是巩固脱贫攻坚成果和实施乡村振兴战略的直接

领导力量和坚强堡垒。在脱贫攻坚期间，东兰县将各类扶贫政策、资源、项目下沉到第一书记或驻村工作队、帮扶干部等，带来了政府工作中心和重心下移态势。驻村工作队伍、帮扶干部、第一书记是助推脱贫攻坚工作的主力军，其第一要务就是协助党和政府各项强农惠农富农政策更好地落实到贫困村、贫困户，带领和帮助贫困村发展经济，帮助贫困村民摆脱贫困。东兰县共有 90 个贫困村，其中有 50 个深度贫困村（含 8 个极度贫困村），截至 2020 年，共选派 410 名工作队员入驻各个贫困村，其中分队长 14 名、第一书记 90 名、队员 306 名，构建了强有力的帮扶后备团队，实现贫困村第一书记全覆盖，在推动脱贫攻坚中发挥了中坚作用。但是脱贫攻坚只是起点，即将开展的乡村振兴依然任务繁重，仍然需要这支队伍继续扎根农村，服务农村。在乡村振兴阶段，东兰县应当以驻村第一书记为着力点，继续健全驻村第一书记选人机制和驻村制度，选派干部的长效正负激励制度，完善乡村基层组织负责人的梯度退出机制，强化驻村第一书记队伍建设。建全脱贫攻坚与乡村振兴相互衔接的"五级书记"一起抓的工作机制，夯实基层组织责任，形成长效服务机制。

（三）统筹人力资源开发，实现乡村人才振兴

脱贫攻坚即将取得胜利，乡村振兴成为今后一段时间党和国家农业农村工作的总抓手，在我国农业农村发展过程中，人是最主要的发展动力。在脱贫攻坚期间，东兰县采取多种措施吸引人才、留住人才。但是囿于地域和经济限制，人才引进效果不显著。因此，在接下来的一段时间内，如何留得住人，深度挖掘乡村人才是关键。一是加快构建高素质农民教育培训体系。东兰县在稳步推进义务教育阶段"控辍保学"任务的基础上，应大力发展农村职业教育，培育新型职业农民。县政府要建立起县市、城乡、区域、校地之间专业人才培

养机制，整合利用当地的农业科研院所、涉农院校、农业龙头企业等各类资源，基于优化的新型职业农民培训模式及培训方案，开展针对性的专业培训，推广弹性学制的中高等农业职业教育，并建立健全严格的培训考核制度，使其有进入市场的资质，提高东兰县乡村职业农民的市场竞争力。同时，对东兰县脱贫攻坚工作中各个乡级、村级涌现出的各行各业的致富带头人、创新创业人才等，应加大政策、资金和项目等方面的支持力度，继续发挥好这部分群体在巩固脱贫攻坚成果、推进乡村振兴战略实施中的作用。二是全面落实县域人才政策，推动高素质人才下乡。要补齐县域乡村人才发展短板，培养更多知农爱农、扎根乡村的人才。一是在东兰县脱贫攻坚阶段，驻村工作队、包村干部、第一书记等发挥了重要作用，同时部分城市人才因扶贫下乡并长期留在农村创业发展，为乡村振兴积累了宝贵的人才资源，应加强这些人才资源的统筹利用；二是强化人才引进政策，全县继续全面落实国家关于乡村人才支持的计划，立足县情，深入推进大学生村官工作，因地制宜实施“三支一扶”、高校毕业生基层成长等计划，全面建立城市医生、教师、科技文化人员等定期服务乡村机制；三是完善人才入乡激励机制，通过畅通各类人才下乡渠道、优化人才创新创业环境、落实人才下乡补贴等措施，鼓励和支持毕业大学生、退役军人、企业家等各类人才到乡村创新创业就业，促进东兰县人力资本回流。

（四）构建现代化农业体系，稳固脱贫成果

十九大报告中明确指出产业兴旺是乡村振兴的重要基石，产业兴旺是实现农村强、农村美、农民富的物质基础，针对深度贫困地区东兰县如何稳固脱贫成果，在完善当前已有的产业基础上，构建现代化农业体系成为应有之义。一是推进一二三产业融合发展。国务院办公

厅于2015年发布了《关于推进农村一二三产业融合发展的指导意见》首次提出“推进一二三产业融合发展”，这是构建现代化农业产业体系的必然趋势。东兰县应当继续夯实“5+2”特色产业体系，在稳固的产业基础之上，进一步推进“农业＋旅游业”“农业＋互联网”等，进行跨行业渗透和升级。同时注重拓展农业产业链，引入和培育茶油、板栗、核桃、黑山猪等长寿生态系列食品精深加工企业，深度延伸系列产业产前、产中、产后的加工、运输等环节，将次贫困人口、边缘贫困户等纳入产业链生产环节，实现高效稳固脱贫成果。二是坚持适度规模化经营，挖掘新型经营主体带动作用。家庭农场、专业合作社、龙头企业是引领脱贫攻坚推进的主力军，东兰县目前累计注册合作社499家，其中发展农民专业合作社示范社22家，自治区示范社14家，市级示范社8家。随着东兰县新型经营主体发展壮大，在未来乡村振兴阶段，东兰县应当更加注重新型经营主体的经营质量、经营规模以及发展效益等，深度挖掘新型经营主体的纽带作用，将小农户与现代农业有机衔接，是落实乡村振兴战略的有效手段。

（五）对标全面建成小康社会，推动基础设施建设有机衔接

基础设施建设是农村地区尤其是深度贫困地区经济发展的先行条件，随着东兰县精准扶贫政策的深入实行，农村基础设施建设取得了一定成果，先后投资资金79884.07万元，用于村屯道路建设1811条；2015年，东兰县率先在广西实现村村通水泥路硬化目标；2018年11月，河百高速全线通车，结束全县无高速的历史；在南方电网的对口帮扶下，实现全县户户供电、村村通网。在后脱贫时代，对农村基础设施的完善，与“两不愁三保障”底线任务同等重要。为保证后续产业、物流畅通，应对焦推动农村基础设施“提档增质”。深入实施“四好公路”建设、对脱贫村公路实施路面改造工程，逐步提升公

路等级。接续农村饮水安全工程，巩固和提升饮水安全工程，让农民喝上“放心水”。发挥南方电网统筹作用。实施新一轮农网升级改造工程，优化区域电网结构。推动宽带网络向贫困偏远农村覆盖，实施布局农村5G网络建设。

后　记

在2020年脱贫攻坚决胜之际，东兰县实现了高质量脱贫摘帽。在原国务院扶贫办中国扶贫发展中心主任黄承伟研究员策划指导下，北京师范大学联合广西壮族自治区区委党校、广西社会科学院农村发展研究所、中国社科院大学、清华大学、广西大学、甘肃农业大学等多个单位组成联合课题组对东兰县脱贫攻坚实践进行了全面研究总结。调研期间，东兰县领导给予高度重视，积极配合课题组召开座谈会、实地考察，帮助调研团队深入了解当地经济社会发展、脱贫攻坚进程，为做好东兰脱贫攻坚经验总结提供了翔实的资料，在此深表谢意！

本书是团队合作的成果。绪论，在张琦教授、张艳荣教授指导下，李蓉从整体上对本书的主要内容及特色亮点进行概括说明；第一章，东兰县脱贫攻坚的背景及历程，由张艳荣教授及郭琳、孟娜同学完成；第二章，东兰县脱贫攻坚总体部署和措施体系，由陆鹏副研究员撰写；第三章，从顶层设计、实践探索、成效及经验启示四个方面对党建扶贫进行阐述，由农辉锋教授完成；第四章，由凌经球教授对产业扶贫的特色体系和亮点进行归纳，彰显东兰绿色产业发展优势；第五章，由卢露副教授及梁刚诚同学分析村级集体经济面临的现实困境，并总结其创新发展模式及突出做法；第六章，由陈涛老师从整态化的视角出发，基于东兰县的水、电、路、人居环境和两网建设等基础设施要素进行撰写；第七章，由覃志敏副教授、韦东阳同学从可持续发展的角度出发，对易地扶贫搬迁的必然性、有效性及经验启示提炼归纳；第八章，由刘东燕教授、王造兰副教授从融合的角度对粤桂协作和对口帮扶东兰样本进行撰写；第九章，在覃志敏副教授指导下，谢咏欢、陈仲文同学完成了东兰县社会保障、教育扶贫、健康扶贫的经验总结；第十章，于树一教授及黄潇、杨远旭同学对东兰县脱贫攻坚的成效进行总结；第十一章，在张艳荣教授指导下，刘巧彦、何正燕同学总结了东兰县脱贫攻坚的经验启示，概述了东兰县巩固拓展脱贫攻坚同乡村振兴有效衔接的实践与前景。

感谢时任东兰县县委书记黄贤昌、县长徐迪克、县委副书记梁孟益、副县长吴艳华、县扶贫办主任黄遥等同志，他们高度重视调研组工作，要求有关方面全力配合与协作，并积极安排和组织座谈会，委派相关负责人带领调研团队深入乡镇和村户，并为课题组提供翔实丰富的资料与数据，为本书撰写提供了资料保障。

本书是对东兰脱贫攻坚实践的全面总结，也是讲好脱贫攻坚中国故事、分享中国经验的有益尝试。东兰的脱贫攻坚历程，是东兰作为老少边穷地区迈向新时代中国特色社会主义道路的生动体现。《东兰县脱贫攻坚案例研究》的撰写，答复了始终关心东兰发展的方方面面，增强了东兰人民创造更美好生活的信心决心。东兰人民对创造更加辉煌的未来更有底气，对东兰县从脱贫攻坚专项乡村振兴更加充满信心。

由于课题组水平有限，书中的错误和不足在所难免，敬请批评指正！

课题组

2021 年 8 月